ASI HABLABA ZARATUSTRA

1ra. edición, agosto 1998.
10a. reimpresión, abril 2010.

Emperadores Núm. 185, Col. Portales
C.P. 03300-México, D.F.
www.editorialepoca.com
Tels: 56-04-90-46
56-04-90-72

ISBN: 978-970-627-243-0
ISBN: 970-627-243-3

Diseño de portada: Adriana Velázquez C.
Supervisor de producción: Alberto Hernández Torres.

Impreso en México — Printed in Mexico

FEDERICO NIETZSCHE

ASI HABLABA
ZARATUSTRA

UN LIBRO PARA TODOS Y PARA NADIE

EDITORIAL EPOCA, S. A.
Emperadores 185, México 13, D. F.

Nueva versión castellana completa de F. N. J.

PRIMERA PARTE

EL PREAMBULO DE ZARATUSTRA

I

Tenía treinta años Zaratustra cuando abandonó su patria y el lago de su patria, y marchó a la montaña. Por diez años gozó allí de su espíritu y su soledad sin desmayo. Pero cambiaron sus sentimientos, y levantándose una mañana con la aurora, se enfrentó al sol y le dijo:

"¡Gran astro! ¿Si te faltasen aquellos a quienes iluminas, cuál sería tu felicidad?

Hace diez años que vienes hacia mi caverna, y sin mí, sin mi águila y mi serpiente, ya te habrías cansado de tu luz y de este sendero.

Mas nosotros te esperábamos todas las mañanas, te tomábamos lo superfluo y te bendecíamos.

Pues bien: estoy hastiado de mi sabiduría, como la abeja que ha almacenado miel con exceso. Necesito manos que se tiendan hacia mí.

Yo quisiera repartir y dar hasta que vuelvan a gozar de su locura los sabios y de su riqueza los pobres.

Por lo cual debo sumirme en las profundidades, como tú haces por la noche cuando traspones el mar para dar tu luz al mundo inferior, ¡oh, astro exuberante de riqueza!

Debo descender hacia aquellos a quienes quiero dirigirme, como tú desapareces, según dicen los hombres.

¡Por tanto, bendíceme, ojo apacible que sin envidia puedes contemplar hasta una excesiva felicidad!

¡Bendice la copa que va a desbordarse, para que de ella fluyan las aguas doradas y esparzan por doquier el reflejo de tu alegría!

¡Mira!, esta copa quiere vaciarse de nuevo y Zaratustra desea volver a ser hombre."

Así se inició el ocaso de Zaratustra.

II

Zaratustra descendió solo de la montaña sin encontrar a nadie. Pero al llegar a los bosques, repentinamente se presentó ante él un viejo de blancos cabellos, que había salido de su cabaña santa en busca de raíces por la selva. Este viejo habló así a Zaratustra:

"Este viajero no me es extraño; ya hace años que pasó por este lugar. Se llamaba Zaratustra, pero se encuentra transformado.

Entonces llevaba sus cenizas a la montaña, ¿quiere llevar hoy su fuego a los valles? ¿No tiene temor al castigo que se aplica a los incendiarios?

Sí; reconozco a Zaratustra. Su mirada es pura y su boca no oculta ningún hastío. ¿No se adelanta hacia acá como un bailarín?

Zaratustra está transformado, Zaratustra se ha hecho niño, Zaratustra está despierto. ¿Qué vas a hacer ahora entre los que duermen?

Vivías tú en el aislamiento como en el mar y el mar te llevaba. ¡Pobre de ti! ¿Quieres saltar a tierra? ¡Pobre de ti! ¿De nuevo quieres volver a arrastrar tú mismo tu cuerpo?"

Zaratustra contestó: "Amo a los hombres".

"Entonces, ¿por qué –dijo el santo– me he venido a los bosques y a la soledad? ¿No es porque amaba demasiado a los hombres?

Ahora amo a Dios; ya no amo a los hombres. El hombre es para mí algo demasiado imperfecto. Me mataría el amor al hombre."

Zaratustra respondió: "¡Qué he hablado de amor! Traigo un presente a los hombres."

"No les des nada —dijo el santo—. Quítales más bien alguna cosa, y que te ayuden a llevarla.

Nada les vendrá mejor cuando a ti te convenga.

Y si quieres dar algo, no les des más que una limosna, y espera a que te la pidan."

"No —respondió Zaratustra—, yo no doy limosnas. No soy bastante pobre para eso."

Rióse el santo de Zaratustra hablándole en esta forma: "Entonces mira cómo te las arreglas para que acepten tus tesoros, pues desconfían de los solitarios y no creen que vayamos a darles nada.

Suenan demasiado extrañamente en sus calles nuestros pasos. Y al oírlos se preguntan, igual que en la noche, acostados en sus camas, cuando oyen pasar alguna persona antes del amanecer: ¿Dónde irá el ladrón?

¡No te reúnas con los hombres! ¡Permanece en el bosque! ¡Vete con las bestias, antes que con ellos! ¿Por qué, como yo, no quieres ser, oso entre los osos, pájaro entre los pájaros?"

"Y, ¿qué hace el santo en el bosque?" —preguntó Zaratustra.

Respondió el santo: "Compongo cantos y los canto, y cuando compongo los cantos río, lloro y murmuro. Así alabo a Dios.

Alabo al Dios que es mi Dios con cantos, lágrimas, risas y murmullos. Pero veamos: ¿qué presente nos traes?"

Al oír estas palabras Zaratustra, saludó al santo y le dijo: "¿Qué podría yo daros a vosotros. Lo que podéis hacer es dejarme marchar en seguida antes de que os quite algo."

Se separaron así el uno del otro, el santo y el hombre, riendo como ríen dos criaturas.

Pero cuando Zaratustra quedó solo, habló así a su corazón: "¿Será posible? ¡Ese santo anciano no ha oído aún, en su bosque, que *Dios ha muerto!*"

III

Cuando llegó Zaratustra a la ciudad más cercana, situada en los bosques, encontró un gran gentío en la plaza pública, congregado al anuncio de que iba a verse un bailarín de cuerda, Y Zaratustra dijo así al pueblo:

"Yo os anuncio al *Superhombre.* El hombre es algo que debe ser superado. ¿Qué habéis hecho para superarle?

Hasta ahora todos los seres han dado de sí algo superior a ellos; ¿queréis ser vosotros el reflujo de ese flujo, y regresar a la bestia mejor que superar al hombre?

¿Qué es el mono para el hombre? Una irrisión, o una dolorosa vergüenza.

Pues eso es lo que debe ser el hombre para el Superhombre: una irrisión, o una dolorosa vergüenza.

Habéis recorrido la distancia que media entre el gusano y el hombre, y aun existe en vosotros mucho del gusano. En otro tiempo erais mono, y todavía el hombre es más mono que ningún mono.

Aun el más sabio entre vosotros no es sino una mezcla disparatada, híbrida, de planta y de fantasma. No obstante, ¿os he indicado yo que os hagáis fantasma ni planta?

¡Yo os anuncio el Superhombre!

El Superhombre es el sentido de la tierra. Diga vuestra voluntad que *sea* el Superhombre el sentido de la tierra.

¡Yo os exhorto, hermanos míos, a *permanecer fieles a la tierra* y a no dar crédito a los que os hablan de esperanzas supraterrenales. Son envenenadores, lo sepan o no.

Son menospreciadores de la vida, moribundos envenenados a su vez, seres de quienes la tierra se encuentra cansada: ¡Que se vayan de una vez!

En otros tiempos, se consideraba como la mayor blasfemia la blasfemia contra Dios, pero Dios ha muerto y con El han muerto sus blasfemos.

Actualmente, lo más espantoso es blasfemar de la tierra y tener en mayor estima las entrañas de lo impenetrable que el sentido de la tierra.

En otros tiempos miraba el alma al cuerpo con desdén, y nada había entonces superior a ese desdén: ¡El alma exigía un cuerpo flaco, monstruoso, consumido! ¡Así pensaba librarse de él y de la tierra!

¡Oh! ¡Aquella misma alma era un alma flaca, horrible, consumida y la crueldad era un deleite para ella!

Pero hermanos míos, decidme: ¿Qué dice vuestro cuerpo de vuestra alma? ¿No es vuestra alma pobreza, suciedad y conformidad lastimosa?

Cierto que el hombre es turbio río. Es preciso ser un mar para poder recibir, sin macularse, un río turbio.

Pues bien; yo os anuncio el Superhombre: él es ese mar; en él puede abismarse vuestro gran menosprecio.

¿Qué es lo más grande que os puede acontecer? Que llegue la hora del gran menosprecio, la hora en que os hastíe vuestra felicidad misma, de igual modo que vuestra razón y vuestra virtud.

Esa hora en que digáis: "¡Qué importa mi felicidad! Es pobreza, suciedad y lastimosa conformidad. ¡Pero mi felicidad debería justificar la existencia misma!"

La hora en que digáis: "¡Mi razón qué importa! Está ansiosa de saber, como el león, de su pasto. ¡Mi razón es pobreza, suciedad y conformidad dolorosa!"

La hora en que digáis: "¡Qué importa mi virtud! ¡Aun no me ha puesto frenético! ¡Qué cansado estoy de mi bien y de mi mal! ¡Todo eso es pobreza, suciedad y conformidad dolorosa!"

La hora en que digáis: "¡Qué importa mi justicia! No veo que yo sea fuego y carbón. ¡Pero el justo es carbón encendido!"

La hora en que digáis: "¡Qué importa mi piedad! ¿No es la piedad la cruz donde se clava al que ama a los hombres? ¡Pues mi piedad no es una crucifixión!"

¿Habéis hablado ya así? ¿Habéis gritado ya así? ¡Ah! ¡Que yo no os haya oído gritar ya así..!

¡No vuestros pecados, es vuestra satisfacción lo que clama al cielo! ¡Lo que clama al cielo es vuestra mezquindad hasta en el pecado!

¿Dónde está, pues, el rayo que os lama con su lengua? ¿Dónde está el delirio que haría falta inocularos?

Ved; yo os anuncio el Superhombre: él es ese rayo; él es ese delirio".

Dicho esto por Zaratustra, uno entre la muchedumbre exclamó: "Bastante hemos oído hablar ya del que baila en la cuerda; ahora que nos le enseñen." Y el pueblo todo se rió de

Zaratustra. Pero el bailarín, al verse aludido por aquellas palabras comenzó a trabajar.

IV

Entre tanto contemplaba Zaratustra al gentío asombrándose. Luego habló así:

"El hombre es una cuerda tendida entre la bestia y el Superhombre: una cuerda tendida sobre un abismo.

La travesía es peligrosa, peligroso es detenerse en el camino, peligroso mirar hacia atrás, peligroso vacilar y temblar.

Lo grande del hombre es que es un puente y no una meta. Lo que se puede amar en el hombre es que es un *tránsito* y un *acabamiento*.

Yo amo a los que saben extinguirse viviendo, porque esos son los que pasan al otro lado.

Amo a los grandes contempladores, porque son los grandes adoradores, las flechas del anhelo hacia la otra orilla.

Amo a los que no buscan una razón detrás de las estrellas para perecer y para ofrecerse en sacrificio, sino que se sacrifican a la tierra para que ésta pertenezca un día al Superhombre.

Amo al que vive para conocer y quiere conocer para que un día viva el Superhombre porque así quiere él su propio acabamiento.

Amo al que trabaja e inventa a fin de construir una morada al Superhombre y preparar para su venida a la tierra los animales y las plantas, porque así quiere él su propia extinción.

Amo al que hace de su virtud su inclinación, porque la virtud es voluntad de acabamiento y flecha de anhelo.

Amo al que no reserva para sí ni una sola partícula de su espíritu, sino que quiere ser por entero el espíritu de su virtud, porque así atraviesa el puente como espíritu.

Amo al que hace de su virtud su dedicación y su destino, pues así por su virtud querrá vivir aún y no vivir más.

Amo al que no quiere tener muchas virtudes, porque una virtud es más que dos, porque es más un nudo a que se aferra el destino.

Amo al pródigo de su alma, al que no quiere recibir gracias ni restituye nada, porque da siempre y no quiere preservarse.

Amo al que se avergüenza de ver caer los dados en favor suyo preguntándose al verlos: "¿Soy yo un jugador tramposo?", porque quiere sucumbir.

Amo al que derrocha palabras de oro ante sus obras y cumple siempre con exceso lo que promete, porque quiere perecer.

Amo al que justifica a los que han de venir y redime a los pasados, porque quiere que se hundan los presentes.

Amo al que castiga a su Dios, porque ama a su Dios, ya que la cólera de su Dios le hará hundirse.

Amo a aquél cuya alma es profunda, aún en la herida, y al que puede aniquilar cualquier accidente leve, pues así pasará el puente sin incertidumbre.

Amo a aquél cuya alma se desborda hasta olvidarse de sí mismo y que todo esté en él, porque así todas las cosas contribuirán a su ruina.

Amo al que es libre de corazón, y de espíritu, porque así no sirve su cabeza más que de entrañas a su corazón y éste le empuja a perecer.

Amo a todos los que son como gotas pesadas que van cayendo una a una de la negra nube suspendida sobre los hombres, anuncian el relámpago que viene y desaparecen como tales anunciadores.

Ved: yo soy un anuncio del rayo, una pesada gota que llega de la nube. Pero el rayo se llama el "Superhombre".

V

Pronunciadas estas palabras volvió Zaratustra a mirar a las gentes y enmudeció. Pero dijo a su corazón: "Ahí están riéndose. No me comprenden; no es mi boca la boca que necesitan esos oídos.

¿Será preciso comenzar por romperles los oídos para que aprendan a oír con los ojos? ¿Será preciso tronar como timbales o como predicadores de cuaresma? ¿O no tienen fe más que en los testarudos?

Hay algo de que se muestran orgullosos. ¿Cómo denominan a eso de que están orgullosos? Lo llaman civilización: Es lo que los distingue de los cabreros.

Por eso no les gusta oír, aplicada a ellos mismos la palabra "menosprecio". Hablaré, pues, a su orgullo.

Les hablaré de lo más menospreciable que existe: del *último hombre.*"

Y Zaratustra habló así al pueblo: "Ya es tiempo de que el hombre se fije su objetivo. Ya es tiempo de que el hombre plante el germen de su más alta esperanza.

Su suelo es todavía bastante rico, pero un día será pobre y estéril y ya no podrá crecer en él ningun árbol elevado.

¡Ah! ¡Se acerca el tiempo en que el hombre no lanzará ya por encima del hombre la flecha de su anhelo, y las cuerdas de su arco no podrán ya vibrar!

Yo os lo digo: Es necesario tener un caos dentro de sí, para poder dar a luz una estrella danzarina. Yo os lo digo: aún tenéis un caos dentro de vosotros.

¡Ah! Se aproxima el tiempo en que el hombre no dará ya a luz estrellas; se acerca el tiempo del más despreciable de los hombres, del que no puede ya ni despreciarse a sí mismo.

¡Ved! Yo os muestro el último hombre. "¿Qué es eso de amor, de creación, de anhelo, de estrella?" Se pregunta el último hombre y entorna los ojos.

La tierra se hará entonces más pequeña, y sobre ella andará a saltitos el último hombre, que lo empequeñece todo. Su raza es indestructible como la del pulgón. El último hombre es el que más tiempo vive.

"Hemos descubierto la felicidad", dicen los últimos hombres, y guiñan los ojos.

Abandonaron las comarcas donde era duro vivir, porque necesitan calor.

Enfermar y desconfiar les parece pecado; andan con cautela. ¡Insensato el que tropieza aún con las piedras y con los hombres!

Un poco de veneno de vez en cuando para procurarse ensueños agradables. Y muchos venenos al fin, para morir agradablemente.

Se trabaja todavía, porque el trabajo es una distracción, pero se procura que la distracción no debilite.

Ya no se hace uno ni pobre ni rico: son dos cosas demasiado penosas. ¿Quién quiere aún gobernar? ¿Quién quiere aún obedecer? Son dos cosas demasiado penosas.

¡Ningún pastor, y un solo rebaño! Quieren todos lo mismo, todos son iguales y el que piensa en otra forma va por su propia voluntad al manicomio.

Los más sutiles dicen: "en otro tiempo todo el mundo era loco", y guiñan los ojos.

Se es prudente y se está al corriente de todo lo que ha sucedido; así se puede reír sin cesar. Se disputa aún; pero la reconciliación es pronta, ya que lo contrario alteraría la digestión.

Se cuenta con su poquito de placer para el día y su poquito de placer para la noche; pero se respeta la salud.

"Hemos descubierto la felicidad", dicen los últimos hombres guiñando los ojos".

Aquí terminó el primer discurso de Zaratustra —también denominado "el preámbulo"—, porque en este momento fué interrumpido por el griterío y el alborozo de la multitud.

"¡Zaratustra, danos ese último hombre —exclamaban—; haznos semejantes a esos últimos hombres! ¡Te perdonaremos el Superhombre!" Y todo el pueblo estaba jubiloso y castañeteaba la lengua. Zaratustra entristeció y dijo a su corazón:

"No, no me comprenden; no es mi boca la boca que esos oídos necesitan.

He vivido demasiado tiempo en las montañas, he escuchado demasiado los arroyos y los árboles, y ahora les hablo como un cabrero.

Mi alma es plácida y luminosa, como la montaña por la mañana. Mas ellos me creen frío y redomado zumbón.

Y ahí están mirándome y riéndose, y mientras ríen odiándose unos a otros. Hay hielo en su risa".

VI

Pero en tal momento ocurrió algo que hizo callar todas las bocas y atrajo todas las miradas. El bailarín, que en el interin había comenzado su trabajo, acababa de salir de una pequeña poterna y andaba sobre la cuerda tendida entre dos torres por encima de la plaza pública y la multitud. Cuando se hallaba justamente a mitad del camino, se abrió de nuevo la puertecilla, y un segundo acróbata que parecía un payaso, siguió rápidamente al primero. "¡Andando, haragán! –gritó con horrible voz–. ¡Andando, perezoso, cazurro, que no te pise yo los talones! ¿Qué haces aquí entre estas torres? ¡Debieras estar encerrado en una de ellas; estás obstruyendo el camino a uno mejor que tú!" –y a cada palabra se acercaba más; pero cuando sólo estuvo de él a un paso, sucedió la cosa terrible que enmudeció todas las bocas y atrajo la atención de todos: lanzó un grito diabólico y saltó por encima del que le interceptaba el camino. Este, al ver victorioso a su rival, perdió la cabeza y la maroma, soltó el balancín de sus manos y se precipitó al abismo como un torbellino de brazos y piernas. La muchedumbre y la plaza pública se asemejaban al mar cuando se desencadena la tormenta. Huyeron todos atropelladamente, sobre todo del lugar donde debía caer el cuerpo.

Zaratustra permaneció inmóvil, y precisamente junto a él cayó el cuerpo, destrozado, pero aun con vida. Al cabo de un rato recobró el herido el conocimiento, y vió a Zaratustra arrodillado junto a él. "¿Qué haces ahí –le dijo–. Ya sabía hace tiempo que el diablo me echaría la zancadilla. Ahora me arrastra al infierno. ¿Quieres tú impedírselo?"

"Por mi honor, amigo mío –respondió Zaratustra–, todo eso de que hablas no existe: no hay diablo ni infierno. Tu alma morirá más pronto aun que tu cuerpo: no temas ya nada".

El hombre miró receloso. "Si dices la verdad –respondió–, nada pierdo con perder la vida. Yo no soy mucho más que una bestia a la que se enseñó a bailar a fuerza de golpes y de hambre."

"No –dijo Zaratustra–; hiciste del peligro tu oficio, lo que no es de desdeñar. Ahora sucumbes por tu oficio, y en atención a ello, voy a enterrarte con mis propias manos."

El moribundo no respondió ya a Zaratustra, pero hizo intención de mover la mano como si buscase la de éste para darle las gracias.

VII

Acercábase la noche y la plaza iba desvaneciéndose en las tinieblas. Se dispersó entonces la muchedumbre, pues hasta la curiosidad y el pavor se fatigan. Zaratustra, sentado junto al cadáver, se hallaba tan ensimismado en sus reflexiones que perdió la noción del tiempo. Al fin se hizo de noche, y un viento frío sopló sobre el solitario. Se levantó entonces Zaratustra y dijo a su corazón:

"¡Realmente, Zaratustra ha hecho hoy una buena pesca! No ha cogido un hombre, sino un cadáver.

Cosa para preocupar es la vida humana y, además, falta siempre de sentido: un bufón puede serle fatal.

Quiero enseñar a los hombres el verdadero sentido de su existencia, que es el Superhombre, el relámpago que brota de la sombría nube Hombre.

Mas aun estoy lejos de ellos, y mi espíritu nada dice a sus sentidos. Para los hombres soy algo intermedio entre un loco y un cadáver.

Oscura es la noche, oscuras son las vías de Zaratustra. ¡Ven, compañero frío y rígido, te llevo al sitio en que te enterraré con mis propias manos".

VIII

Dicho esto por Zaratustra a su corazón, se echó el cadáver a cuestas y emprendió la marcha. No había andado aún cien pasos cuando furtivamente se le acercó un hombre y le habló muy quedo al oído. Y he aquí que el que le hablaba era el payaso de la torre.

"Vete de esta ciudad, Zaratustra –le dijo–; hay aquí demasiados que te odian. Los buenos y los justos te odian llamándote su enemigo y su despreciador; los fieles de la verdadera creencia te odian y te llaman el peligro de la muchedumbre. Suerte tuviste en que se burlaran de ti: en realidad, hablabas como un bufón. Suerte tuviste en asociarte al ruin muerto; al rebajarte así, te has salvado por hoy. Pero vete de esta ciudad, o mañana salto yo por encima de ti: un vivo por encima de un muerto."

Desapareció el hombre, y Zaratustra siguió su camino por las calles oscuras.

A la puerta de la ciudad encontró a los sepultureros. Estos aproximaron sus hachones a la cara de Zaratustra, le reconocieron y se burlaron de él grandemente. "¡Zaratustra trae el muerto! ¡Bravo! ¡Zaratustra se ha hecho enterrador! Nuestras manos son demasiado limpias para coger esa pieza. ¿Pretende Zaratustra robar su pitanza al diablo? ¡Pues, buen provecho! ¡Eso, si el diablo no es ladrón más hábil que Zaratustra, y los roba a los dos, zampándoselos!" Y reían entre sí cuchicheando.

Zaratustra no respondió una palabra, y siguió su camino. Cuando llevaba dos horas andando, a orillas de bosques y de ciénagas, sin cesar de oír los aullidos de los lobos hambrientos, sintió también él la punzada del hambre. Detúvose pues, ante una casa solitaria, donde brillaba una luz.

"Se apodera el hambre de mí como un salteador —dijo Zaratustra—: me sorprende en medio de los bosques y de las ciénagas, en la noche oscura.

Extraños caprichos tiene el hambre. A menudo no viene sino después de la comida, y hoy en todo el día no había llegado. ¿Dónde estaba entretenida? Diciendo esto, Zaratustra llamó a la puerta de la casa. Apareció un hombre viejo en seguida, provisto de una luz, y preguntó: "¿Quién viene hacia mí y hacia mi mal sueño?"

"Un vivo y un muerto —respondió Zaratustra—. Dame de comer y beber; me he olvidado de hacerlo durante el día. El que da de comer al hambriento conforta su propia alma: Así habla la sabiduría."

Se retiró el viejo, pero volvió inmediatamente para ofrecer a Zaratustra pan y vino. "Esta es una mala tierra para los que tienen hambre —dijo—; por eso habito yo en ella. Hombres y animales acuden a mí, al solitario. Pero invita también a tu compañero a comer y beber; está más cansado que tú." Zaratustra contestó: "Mi compañero está muerto. Difícilmente podría aceptar."

"A mí nada me importa —dijo el viejo refunfuñando—.

quien llama a mi puerta debe de tomar lo que le ofrezco. Come y que os vaya bien".

Volvió a andar Zaratustra durante dos horas, confiándose al camino y a la luz de las estrellas, pues estaba acostumbrado a las marchas nocturnas y le gustaba mirar cara a cara todo lo que duerme. Cuando comenzó a rayar el alba, se hallaba en un espeso bosque y no veía ya ningún camino. Colocó entonces el cadáver en el hueco de un árbol, a la altura de su cabeza, para protegerle de los lobos, y se acostó en el suelo sobre el musgo. Quedó dormido al instante, fatigado de cuerpo, pero tranquilo de alma.

IX

Zaratustra durmió mucho tiempo y no sólo pasó la aurora por delante de él, sino toda la mañana. Al fin abrió los ojos y contempló asombrado el bosque, en silencio, y miró también asombrado dentro de sí mismo. Se levantó entonces apresuradamente como navegante que ve la tierra de pronto, y lanzó un grito de alegría, porque había descubierto una verdad nueva. Y habló así a su corazón:

"Un rayo de luz llega a mi alma: necesito compañeros vivos, no compañeros muertos, cadáveres que llevo conmigo a donde quiero.

Mas necesito compañeros vivos que me sigan —porque deseen seguirse a sí mismos— por donde quiera que vaya.

Un rayo de luz llega a mi alma: ¡No es a la muchedumbre a quien debe hablar Zaratustra, sino a los compañeros! ¡Zaratustra no debe ser pastor y perro de un rebaño!

Para separar a muchos del rebaño, para eso he venido. Pueblo y rebaño se irritarán contra mí. Zaratustra quiere ser tratado de ladrón por los pastores.

Yo digo pastores, pero ellos se denominan los buenos y los justos. Yo digo pastores, pero ellos se denominan los fieles de la verdadera creencia.

¡Ved los buenos y los justos! ¿A quién odian más? A quien rompe sus tablas de valores, al destructor, al criminal. Pero ese es el creador. El creador busca compañeros y no cadáveres, rebaños ni creyentes. Busca creadores como él que inscriban valores nuevos en tablas nuevas.

El creador busca compañeros que sieguen con él, porque todo está maduro para la siega. Mas le faltan las cien hoces, y así, contrariado, arranca las espigas.

Lo que busca el creador son compañeros que sepan afilar sus hoces. Se les llamará destructores y despreciadores del bien y del mal, pero ellos serán los que cosecharán y se holgarán.

Colaboradores que cosechen y se huelguen con él: eso es lo que busca Zaratustra. ¡Qué tiene él que ver con rebaños, pastores y cadáveres!

¡Y tú, primer compañero, descansa en paz! Quedas bien enterrado en tu árbol hueco; quedas bien defendido de los lobos.

Mas me separo de ti; el tiempo ha pasado. Entre dos auroras he obtenido una nueva verdad.

No debo ser pastor ni sepulturero. Nunca volveré a hablar al pueblo; por última vez he hablado a un muerto.

Quiero unirme a los creadores, a los que cosechan y se regocijan; yo les mostraré el arco iris y todas las escaleras que llevan al Superhombre.

Entonaré mi loa a los solitarios y a los que son dos en la soledad; y a cuantos tengan oídos para las cosas inauditas les abrumaré el corazón con mi ventura.

Marcho hacia mi meta; sigo mi propio camino; saltaré por encima de los vacilantes y de los rezagados. ¡Así, mi marcha será su aniquilamiento!"

X

Había hablado así Zaratustra a su corazón mientras el sol estaba en la mitad de su carrera. Luego miró al cielo interrogándole, porque oía por encima de él el grito penetrante de un ave. Y vió un águila que trazaba grandes círculos en los aires y que llevaba una serpiente que no parecía una presa, sino un amigo, pues la llevaba enroscada a su cuello.

"¡Son mis animales! –dijo Zaratustra–, con gran regocijo de su alma.

El animal más arrogante que hay bajo el sol y el animal más astuto que hay bajo el sol, han salido de exploración.

Querían saber si Zaratustra vivía aún. ¿Vivo todavía realmente?

Más peligros he encontrado entre los hombres que entre los animales. Zaratustra sigue caminos peligrosos. ¡Que mis animales me guíen!"

Al decir ésto, se acordó Zaratustra de las palabras del santo del bosque, suspiró y habló así a su corazón:

"¡Sea yo más juicioso, sea yo verdaderamente astuto como mi serpiente!

Pero pido lo imposible, ¡ruego, pues, a mi orgullo, que acompañe siempre a mi prudencia!

Y si un día me abandona la prudencia —¡ay! ¡se complace en huir!— ¡pueda al menos mi altivez volar con mi locura!"

Así se inició el ocaso de Zaratustra.

LOS DISCURSOS DE ZARATUSTRA

DE LAS TRES TRANSFORMACIONES

"Os menciono tres transformaciones del espíritu: Cómo el espíritu se transforma en camello, y el camello en león, y el león, finalmente, en niño.

Hay muchas cosas pesadas para el espíritu, para el espíritu fuerte y sólido, pleno de respeto. La fuerza de ese espíritu reclama cosas pesadas, las más pesadas.

¿Qué es pesado? —pregunta el espíritu sólido— y se arrodilla como el camello y quiere que se le cargue bien.

¿Qué es lo más pesado, héroes —pregunta el espíritu sólido—, a fin de echarlo sobre mí y que mi fuerza se regocije?

¿No es rebajarnos para que padezca nuestro orgullo? ¿No es dejar que brille nuestra locura para mofarnos de nuestra sensatez?

¿O bien es abandonar nuestra causa, cuando ella celebra su victoria? ¿Escalar altas montañas para tentar al tentador?

¿O es nutrirse con las bellotas y la hierba del conocimiento y padecer hambre en el alma por causa de la verdad?

¿O es estar enfermo y despedir a los que nos consuelan y entablar amistad con sordos que jamás oyen lo que deseamos?

¿O es zambullirse en agua sucia, cuando es el agua de la verdad, y no alejar de sí a las viscosas ranas y a los repugnantes sapos?

¿O es amar a los que nos desprecian y tender los brazos al fantasma cuando quiere amedrentarnos?

El espíritu sólido echa sobre sí todas estas cosas tan pesadas, y como el camello que corre cargado por el desierto, así corre él por su desierto.

Pero en el desierto más solitario se realiza la segunda metamorfosis: aquí el espíritu se torna león; quiere conquistar la libertad y ser dueño en su propio desierto.

Aquí busca su último dueño: quiere ser enemigo suyo y de su último dios; quiere luchar por la victoria con el gran dragón.

¿Cuál es el gran dragón que el espíritu no quiere ya llamar ni dios ni dueño? El gran dragón se llama "Tú debes", pero el espíritu del león dice: "Yo quiero".

El "tú debes" está emboscado en su camino, como animal escamoso de áureo fulgor; y en cada una de sus escamas fulgura en doradas letras: "¡Tú debes!"

Brillan valores milenarios en esas escamas, y el más poderoso de todos los dragones habla así: "En mí brilla todo el valor de las cosas."

"Todos los valores han sido creados ya, y yo soy quien represento todos los valores creados. En adelante no debe existir el "¡Yo quiero!" Así habló el dragón.

¿Qué falta hace el león en el espíritu, hermanos míos? ¿No basta la bestia de carga que abdica y venera?

El león no puede crear aún valores nuevos; pero el poder del león puede crear una libertad para la creación nueva.

Para crearse la libertad, para oponer una divina negativa al mismo deber: para eso, hermanos míos, hace falta el león.

La conquista más terrible a los ojos del espíritu sólido y respetuoso es adjudicarse el derecho de crear nuevos valores. Eso es para él un acto feroz y cosa propia de un animal rapaz.

Como lo más santo amó él un día el "Tú debes", y ahora ha de ver la ilusión y la arbitrariedad aun en lo más santo, para conquistar, a expensas de su amor, la libertad. Para fechoría semejante hace falta un león.

Pero decidme, hermanos míos: ¿qué puede hacer el niño que no haya hecho el león? ¿Para qué hace falta que el fiero león se trueque en niño?

El niño es inocencia y olvido, un nuevo comenzar y un juego, una rueda que gira sobre sí, un primer movimiento, una santa afirmación.

Sí, hermanos míos, para el juego de la creación, hace falta una santa afirmación: El espíritu quiere ahora su *propia voluntad;* el que ha perdido el mundo quiere ganar su *propio* mundo.

Os he mencionado tres metamorfosis del espíritu: de cómo el espíritu se transforma en camello, el camello en león y el león, finalmente, en niño."

Así hablaba Zaratustra. Y residía entonces en la ciudad que se llama "La Vaca Pinta."

DE LAS CATEDRAS DE VIRTUD

Ensalzaron ante Zaratustra a un sabio que hablaba doctamente del sueño y de la virtud por lo que veíase colmado de honores y recompensas, y a cuya cátedra acudían todos los jóvenes. Hacia él fué Zaratustra, y entre los jóvenes, se sentó delante de su cátedra. Y el sabio habló así:

"¡Honrad el sueño y respetadle! Eso es lo primero. Y huíd de todos los que duermen mal y están despiertos por la noche.

El ladrón mismo se avergüenza en presencia del sueño. Siempre se desliza silenciosamente durante la noche. En cambio, el sereno es insolente, e insolentemente lleva su cuerno.

No es poca cosa saber dormir; por lo pronto hay que velar para ello todo el día.

Deberás vencerte a ti mismo diez veces al día, para crear una buena fatiga y adormecer el alma.

Deberás reconciliarte contigo mismo diez veces al día, porque es amargo vencerse, y el que no está reconciliado duerme mal.

Deberás encontrar diez verdades durante el día; de lo contrario, seguirás buscando verdades durante la noche y tu alma estará hambrienta.

Necesitas reír y estar alegre diez veces al día, pues de otro modo tendrás de noche molestias en el estómago, ese padre de la aflicción.

Pocas gentes lo saben, pero es preciso poseer todas las virtudes para dormir bien. ¿Levantaré falsos testimonios? ¿Cometeré adulterio? ¿Codiciaré la sirviente del prójimo? Todo esto se avendría mal con un sueño reparador.

Aun poseyendo todas las virtudes sería necesario saber hacer una cosa: mandar a dormir a tiempo a las mismas virtudes.

¡Que no discutan entre sí las lindas mujercitas! ¡Y menos por causa tuya, desdichado!

Paz con Dios y con el prójimo: así lo requiere el buen sueño. Y también paz con el diablo del prójimo, pues de otro modo, te asediará por la noche.

¡Honor y obediencia a la autoridad, incluso a la autoridad claudicante! Así lo requiere el buen sueño. ¿Tengo yo la culpa de que al poder le guste andar con piernas cojas?

Para mí, será siempre el mejor pastor el que lleva sus ovejas al prado más verde: así lo exije el buen sueño.

Yo no quiero ni muchos honores ni grandes tesoros, que aumentan demasiado la bilis, pero se duerme mal sin una buena reputación y un pequeño tesoro.

Prefiero poca a mala compañía; pero es preciso que ésta llegue y se marche en el momento oportuno: así lo exige el buen sueño.

Mucho me complacen también los pobres de espíritu porque aceleran el sueño. Son bienaventurados, sobre todo, cuando se les da siempre la razón.

Así pasan el día los virtuosos. Cuando viene la noche, me guardo bien de llamar al sueño. El sueño, señor de las virtudes, no quiere ser llamado.

Pero pienso en lo que he hecho y pensado en el transcurso del día. Rumiando mis pensamientos, me interrogo con la paciencia de una vaca: ¿Cuáles han sido las diez reconciliaciones, las diez verdades, las diez alegrías con que se regocijó mi corazón? Pensando en estas cosas y arrullado por cuarenta pensamientos, el sueño, al que he llamado señor de las virtudes, se apodera de mí súbitamente.

Me roza el sueño los ojos, y mis ojos se entornan. Me roza el sueño la boca y mi boca queda abierta.

Se desliza en mí silenciosamente el preferido de los ladrones y me roba los pensamientos. Y estoy de pie hecho un tronco.

Pero no estoy mucho tiempo de pie, pronto me tiendo."

Se rió interiormente Zaratustra oyendo lo que decía el sabio pues había surgido en él una luz. Y habló así a su corazón:

"Loco me parece este sabio con sus cuarenta pensamientos, pero creo que entiende bien el sueño.

¡Bienaventurado ya el que habite cerca de este sabio! Tal sueño es contagioso aun a través de un muro espeso.

En su misma cátedra hay un hechizo y no en balde estaban sentados los jóvenes ante el predicador de la virtud.

Su sabiduría dice: "velar para dormir", y, ciertamente, si la vida careciese de sentido y yo tuviese que elegir un contrasentido, este contrasentido me parecería el más digno de elección.

Ahora comprendo lo que se buscaba ante todo en otros días, cuando se buscaban maestros de virtud. Lo que se buscaba era un buen sueño, y virtudes coronadas de adormideras.

Para todos esos tan ponderados sabios de cátedra, la sabiduría era dormir sin soñar. No conocían mejor sentido de la vida.

Aun en nuestros días hay algunos como este predicador de la virtud, y no siempre tan honrados como él; pero ha pasado su tiempo. Y no están mucho de pie cuando ya se tienden.

¡Bienaventurados los adormecidos, porque no tardarán en dormirse!"

Así hablaba Zaratustra.

DE LOS CREYENTES EN OTRO MUNDO

Proyectó un día Zaratustra su ilusión más allá de la vida de los hombres, a la manera de todos los que creen en otro mundo. El mundo le pareció entonces obra de un dios doliente y atormentado.

"El mundo me pareció ser el sueño y la ficción de un dios: vapor coloreado ante los ojos de un divino descontento.

Bien y mal, alegría y pena, yo y tú, todo me pareció vapor coloreado ante los ojos creadores. El Creador quería apartar la mirada de sí mismo... y creó el mundo.

Para el que sufre, olvidar su sufrimiento es una alegría. Alegría embriagadora y olvido de sí me pareció un día el mundo.

Este mundo, eternamente imperfecto, imagen de una eterna contradicción, me pareció un día alegría embriagadora para su imperfecto creador.

También planeé yo un día mi ilusión más allá de la vida de los hombres, al modo de todos los que creen en otro mundo. ¿Más allá de la vida de los hombres en realidad?

¡Ay, hermanos míos! Este dios que yo he creado era obra humana y humana locura, como todos los dioses.

Hombre era, y no más que un fragmento de un hombre, de un *yo*. Ese fantasma resurgía de mis propias cenizas y de mi propia brasa y nunca vino realmente del más allá.

¿Qué sucedió, hermanos míos? Yo, que sufría, me dominé; llevé mi propia ceniza a la montaña; inventé para mí una llama más clara. ¡Y ved! ¡El fantasma se *alejó!*

Ahora, creer en semejantes fantasmas sería para mí una humillación y un sufrimiento. Así hablo yo a los que creen en otro mundo. Todos los otros mundos fueron creados por los sufrimientos y las impotencias, y esa breve locura de la felicidad que sólo conoce el que más sufre.

La fatiga, que de un solo salto mortal quiere llegar hasta el extremo; esta pobre e ignorante fatiga que no quiere ni aun querer más, es la que creó todos los dioses y todos los otros mundos.

¡Creedme, hermanos míos! Fué el cuerpo el que desesperó del cuerpo; palpó con los dedos del espíritu extraviado las últimas paredes.

¡Creedme, hermanos míos! Fué el cuerpo el que desesperó de la tierra: oyó hablar al vientre del ser.

Quiso pasar entonces la cabeza a través de las últimas paredes, y no sólo la cabeza: quiso pasar hasta él al *otro mundo*.

Pero el *otro mundo*, ese mundo afeminado e inhumano, que es una nada celeste, está vedado a los hombres; y el vientre del ser no habla a los hombres si no es como hombres.

Difícil es demostrar el ser, y difícil hacerle hablar. Pero decidme, hermanos míos, ¿no creéis que las cosas más singulares son las mejor demostradas?

Sí. Este Yo, que crea, que quiere y que da la medida y el valor de todas las cosas; este Yo, la contradicción y la confusión de este Yo, afirma con la mayor lealtad su ser.

Y este lealísimo Yo, el ser, habla del cuerpo y quiere el cuerpo, aunque sueñe y divague y revolotee con las alas rotas.

El Yo aprende a hablar más lealmente cada vez, y cuanto más aprende más palabras encuentra para honrar al cuerpo y a la tierra.

Mi Yo me ha enseñado un nuevo orgullo, que yo enseño a los hombres: no esconder la cabeza en las cosas celestes, sino llevarla altaneramente; llevar alta la cabeza terrestre que cree el sentido de la tierra.

Yo enseño a los hombres una nueva voluntad: seguir el camino que voluntariamente han seguido los hombres ciegamente, y darle por bueno, y no arrastrarse apartándose de él como hacen los enfermos y los decrépitos. Enfermos y decrépitos fueron los que menospreciaron el cuerpo y la tierra, los que inventaron las cosas celestes y las gotas de sangre redentora: ¡aun esos dulces y lúgubres venenos los extrajeron del cuerpo y de la tierra!

Querían huir de la miseria y las estrellas estaban muy lejos. Entonces suspiraron: "¡ay! ¡que existan caminos celestes para alcanzar otra vida y otra felicidad!" E inventaron sus artificios y sus bebiditas sangrientas.

Se creyeron entonces, arrebatados, los ingratos, lejos de su cuerpo y de esta tierra. Más ¿a quién debían su espasmo y la alegría de su arrobamiento? A su cuerpo y a esta tierra.

Zaratustra es comprensivo para los enfermos. No le molestan sus maneras de consolarse ni su ingratitud. ¡Que curen, y se dominen, y se creen un cuerpo superior!

Zaratustra no se enoja tampoco contra el convaleciente cuando éste considera con cariño sus ilusiones perdidas y vaga a media noche en torno a la tumba de su dios, pero sigue considerando las lágrimas del convaleciente, enfermedad y cuerpo enfermo.

Siempre hubo muchos enfermos entre los que sueñan y suspiran por Dios; odian furiosamente al que busca el conocimiento y a la más joven de las virtudes, que se llama lealtad.

Siempre miran atrás, hacia tiempos oscuros; verdad es que entonces la locura y la fe eran otra cosa. El delirio de la razón era cosa divina, y la duda pecado.

Conozco bastante bien a esos que se asemejan a Dios; quieren que se crea en ellos y que la duda sea pecado. Sé también de sobra qué es lo que más creen ellos.

No es, indudablemente, en otros mundos y en gotas de sangre redentora, no; creen más que nada en el cuerpo, y consideran el suyo como la cosa en sí.

Pero ese cuerpo suyo es cosa enfermiza, y de buena gana saldrían de él. Por eso escuchan a los predicadores de la muerte y ellos mismos predican los otros mundos.

Más bien, hermanos míos, escuchad la voz del cuerpo curado: es una voz más leal y más pura.

El cuerpo sano, el cuerpo pleno, el cuerpo erecto de la cabeza a los pies, habla con mayor lealtad y pureza: habla del sentido de la tierra."

Así hablaba Zaratustra.

DE LOS DESPRECIADORES DEL CUERPO

"Quiero darles mi opinión a los despreciadores del cuerpo. Lo que deben hacer no es cambiar su método de enseñanza, sino sencillamente despedirse de su propio cuerpo, y por tanto, quedarse mudos.

"Yo soy cuerpo y alma": así habla el niño. ¿Por qué no se ha de hablar como los niños? Pero el que está despierto y atento dice: "todo yo soy cuerpo y alma; el alma no es sino nombre de alguna parte del cuerpo."

El cuerpo es una gran razón, una multiplicidad con un sólo sentido, una guerra y una paz, un rebaño y un pastor.

También tu pequeña razón a la que llamas espíritu, es instrumento de tu cuerpo, hermano mío; instrumento y juguete pequeño de tu gran razón.

Tú dices "Yo", orgulloso de tal palabra; pero lo que es más grande —aunque no lo quieras creer— es tu cuerpo y su gran razón: él no dice Yo, mas actúa como Yo.

Lo que reconoce el espíritu, lo que aprecian los sentidos, jamás tiene su fin en sí. Pero estos sentidos querrían convencerte de que ellos son el fin de todo: tan soberbios son.

Los sentidos y el espíritu son instrumentos y juguetes; detrás de ellos se halla nuestro propio ser, que escudriña con los ojos de los sentidos y escucha con los oídos del espíritu.

Siempre escucha y escudriña el propio ser: concierta, somete, conquista y destruye. Reina, y también domina el Yo.

Detrás de tus pensamientos y de tus sentimientos, hermano mío, hay un amo más poderoso, un guía desconocido. Se llama "uno mismo" y habita en tu cuerpo; es tu cuerpo.

Hay más razón en tu cuerpo que en tu mejor sabiduría. ¿Y quién sabe para qué necesita tu cuerpo precisamente de tu mejor sabiduría?

El propio ser se ríe de tu Yo y de sus cabriolas. "¿Qué son para mí esos saltos y esos vuelos del pensamiento? —dice—. Un rodeo hacia el fin. Yo soy los andadores del Yo y el inspirador de sus ideas."

Nuestro propio ser dice al Yo: "¡Experimenta dolores!" Entonces se regocija el Yo y piensa seguir regocijándose con frecuencia; y para esto *debe* pensar.

Quiero decir algo a los despreciadores del cuerpo: que menosprecian aquello a que deben su estima. ¿Quién creó la estima y el menosprecio y el valor y la voluntad?

El propio ser creador se creó la estima y el menosprecio, la alegría y la pena. El cuerpo creador se creó el espíritu como emanación de su voluntad.

Aun en vuestra locura y en vuestro menosprecio servís a vuestro ser propio, despreciadores del cuerpo. Yo os digo: vuestro propio ser quiere morir y se aparta de la vida.

Ya no puede hacer lo que más quiere: crear superándose a sí mismo; eso es lo que más quiere, esa es toda su pasión.

Pero es demasiado tarde para eso. Así, vuestro ser propio quiere desaparecer, despreciadores del cuerpo.

Vuestro ser propio quiere desaparecer: ¡por eso desprecias el cuerpo! Porque no podéis crear ya superándoos a vosotros mismos.

Por eso os rebeláis contra la vida y contra la tierra. Se trasluce una envidia inconsciente en la mirada oblicua de vuestro menosprecio. ¡Yo no sigo vuestro camino, despreciadores del cuerpo! ¡Vosotros no sois para mí puentes hacia el Superhombre!"

Así hablaba Zaratustra.

DE LAS ALEGRIAS Y DE LAS PASIONES

"Hermano mío, cuando tienes una virtud, y es tuya, no la tienes en común con nadie.

A decir verdad, tú quieres llamarla por su nombre y acariciarla; quieres cogerla de la oreja y divertirte con ella.

¡Y ya ves! ¡Ahora tienes en común con el pueblo el nombre que tú le das, y te has hecho pueblo y rebaño con tu virtud!

Dirías mejor: "Lo que constituye el tormento y la dulzura de mi alma es cosa inexplicable y sin nombre, como también lo que causa el hambre de mis entrañas."

Que sea demasiado alta su virtud para la familiaridad de las denominaciones; y si tuvieses necesidad de hablar de ella, no te avergüences de balbucir.

Habla, y balbuce: "Este es *mi* bien, el que amo; así es como me agrada enteramente; sólo así es como yo quiero el bien.

No le quiero con el mandamiento de un dios, ni como una ley y una necesidad humana; no ha de ser para mí una guía hacia tierras superiores y hacia paraísos.

Lo que yo amo es una virtud terrena, que poco tiene que ver con la sabiduría y menos todavía con el sentido común.

Pero este pájaro ha construído su nido en mí; por eso le estrecho contra mi corazón. Ahora incuba en mí sus dorados huevos.

Así es como debe balbucir alabando tu virtud.

Antes tenías pasiones y las llamabas malas, pero ahora no tienes ya más que tus virtudes que nacieron de tus pasiones.

Pusiste en esas pasiones tu finalidad más alta, y entonces pasaron a ser tus virtudes y alegrías.

Y aunque fueras de la raza de los coléricos o de los voluptuosos, de los fanáticos o de los vengativos, todas tus pasiones terminaron por trocarse en virtudes, todos tus demonios en ángeles.

En tu cueva albergabas perros salvajes que se convirtieron en pájaros cantores.

Te has preparado un bálsamo con tus venenos; has ordeñado la vaca de tu aflicción y bebes la dulce leche de sus ubres.

Y ningún mal nace ya en ti, si no es el que brota de la lucha entre tus virtudes.

Cuando eres feliz, hermano mío, sé que tienes una virtud. y nada más; así pasas el puente con más facilidad.

Es distinguido tener muchas virtudes, pero es fortuna bien

dura, y no ha faltado quien ha ido a matarse al desierto por estar harto de servir de campo de batalla a las virtudes.

Hermano mío, ¿son males la guerra y las batallas? Son males necesarios; entre tus virtudes son necesarias la envidia, la desconfianza y la calumnia.

Mira cómo cada una de tus virtudes desea lo más alto que hay: quiere todo tu espíritu para que sea tu heraldo; toda tu fuerza en la cólera, el amor y el odio.

Celosa es cada virtud de las demás y los celos son terribles. También las virtudes perecen por los celos.

El que gira alrededor de la llama de los celos como el escorpión, termina por volver contra sí mismo el aguijón envenenado.

¡Ay hermano mío! ¿No has visto nunca a una virtud calumniarse, destrozarse a sí misma?

El hombre debe ser superado. Por eso debes amar tus virtudes, porque perecerás por ellas."

Así hablaba Zaratustra.

DEL PALIDO CRIMINAL

"¿No queréis matar, jueces y sacrificadores, hasta que la bestia haya inclinado la cabeza? Ved, el pálido criminal ha inclinado la cabeza; en sus ojos habla el gran menosprecio.

"Mi Yo es algo que debe ser superado: mi Yo es para mí el gran menosprecio de los hombres". Así hablan los ojos del criminal. Su momento supremo fué aquel en que se juzgó a sí mismo. ¡No dejéis al sublime que vuelva a caer en su bajeza!

Para el que tanto sufre por sí mismo, no hay más salvación que una muerte rápida.

¡Oh, jueces!, vuestro homicidio debe ser hecho por compasión y no por venganza. ¡Y al matar, tratad de justificar la vida misma!

No basta vuestra reconciliación con el que matáis. Que vuestra tristeza sea amor al Superhombre; ¡así justificaréis vuestra supervivencia!

Decid "enemigo" y no "malvado"; decid "enfermo" y no "infame"; decid "insensato" y no "pecador".

Si tú, juez rojo, dijeras en voz alta lo que has hecho ya en pensamiento, todo el mundo gritaría: "¡fuera ese gusano inmundo!"

Pero una cosa es el pensamiento, otra la acción, y otra la imagen de la acción. La ruleta de la casualidad no gira entre ellas.

Una imagen hizo palidecer a ese hombre pálido. El estaba a la altura de su acto cuando lo realizó, pero no pudo soportar su imagen una vez consumado.

Se consideró siempre como el autor de un solo acto. Yo llamo a eso locura, porque la excepción, en él se ha convertido en regla.

Así como la luz fascina a la mariposa, el golpe dado por el criminal fascinó su pobre razón; es decir, la locura *después* del acto.

¡Oídme, jueces! Existe todavía otra locura: la locura *antes* del acto. ¡Ay, no habéis penetrado bastante profundamente en esta alma!

El juez rojo habla así: "¿por qué ha matado ese criminal? Quería robar". Pero yo os digo: es que su alma quería sangre; no deseaba robar: ¡tenía sed del placer del cuchillo!

No comprendía esa locura su pobre razón, y le decidió. "¡Qué importa la sangre! –dijo ella–. ¿No deseas siquiera aprovecharte del crimen para robar, para vengarte?"

Y escuchó a su pobre razón, cuyo discurso pesaba sobre él como plomo; entonces robó al asesinar. No quería avergonzarse de su locura.

Y otra vez el plomo de su falta pesa sobre él, otra vez su pobre razón está embotada, paralizada y torpe.

Si cuando menos pudiera sacudir la cabeza, su carga caería; pero, ¿quién sacude esa cabeza?

¿Qué es ese hombre? Un cúmulo de enfermedades que, por espíritu, se abren paso al mundo exterior donde quieren recoger su botín.

¿Qué es ese hombre? Un racimo de fieras serpientes que raramente se soportan con tranquilidad; así, cada una va por su lado en busca de su botín.

¡Ved ese pobre cuerpo! Su pobre alma intentó comprender su sufrimiento y sus deseos: los interpretó como goce y deseo sanguinario del placer del cuchillo.

El que enferma ahora se ve dominado por el mal, que es mal del momento, y quiere hacer sufrir con lo que le hizo sufrir. Pero hubo otros tiempos y otros males y otros bienes.

Antes eran males la duda y la ambición. Entonces el enfermo se hacía hereje y brujo; como hereje y brujo padecía y quería hacer padecer.

Pero eso no queréis comprenderlo. Decís que perjudica a los que entre vosotros son buenos. Pero ¿qué me importan a mí vuestros buenos?

En vuestros hombres buenos hay muchas cosas que me repugnan, y no es su mal ciertamente. ¡Yo quisiera que tuviesen una locura que les llevase a sucumbir como ese pálido criminal!

Quisiera que esa locura se llamase verdad, o fidelidad, o justicia; pero su virtud consiste en vivir mucho tiempo en mísera conformidad.

Yo soy un pretil a la orilla del río; que el que pueda asirme lo haga. Pero no soy vuestra muleta."

Así hablaba Zaratustra.

LEER Y ESCRIBIR

"De todo lo que se ha escrito, sólo me agrada lo que uno escribe con sangre propia. Escribe con sangre y aprenderás que ésta es espíritu. No es fácil comprender la sangre extraña. Aborrezco a todos los ociosos que leen.

El que conoce al lector no hace ya nada por el lector. Un siglo de lectores aún, y hasta el espíritu olerá mal.—Que tengan todos el derecho de aprender a leer, es cosa que destroza, a la larga, no sólo la letra, sino hasta el pensamiento. En otro tiempo el espíritu era Dios; más tarde se hizo hombre, ahora se ha hecho populacho.

El que escribe en máximas y con sangre no quiere ser leído sino interpretado por el corazón.

En las montañas, el camino más corto va de un pico a otro, pero para seguir ese camino es necesario tener piernas largas. Los aforismos deben ser cimas, y aquellos a quienes van dirigidos, hombres grandes y fuertes.

El aire ligero y puro, el peligro que acecha y el espíritu lleno de una negra maldad, se compaginan bien.

Quiero ver duendes en torno mío, porque soy valiente. El valor que ahuyenta a los fantasmas, se crea sus propios duendes. El valor quiere reír.

Yo ya no siento al unísono con vosotros; esa nube que veo por debajo de mí, esa negrura y esa pesadez de que me regocijo, es vuestra nube tempestuosa.

Cuando aspiráis a elevaros miráis hacia arriba. Yo, como estoy elevado, miro hacia abajo.

¿Quién de vosotros puede estar elevado y reír al mismo tiempo?

El que escala altas montañas se ríe de todas las tragedias de la escena y de la vida.

La sabiduría nos quiere valerosos, despreocupados, burlones, violentos. Como mujer no puede amar más que a un guerrero.

Vosotros me decís: "La vida es una carga pesada". Pero, ¿por qué vuestro orgullo por la mañana y vuestra sumisión por la tarde?

La vida es una carga pesada, pero no os pongáis tan tristes; todos somos asnos cargados de fardos.

¿Qué tenemos en común con el capullo de rosa que tiembla al oprimirle una gota de rocío?

Verdad es que amamos la vida, pero no porque estemos habituados a la vida, sino al amor.

En el amor hay siempre algo de locura, pero también hay siempre algo de razón en la locura.

Y yo, que estoy a bien con la vida, creo que para conocer la felicidad no hay como las mariposas y las burbujas de jabón, y todo lo que se les asemeja entre los hombres.

Contemplar el revoloteo de esas pequeñas almas aladas, encantadoras y bullidoras, es lo que arranca a Zaratustra lágrimas y canciones.

Yo no podría creer más que en un dios que supiese bailar.

Y cuando vi a mi demonio, me pareció serio, profundo, solemne, verdadero espíritu de la pesadez. Por él caen todas las cosas.

Se mata con la risa, y no con la cólera. ¡Adelante! ¡Matemos el espíritu de la pesadez!

Yo aprendí a andar y desde entonces corro. Yo aprendí a

hablar y desde entonces no quiero que me empujen para cambiar de sitio.

Ahora soy ligero, ahora vuelo, ahora me veo por debajo de mí, ahora baila en mí un dios."

Así hablaba Zaratustra.

DEL ARBOL DE LA MONTAÑA

Había visto Zaratustra que un joven rehuía su presencia. Y atravesando una tarde las montañas que rodean la ciudad llamada "La Vaca Pinta", encontró en su paseo a dicho joven, recostado en un árbol y dirigiendo al valle una mirada cansada. Zaratustra agarró el árbol en que se apoyaba el joven y dijo:

"Si yo quisiera sacudir este árbol con mis manos, no podría.

Mas el viento, al que no podemos ver, le agita y le dobla a su antojo. A nosotros nos doblan y agitan manos invisibles."

Le miró asombrado el joven y le dijo: "Estoy oyendo a Zaratustra, y justamente pensaba en él." Zaratustra preguntó: "¿Por qué te asustas?" Lo mismo le pasa al hombre que al árbol. Cuanto más quiere elevarse hacia las alturas y hacia la claridad, más profundamente se clavan sus raíces en la tierra, hacia abajo, hacia lo oscuro y tenebroso: hacia el mal."

"¡Sí, hacia el mal! –exclamó el joven–. ¿Cómo es posible que hayas descubierto mi alma?"

Zaratustra sonrió y dijo: "Hay almas que nunca se descubrirán, a menos que se empiece por inventarlas."

"¡Sí, hacia el mal –exclamó de nuevo el joven.

Decías la verdad Zaratustra, ya no tengo confianza en mí mismo desde que quiero subir a las alturas, y nadie tiene ya confianza en mí. ¿A qué se debe eso?

Yo me transformo demasiado rápidamente; mi presente está en contradicción con mi pasado. Frecuentemente, al subir, salto escalones, y esto no me lo perdonan los escalones.

Cuando llego arriba, siempre me encuentro solo. Nadie me habla y el frío de la soledad me hace tiritar. ¿Qué es lo que busco, pues, en las alturas?

Mi desprecio y mi deseo crecen a un tiempo; cuanto más me elevo más desprecio al que se eleva. ¿Qué quiere él, entonces, en las alturas?

¡Cuánto me avergüenzo de mi subida y de mis tropezones! ¡Cómo me río de tanto jadear! ¡Cómo odio al que vuela! ¡Cómo me siento fatigado en las alturas!"

Calló el joven, miró Zaratustra el árbol junto al cual estaba, y habló así: "Este árbol se eleva solo en la montaña; crece por encima de los hombres y de los animales. Y si quisiera hablar, nadie le comprendería; tanto ha crecido.

Ahora espera, y no cesa de esperar. ¿Qué espera? Habita muy próximo al asiento de las nubes: ¿acaso espera el primer rayo?"

Dicho esto por Zaratustra, el joven exclamó con ademanes vehementes: "Sí, Zaratustra, dices la verdad. He deseado mi caída al querer llegar a las alturas, y tú eres el rayo que esperaba. ¡Mírame! ¿Qué soy yo desde que tú has aparecido? La *envidia* me ha aniquilado". Habló así el joven llorando amargamente. Zaratustra le rodeó la cintura con su brazo y le llevó consigo.

Y cuando hubieron andado juntos algunos minutos, Zaratustra comenzó a hablar así:

"Desgarrado tengo el corazón. Mejor que tus palabras, me dicen tus ojos el peligro que corres.

Tú no eres libre aún, aun *buscas* la libertad. Tus pesquisas te han desvelado demasiado.

Quieres ascender a la altura libre; tu alma tiene sed de estrellas, pero tus malos instintos tienen también sed de libertad.

Tus perros salvajes quieren ser libres; ladran de alegría en su cueva, cuando tu espíritu tiende a abrir todas las prisiones.

Para mí, eres aún un prisionero que sueña con la libertad. ¡Ay! ¡El alma de tales prisioneros se hace prudente, pero también astuta y mala!

El que ha logrado libertar su espíritu, necesita aún purificarse. Quedan en él todavía diversos rastros de violencia y de sangre; hace falta que sus ojos se purifiquen.

Conozco el peligro que corres, pero, ¡por mi amor y mi esperanza te exhorto a que no arrojes lejos de ti tu amor y tu esperanza!

Tú te reconoces aún noble, y así te reconocen los demás, los que no te quieren bien y te miran con malos ojos. Sabe que todos tropiezan con algún noble en el camino.

También los buenos tropiezan con algún noble en su camino y si le llaman bueno, no es más que para apartarle a un lado.

El noble quiere crear alguna cosa nueva y una nueva virtud. El bueno desea las cosas viejas y la conservación de ellas.

Pero el peligro del noble no es que se torne bueno, sino insolente, burlón y destructor.

¡Ay! Yo he conocido nobles que perdieron su más alta esperanza, y después calumniaron todas las altas esperanzas.

Desde entonces vivieron, decididamente, con menguados deseos, y apenas se trazaron una meta de un día para otro.

"El espíritu es también voluptuosidad", dijeron, y entonces su espíritu se quebró las alas: ahora se arrastran de acá para allá y manchan todo lo que rozan.

Antes pensaron hacerse héroes; ahora son holgazanes y la idea del heroísmo les causa aflicción y espanto.

Pero por mi amor y mi esperanza te lo digo: ¡no arrojes lejos de ti al héroe que hay en tu alma! ¡Santifica su más alta esperanza!"

Así hablaba Zaratustra.

DE LOS PREDICADORES DE LA MUERTE

"Hay predicadores de la muerte, y el mundo está lleno de seres a quienes hay que predicar que desaparezcan de la vida.

El mundo está lleno de superfluos, y la vida corrompida por los que sobran. ¡Que les saquen de esta vida con el señuelo de la "eterna"!

A los predicadores de la muerte se les designa como "amarillos". También se les llama "negros", pero yo los quiero presentar bajo otros colores.

Son terribles los que llevan en sí la bestia salvaje, y que no pueden escoger más que entre las concupiscencias y las mortificaciones, y aun sus concupiscencias son mortificaciones.

Ni siquiera llegaron a ser hombres esos seres terribles. ¡Que prediquen la aversión a la vida, y que la abandonen ellos! Estos son los tísicos del alma, que apenas han nacido cuando empiezan a morir, y a soñar con doctrinas de cansancio y de renunciación.

Desearían estar muertos, y nosotros debemos santificar su voluntad. Guardémonos de resucitar esos muertos y de violar sus sepulturas.

Si encuentran un enfermo, un anciano o un cadáver, dicen en seguida: "¡La vida es refutada!"

Mas los refutados son únicamente ellos, así como sus ojos, que no ven más que un solo aspecto de la existencia.

Sumergidos en fuerte melancolía y ávidos de los pequeños accidentes que matan, esperan apretando los dientes.

O bien alargan la mano hacia algún dulce y se mofan de sus propias niñerías; están asidos a la vida como a una brizna de paja, y se burlan aún de asirse a una brizna de paja.

Su sabiduría dice: "El que persiste en vivir es un loco, pero ¡así somos los locos! ¡Y esta es la mayor locura de la vida!

"La vida no es más que sufrimiento", dicen y no mienten.

¡Daos, pues, maña para que cese la *vuestra!* Haced cesar la vida puesto que no es más que sufrimiento!

¡Y hé aquí la enseñanza de vuestra virtud: "¡Tú debes matarte a ti mismo! ¡Tú mismo debes de quitarte de delante!"

Algunos de los que predican la muerte, dicen: "La lujuria es un pecado. ¡Apartémonos y no enjendremos hijos!"

Otros dicen: "El alumbramiento es doloroso. ¿Por qué parir a uno? ¡No nacen más que desgraciados!" Y ellos también son predicadores de la muerte.

Dicen aún otros: "¡Hay que ser compasivos! ¡Tomad lo que tengo! ¡Tomad lo que soy! ¡Así me atará menos la vida!

Si su compasión fuese verdadera, procurarían disgustar la vida a sus prójimos. Ser malos, sería su verdadera bondad.

Pero quieren librarse de la vida. ¿Qué les importa si se atan más aún a ella con sus cadenas y sus dones?

Y vosotros también, los que lleváis una vida inquieta y de furioso trabajo, ¿no estáis muy cansados de la vida? ¿No estáis bien maduros para predicar la muerte? Todos vosotros, los que amáis el trabajo rudo y lo que es rápido, nuevo, extraño; vosotros los que os soportáis mal a vosotros mismos: toda vuestra actividad no es sino huída y deseo de olvidarse a sí mismo.

Si tuvieseis más fe en la vida os abandonaríais menos al momento que pasa, pero no tenéis bastante valor interno para la espera, ¡ni aun para la pereza!

La hoz de los predicadores de la muerte resuena por doquier, y el mundo está lleno de seres a quienes hay que predicar la muerte.

O "la vida eterna", que para mí es lo mismo, siempre que se marchen pronto".

Así hablaba Zaratustra.

DE LA GUERRA Y DE LOS GUERREROS

"No queremos que nuestros mejores enemigos nos traten con indulgencia, ni tampoco aquellos a quienes amamos de todo corazón. ¡Dejadme, pues, deciros la verdad!

¡Hermanos en la guerra! Os amo de todo corazón; yo soy y era vuestro semejante, Soy también vuestro mejor enemigo. ¡Dejadme, pues, deciros la verdad! No desconozco el odio y la envidia de vuestro corazón. No sois bastante grandes para desconocer el odio y la envidia. ¡Sed, pues, bastante grandes para no avergonzaros de ello!

Y si no podéis ser los santos del conocimiento, sed al menos sus guerreros. Ellos son los compañeros y los precursores de esa santidad.

Yo veo muchos soldados. ¡Ojalá pueda ver muchos guerreros! Se llaman "uniformes" lo que visten; ¡que lo que ocultan debajo no sea uniforme!

Debéis ser de aquellos cuyos ojos buscan siempre un enemigo: *vuestro enemigo*. Y en algunos de vosotros se descubre el odio a primera vista.

Vosotros debéis usar a vuestro enemigo y hacer vuestra guerra: una guerra con vuestros pensamientos. Y si vuestro pensamiento sucumbe, vuestra lealtad debe cantar victoria.

Debéis amar la paz como un medio de nuevas guerras, y la paz corta mejor que la paz larga.

Yo no os aconsejo el trabajo, sino la lucha. Yo no aconsejo la paz, sino la victoria. ¡Que sea vuestro trabajo una lucha, que vuestra paz sea una victoria!

No es posible permanecer tranquilo y callado sino cuando

se tienen flechas y un arco; de otro modo, se charla y se disputa. ¡Que vuestra paz sea una victoria!

¿Decís que la buena causa santifica hasta la guerra? Pues yo os digo: la buena guerra es la que santifica todas las causas.

Han hecho más cosas grandes la guerra y el valor que el amor al prójimo. Fué vuestra bravura la que salvó hasta el presente a los náufragos, no vuestra piedad.

"¿Qué es bueno?", preguntáis. Ser bravo. Dejad decir a las niñas: "bueno está lo que a la vez es bonito y tierno".

Se os llama gente sin corazón, pero vuestro corazón es sincero, y me gusta el pudor de vuestra cordialidad. Vosotros os avergonzáis de vuestro flujo y otros se avergüenzan de su flujo.

¿Sois feos? ¡Pues bien, hermanos míos! Envolveos en lo sublime, envolveos en el manto de la fealdad.

Vuestra alma se torna impetuosa al creer, y hay maldad en vuestra elevación. Os conozco.

El arrogante se encuentra con el débil en la maldad; pero no se comprenden, os conozco.

No debéis tener enemigos más que para odiarlos, y no para menospreciarlos. Debéis estar orgullosos de vuestro enemigo, y así los triunfos de vuestro enemigo serán también triunfos vuestros.

La rebelión es la nobleza del esclavo. ¡Que sea vuestra nobleza la obediencia! ¡Que sea la obediencia vuestro mandato

Que sea vuestro amor a la vida amor a vuestras más altas esperanzas y que vuestra más alta esperanza sea el más alto pensamiento de la vida.

Y permitidme que yo os lo diga: Vuestro más alto pensamiento es que el hombre es algo que debe superarse.

¡Vivid, pues, vuestra vida de obediencia y de guerra! Qué importa una vida larga. ¡Qué guerrero desea ser tratado bien!

¡Yo no quiero ser blando con vosotros, yo os amo de todo corazón, hermanos míos en la guerra!"

Así hablaba Zaratustra.

DEL NUEVO IDOLO

"Aun existen en ciertas partes pueblos y rebaños, pero no entre nosotros, hermanos míos; entre nosotros existen Estados.

¿Estado? ¿Qué es eso? ¡Veamos! Aguzad los oídos, que voy a hablaros de la muerte de los pueblos. Se llama Estado al más frío de todos los monstruos fríos. Miente también con frialdad, y la mentira rastrera que sale de su boca es: "Yo, el Estado, soy el Pueblo".

¡Mentira! Los creadores de pueblos y los que dieron a éstos una fe y un amor, eran verdaderos creadores: servían a la vida.

En cambio, los que tienden trampas al gran número y llaman a eso un Estado, suspenden por encima de ellos una espada y cien apetitos.

Donde todavía existe pueblo no se comprende el Estado y se detesta como al mal de ojo, como a una transgresión de las costumbres y las leyes.

Yo os doy esta consigna: Todo pueblo tiene su lenguaje del bien y del mal, que el vecino no comprende. Se ha inventado ese lenguaje para sus costumbres y sus leyes.

Pero el Estado miente en todas las lenguas del bien y del mal, miente en todo lo que dice y todo lo que tiene lo ha usurpado.

Todo en él es falso; muerde el muy arisco, con dientes robados y hasta sus entrañas son falsas.

Una confusión de las lenguas del bien y del mal: Os doy ese signo como el signo del Estado. En realidad, es la voluntad de la muerte lo que indica ese signo, y está llamado a los predicadores de la muerte.

Vienen al mundo demasiados hombres; ¡el Estado se inventó para los superfluos!

¡Ve cómo atrae a los superfluos! ¡Cómo los engulle, cómo los masca y remasca! "Nada hay en la tierra más grande que yo; soy el dedo ordenador de Dios". Así brama el monstruo, y no solamente los que tienen orejas largas y vista corta caen de rodillas!

¡Ay! ¡También en vosotros, almas grandes, murmura sus sombrías mentiras! ¡Ay! ¡El adivina los corazones ricos que gustan prodigarse!

Sí, también a vosotros, vencedores del antiguo Dios, os adivina. ¡El combate os rindió, y ahora vuestro cansancio sirve al nuevo ídolo!

Quisiera éste colocar en torno suyo héroes y hombres honorables. A ese frío monstruo le gusta calentarse al sol de la conciencia pura.

A *vosotros*, quiere dároslo todo, si le adoráis. Así compra la brillantez de vuestra virtud y la altiva mirada de vuestros ojos.

¡Quiere atraer con vosotros a los superfluos! Sí; ha inventado un juego infernal, un corcel de la muerte, enjaezado con os adornos de los honores divinos.

Sí; ha inventado para el gran número una muerte que se ı recia de ser la vida, ¡una servidumbre a la medida del deseo de todos los predicadores de la muerte!

El Estado es donde beben veneno, los buenos y los malos. El Estado es a donde se pierden todos a sí mismos, los buenos y los malos. El Estado es donde el suicidio de todos se llama "la vida".

¡Ved, pues, a los superfluos! Siempre enfermos; echan la tores y los tesoros de los sabios; llaman civilización a su latrocinio, y todo se les vuelve reveses y enfermedades.

¡Ved, pues, a los superfluos! Siempre enfermos; echan la bilis, y llaman a eso periódicos. Se devoran, y no pueden digerirse siquiera.

¡Ved, pues, esos superfluos! Adquieren riquezas, y se empobrecen. ¡Quieren el poder, y ante todo la palanca del poder, esos impotentes: mucho dinero!

¡Vedlos trepar, a esos ágiles monos! Trepan unos sobre otros arrastrándose así al pie del abismo.

Todos quieren acercarse al trono; es su locura: ¡como si la felicidad se encontrase en el trono! Frecuentemente hay lodo en el trono, y frecuentemente también el trono está en el lodo.

Para mí todos ellos me parecen locos, menos trepadores e impetuosos. Su ídolo, ese frío monstruo, huele mal. ¡Todos ellos, esos idólatras, huelen mal!

¿Hermanos míos, queréis ahogaros en el aliento de sus bocas y de sus apetitos? Antes que eso, ¡arrancad las ventanas y saltad al aire libre! ¡Evitad el mal olor! Alejaos de la idolatría de los superfluos.

¡Evitad el mal olor! Alejaos del humo de esos sacrificios humanos.

Aun es libre el mundo para las almas grandes. Aun hay lugares vacantes para los solitarios, sitios en los que se respira el olor de los males silenciosos.

Todavía hay una vida libre para las almas grandes. Verdaderamente quien poco posee, tanto menos es poseído, ¡bendita sea la pobreza!

Donde acaba el Estado, comienza el hombre que no es superfluo, comienza el campo de los que son necesarios, la melodía única, la insustituible.

Donde *acaba* el Estado... ¡mirad, hermanos míos! ¿No veis el arco iris y el puente del Superhombre?"

Así hablaba Zaratustra.

DE LAS MOSCAS DE LA PLAZA PUBLICA

"¡Huye a tu soledad, amigo mío! Te veo aturdido por el ruido de los grandes hombres y acribillado por los aguijones de los pequeños.

Los bosques y las peñas saben callar dignamente en tu compañía. Aseméjate nuevamente a tu árbol querido, a tu árbol de amplio ramaje, que, suspendido sobre el mar, escucha silencioso.

La plaza pública comienza donde termina la soledad, y donde comienza la plaza pública comienza también el alboroto de los grandes cómicos y el zumbido de las moscas venenosas.

Las cosas mejores no valen nada en el mundo sin alguien que las represente: el pueblo llama grandes hombres a esos representantes.

Comprende mal el pueblo lo que es grande, es decir, lo que crea; pero tiene un sentido para todos los representantes, para todos los cómicos de las grandes cosas.

El mundo gira invisiblemente alrededor de los inventores de valores nuevos. Pero alrededor de los cómicos gira el pueblo y la gloria: así "va el mundo".

El cómico tiene espíritu, pero poca conciencia del espíritu. Cree siempre en aquello por lo cual obtiene los mejores efectos: en aquello que hace a las gentes creer en *él mismo.* Mañana tendrá una nueva fe y pasado mañana otra fe novísima. Como el pueblo, tiene ingenio rápido, rápido y variable.

Derribar: a eso se llama demostrar. Volver loco: a eso se llama convencer. Y para él la sangre es el mejor de todos los argumentos.

Llama a la verdad que no penetra más que en oídos finos mentira y bagatela. En realidad, no cree más que en los dioses que hacen mucho ruido en el mundo. La plaza pública está colmada de bufones alborotadores, y el pueblo se vanagloria de sus grandes hombres, que son para él los dueños del mundo.

Pero el momento los apremia y ellos te apremian a ti y te exigen un sí o un no. ¡Desgraciado de ti si quieres colocar tu silla entre un pro y un contra!

¡Oh, amante de la verdad! No tengas celos de esos espíritus apremiantes y absolutos. Nunca la verdad se colgó del brazo de los intransigentes.

Aléjate de esa agitación y vuelve a tu asilo. Sólo en la plaza pública se ve uno asediado por el "¿sí o no?"

Tienen que aguardar mucho tiempo las fuentes profundas para saber lo que ha caído en su profundidad.

Todo lo que es grande pasa lejos de la plaza pública y de la gloria: lejos de la plaza pública y de la gloria vivieron en todos los tiempos los inventores de valores nuevos.

Huye a tu soledad, amigo mío: te veo acribillado por las moscas venenosas. ¡Huye hacia donde sopla el viento recio y fuerte!

¡Huye a tu soledad! Viviste demasiado cerca de los pequeños y míseros. ¡Huye de su venganza invisible! Querrán vengarse de ti.

No levantes más el brazo contra ellos. ¡Son incontables, y no es tu destino ser un cazamoscas!

Incontables son los pequeños y los míseros, y edificios altivos han sido destruídos por gotas de lluvia y malas hierbas.

Tú no eres una piedra, pero ya te resquebrajan infinidad de gotas. Infinidad de gotas te rajarán y te partirán aún.

Te veo cansado por las moscas venenosas, rasguñado y ensangrentado por mil sitios, y tu orgullo no se ha encolerizado una sola vez.

Querrán tu sangre con toda inocencia; sus almas anémicas exigen sangre y pican con toda inocencia.

Pero tú, que eres profundo, sientes profundamente aun las más pequeñas heridas, y antes de que seas curado te habrá pasado ya por la mano el gusano venenoso.

Me pareces excesivamente orgulloso para matar a esos glotones. ¡Pero mira no vaya a ser tu destino soportar toda su venenosa injusticia!

Zumban alrededor de ti con sus alabanzas. Importunidades: he ahí sus alabanzas. Quieren estar próximos a tu pellejo y a tu sangre.

Te adulan como a un dios o a un diablo; lloriquean delante de ti como delante de un dios o de un diablo. ¡Qué importa! Son adulones y lloricones, y nada más.

También suelen hacerse los amables contigo, pero esa fué siempre astucia de cobardes. ¡Sí; los cobardes son astutos!

Piensan mucho en ti con su alma estrecha: ¡siempre les eres sospechoso! Todo lo que da mucho que pensar se hace sospechoso.

Te castigan por todas tus virtudes, y nada más te perdonan, de todo corazón, tus faltas.

Como tú eres benévolo y justo, dices: "Son inocentes de lo menguado de su existencia". Pero su alma estrecha piensa: "Toda gran existencia es culpable". Aunque seas benévolo con ellos, se sienten despreciados por ti, y te pagan tus beneficios con malas acciones disimuladas.

Tu orgullo callado les contraría siempre, y se alegran cuando acierta a ser bastante modesto para ser vanidoso.

Todo lo que reconocemos en un hombre lo inflamamos también en él. ¡Guárdate, por tanto, de los pequeños!

Ante ti se sienten pequeños, y su vileza se excita contra ti en una venganza invisible.

¿No observaste que solían callar cuando te aproximabas a ellos, y cómo les abandonaban las fuerzas, a la manera que el humo abandona el fuego que se apaga?

Sí, amigo mío; tú eres la mala conciencia de tus prójimos, porque ellos no son dignos de ti. Por eso te odian y querrían chupar tu sangre.

Tus prójimos serán siempre moscas venenosas. Lo que es

grande en ti, es lo que precisamente les hace más venenosos y más semejantes a las moscas.

Huye, huye a tu soledad, amigo mío, huye hacia donde sopla el viento recio y fuerte. Tu destino no es ser un cazamoscas".

Así hablaba Zaratustra.

DE LA CASTIDAD

"Amo la selva. Es difícil vivir en las ciudades donde abundan los ardorosos.

¿No es preferible caer en las manos de un asesino que en los sueños de una mujer ardiente?

Mirad, si no, a esos hombres. Lo dicen sus ojos; no conocen nada mejor en la tierra que acostarse con una mujer.

Tienen cieno en el fondo del alma, y ¡pobres de ellos si su cieno tiene espíritu!

¡Si al menos fueseis animales perfectos! Pero para ser animales hace falta inocencia.

¿Es que os recomiendo que matéis vuestros sentidos? Os recomiendo la inocencia de los sentidos.

¿Es que os recomiendo la castidad? En algunos la castidad es una virtud, pero en muchos otros es casi un vicio.

Quizá éstos son continentes, pero la perra sensualidad, celosa, husmea todo lo que hace.

Ese animal les sigue con su discordia aun en las alturas de su virtud y hasta en su espíritu frío.

¡Y con qué gentileza sabe mendigar la perra sensualidad un trozo de espíritu al negarle un trozo de carne! ¿Os gustan las tragedias y todo lo que lacera el corazón? Pues yo miro desconfiadamente a vuestra perra.

Vuestros ojos son demasiado crueles y, llenos de deseos, miráis a los que sufren. ¿No será que vuestra lubricidad se ha disfrazado y tomado el nombre de compasión?

Y os cito también esta parábola: No pocos, que querían expulsar sus demonios, entraron ellos mismos en los puercos.

Si la castidad pesa a alguno, hay que apartarle de ella para que no sea el camino del infierno, es decir, el fango y la hoguera del alma.

¿He hablado de cosas sucias? No es eso lo peor a mis ojos.

No cuando la verdad es sucia, sino cuando es somera, desciende a sus aguas de mala gana el investigador.

Verdaderamente, hay quienes son castos por esencia: son de corazón bondadoso; les gusta más reír y ríen más que vosotros.

También se ríen de la castidad y preguntan: "¿Qué es la castidad? ¿No es una quimera la castidad? Pero esta quimera ha venido hacia nosotros, no hemos ido nosotros hacia ella.

Hemos ofrecido a este huésped hospitalidad y simpatía en nuestro corazón: ahora habita en nosotros. ¡Que se quede mientras quiera!"

Así hablaba Zaratustra.

DEL AMIGO

"Uno sólo está siempre con exceso alrededor de sí mismo —piensa el solitario—. ¡Siempre acaba uno por hacer dos!

Yo y *me* entablan una conversación demasiado continua. ¿Y cómo podría soportarse eso, si no se contase con un amigo?

El tercero es siempre para el solitario el amigo: es el corcho que impide al coloquio de los otros dos hundirse en las profundidades.

¡Ay! Son demasiadas las profundidades para todos los solitarios. Y por eso aspiran a un amigo y a la altura del amigo.

Nuestra fe en los demás revela lo que desearíamos creer en nosotros mismos, y así nuestro deseo de un amigo es nuestro delator.

Y frecuentemente no se quiere, con la amistad, sino saltar por encima de la envidia. Y frecuentemente nos creamos enemigos y nos atacamos para ocultar que nosotros mismos somos atacables.

¡Al menos sé mi enemigo! Así habla el verdadero respeto; el que no osa solicitar la amistad.

Si se desea tener un amigo, hay que estar dispuesto a hacer la guerra por él, y para hacer la guerra, hay que *poder* ser enemigo.

Es necesario honrar en el amigo al enemigo. ¿Es que puedes acercarte a tu amigo sin pasar a su bando?

En el amigo debe verse mejor el enemigo. Cuando le opones resistencia debe estar lo más cerca de tu corazón.

¿No quieres disimular delante de tu amigo? ¿Debe ser una gloria para tu amigo que te entregues a él tal cual eres? ¡Por eso te manda al diablo!

El que no tiene recato, escandaliza: "¡Por eso se teme tanto la desnudez! ¡Sí; si fueseis dioses, entonces podríais avergonzaros de vuestros vestidos!

Jamás te adornarás suficientemente para tu amigo, porque para él debes ser una flecha y un anhelo hacia el Superhombre.

¿Has visto ya dormir a tu amigo? Es tu misma cara reflejada en un espejo tosco e imperfecto.

¿Has visto ya dormir a tu amigo? ¿No te produjo espanto el aspecto que tenía? ¡Amigo mío, el hombre es algo que debe ser superado!

Debe ser el amigo maestro en la adivinación y en el silencio; no debes querer verlo todo. Es tu sueño el que debe revelarte lo que hace tu amigo cuando está despierto.

Haz que tu compasión sea una adivinación, pero es menester, ante todo, que sepas si tu amigo quiere compasión. Quizá le gusten en ti la mirada altanera y la mirada de eternidad.

Haz que la compasión con el amigo se esconda bajo una ruda corteza, en la que te dejes un diente. Así tu compasión estará llena de delicadezas y dulzuras.

¿Eres para tu amigo aire puro y soledad, pan y medicina? Hay quienes no pueden libertarse de sus propias cadenas y, no obstante, para sus amigos son salvadores.

Si tú eres un esclavo no puedes ser amigo. Si eres un tirano no podrás tener amigos.

En la mujer se han escondido durante mucho tiempo un esclavo y un tirano, por eso la mujer no es capaz todavía de amistad: no conoce más que el amor.

En el amor de la mujer hay injusticia y ceguera para cuanto no ama. Y aun el amor reflexivo de la mujer, siempre oculta al lado de la luz la sorpresa, el relámpago, la noche.

La mujer no es capaz todavía de amistad; las mujeres siguen siendo gatas y pájaros. O, en el mejor caso, vacas.

La mujer no es capaz todavía de amistad. Pero decidme, vosotros los hombres, ¿quién de vosotros es capaz de amistad?

¡Maldición sobre la pobreza y avaricia de vuestras almas, hombres! Lo que vosotros dais a vuestros amigos quiero yo darlo aún a mis enemigos sin hacerme por eso más pobre.

Hay camaradería. Que haya amistad".

Así hablaba Zaratustra.

MIL OBJETOS Y UN OBJETO

Zaratustra vió muchos países y muchos pueblos; así descubrió el bien y el mal de muchos pueblos. Y Zaratustra no descubrió poder más grande en la tierra que el bien y el mal.

Ningún pueblo podría vivir sin valuar los valores, pero si quiere conservarse, no debe valuar como el vecino.

Muchas cosas que un pueblo llamaba buenas, eran para otro vergonzosas y despreciables; esto es lo que he descubierto. A muchas cosas que aquí las calificaban como malas, las adornaban allá con el manto púrpura de los honores.

Jamás un vecino ha comprendido al otro; siempre se asombró su alma de la locura y de la maldad del vecino.

Hay suspendida sobre cada pueblo una tabla de bienes; es la tabla de lo que se ha superado; es la voz de su voluntad de poder.

Lo que le parece difícil es honroso; se llama bien lo que es indispensable y difícil, y lo que libra de las mayores miserias; se santifica lo más raro y difícil.

Lo más alto es lo que le permite reinar, brillar y vencer, con temor y envidia de su vecino; es lo primero, la medida y el sentido de todas las cosas.

Verdaderamente, hermano mío, si conoces las necesidades de un pueblo, su cielo y sus vecinos, adivinarás también la ley que rige sus victorias y por qué llegan a tal grado sus esperanzas.

"Tú debes ser siempre el primero y aventajar a los otros; tu alma celosa no debe amar a nadie más que al amigo". Esto hizo temblar el alma de un griego, y le llevó a seguir la senda de la grandeza.

"Decir la verdad y saber manejar bien el arco y las flechas." Esto parecía caro, y difícil al mismo tiempo, al pueblo de donde viene mi nombre, el nombre que es para mí a la vez caro y difícil.

"Honrar padre y madre, y tener para ellos una sumisión completa". Esta tabla de victorias sobre sí eligió otro pueblo y fué poderoso y eterno.

"Ser fieles, y dar por la fidelidad sangre y honor, aun tratándose de cosas malas y peligrosas". Por tal enseñanza se venció a sí mismo otro pueblo, y al vencerse así, llegó a henchirse de grandes esperanzas.

Verdad es que los hombres se dieron todo su mal y todo su bien. No lo tomaron, no lo encontraron, no les cayó del cielo.

Fué el hombre quien puso valores en las cosas, a fin de conservarse; fué él quien dió un sentido a las cosas, un sentido humano. Por eso se llama "hombre", es decir, el que valúa.

Valuar es crear. ¡Escuchad, creadores! Es la valuación la que hace tesoros y joyas de las cosas valuadas.

Al valuar se da el valor; sin la valuación, la nuez de la existencia sería vana. ¡Escuchad, creadores!

Los valores cambian cuando los creadores se transforman. El que debe crear, destruye siempre.

Los creadores fueron primero pueblos, y sólo más tarde individuos. Realmente, el individuo es la más reciente de las creaciones.

Los pueblos suspendieron sobre sí una tabla del bien, en otros tiempos. El amor que quiere dominar y el amor que quiere obedecer se crearon junto a tales tablas.

El placer del rebaño es más antiguo que el placer del Yo. Y mientras la buena conciencia se llama rebaño, la mala conciencia se llama Yo.

Verdaderamente, el Yo astuto y sin compasión que busca su bien en el de muchos, no es el origen del rebaño, sino su destrucción.

Siempre fueron fervientes los creadores del bien y del mal.

Bajo el nombre de todas las virtudes arde el fuego del amor y de la cólera.

Zaratustra vió muchos países y muchos pueblos. No encontró poder más grande en la tierra que la obra de esos fervientes "bien" y "mal".

Ciertamente, el poder de las alabanzas y de las censuras es semejante a un monstruo. Decidme, hermanos míos: ¿Quién le derribará? Decidme: ¿Quién echará una cadena sobre las mil cervices de esa bestia?

Hasta el presente ha habido mil objetos, porque ha habido mil pueblos. No falta más que la cadena de las mil cervices, y el objeto único. La humanidad no tiene aún objeto.

Pero decidme, hermano: si falta objeto a la humanidad, ¿no es que falta ella misma?"

Así hablaba Zaratustra.

DEL AMOR AL PROJIMO

"Vosotros rodeáis muy solícitos al prójimo, y expresáis vuestra solicitud con bellas palabras. Pero yo os digo; vuestro amor al prójimo es vuestro mal amor a vosotros mismos.

Buscáis al prójimo para huir de vosotros mismos, y de ello queréis hacer una virtud; pero conozco vuestro "desinterés".

El Tú es más viejo que el Yo, el Tú está santificado, pero no aún el Yo. Por eso anda el hombre tan diligente tras de su prójimo.

¿Es que os aconsejo yo el amor al prójimo? ¡Antes os aconsejaría la huída del prójimo y el amor al lejano!

Más alto que el amor al prójimo es el amor a lo lejano y a lo que está por venir. Más alto aún que el amor al hombre sitúo el amor a las cosas y a los fantasmas.

Ese fantasma que corre delante de ti, hermano mío, es más hermoso que tú. ¿Por qué no le das tu carne y tus huesos? Porque le tienes miedo y corres en busca del prójimo.

No sabéis soportaros a vosotros mismos, y no os queréis bastante, por lo que desearíais seducir al prójimo por vuestro amor y doraros con su engaño.

Yo quisiera que todos sus prójimos y sus vecinos se os hiciesen insoportables; así tendríais que crear vosotros mismos vuestro amigo y su corazón fervoroso.

Cuando queréis hablar bien de vosotros mismos llamáis a un testigo, y una vez que le habéis inducido a pensar bien de vuestra persona, pensáis bien vosotros mismos de vuestra persona.

Dice el loco: "Las relaciones con los hombres dañan el carácter, sobre todo si falta éste".

El uno va tras el prójimo porque se busca, el otro porque quisiera olvidarse. Vuestro mal amor a vosotros mismos, convierte vuestra soledad en cautiverio.

Son los más lejanos los que pagan vuestro amor al prójimo, y cuando os reunís cinco, hacéis morir a un sexto.

Tampoco me gustan vuestras fiestas; existen demasiados cómicos en ellas, y aun los mismos espectadores suelen convertirse frecuentemente en cómicos.

Yo no os hablo del prójimo sino del amigo. Que sea el amigo para vosotros la fiesta terrenal y un presentimiento del Superhombre.

Yo os hablo del amigo y de su corazón desbordante. Pero hay que saber ser esponja cuando se quiere ser amado por corazones desbordantes.

Yo os hablo del amigo que lleva en sí un mundo disponible, una envoltura del bien, del amigo creador que siempre tiene un mundo perfecto que dar.

Y lo mismo que se desarrolló el mundo para él, así se arrolla nuevamente; tal es el advenimiento del bien por el mal, del fin por el azar.

Que el porvenir y lo más lejano sean para ti la causa de tu hoy; debes amar en tu amigo al Superhombre, como tu razón de ser.

Hermanos míos, yo no os aconsejo al prójimo; os aconsejo el amor a lo más lejano".

Así hablaba Zaratustra.

DE LAS VIAS DEL CREADOR

"¿Quieres, hermano mío, ir al aislamiento? ¿Quieres buscar el camino que te lleve a ti mismo? Aguarda aún un poco, y escúchame.

"El que busca se pierde fácilmente a sí mismo. Todo aislamiento es una falta". Así habla el rebaño. Y tú has formado parte de ese rebaño mucho tiempo.

En ti también resonará todavía la voz del rebaño. Y cuando digas: "Mi conciencia no es ya común con la vuestra", eso será queja y dolor.

Mira: esa conciencia común es hija del mismo dolor, y el destello final de esa conciencia brilla todavía en tu aflicción.

¿Deseas, no obstante, seguir el camino de tu aflicción, que es el camino que te conduce a ti mismo? ¡Pruébame tu derecho y tu fuerza para tanto! ¿Es que eres una nueva fuerza y un derecho nuevo? ¿Un primer movimiento? ¿Puedes hacer que las estrellas giren alrededor de ti?

¡Ay! ¡Existe tanta codicia por llegar a las alturas! ¡Tantas convulsiones tienen los ambiciosos! ¡Pruébame que no eres de los codiciosos ni de los ambiciosos!

¡Ay! ¡Existen tantos grandes pensamientos que no hacen más que lo que los fuelles! Inflar y ahuecar.

¿Tú te llamas libre? Yo quiero que me digas cuál es tu pensamiento cardinal, y no que has escapado de un yugo.

¿Eres tú alguien que tuviese el derecho de librarse de un yugo? Hay quien pierde su último valor al libertarse de su yugo.

¿Libre de *qué?* ¡Qué le importa esto a Zaratustra! Pero tu mirada debe decirme claramente; ¿libre para *qué?*

¿Puedes señalarte tú mismo tu bien y tu mal y suspender tu voluntad por encima de ti mismo como una ley?

Es terrible estar a solas con el juez y con el vengador de tu propia ley, como estrella lanzada en el vacío y en el soplo helado de la soledad.

Sufres aún hoy entre la muchedumbre, tú el único; aun hoy conservas todo tu valor y todas tus esperanzas.

Pero, te fatigará la soledad algún día, decaerá tu orgullo y rechinarás los dientes. Un día exclamarás: "¡Estoy solo!"

Llegará un día que no verás tu altura, y tu bajeza estará demasiado cerca de ti. Tu sublimidad misma te amedrentará como un fantasma. Un día exclamarás: "Todo es falso!

Hay sentimientos que quieren matar al solitario, y para que no consigan su objeto es necesario que mueran ellos. ¿Pero serás tú capaz de ser el asesino?

¿Conoces ya la palabra "desprecio", hermano mío? ¿Y el tormento de esa justicia que te obliga a ser justo con los que te desprecian?

Tú obligas a muchos a cambiar de opinión sobre ti, cosa que te tienen muy en cuenta. Te aproximaste a ellos y seguiste adelante; eso no te lo perdonarán jamás.

Tú te elevas entre ellos; pero cuanto más alto subes, tanto más pequeño han de verte los ojos de la envidia. Nadie tan odiado como el que vuela.

"¿Cómo querríais ser justos conmigo?" —te hacen decir—. Yo elijo para mí vuestra injusticia, como la parte que me está destinada".

Injusticia y basura: esto es lo que ellos arrojan al solitario. Pero, hermano mío, no has de alumbrarles menos, si eres una estrella.

¡Y cuídate de los buenos y de los justos! Les gusta crucificar a los inventores de su propia virtud; odian al solitario.

¡Guárdate lo mismo de la santa simplicidad! No es santo a sus ojos lo que no es sencillo, y les gusta jugar con fuego; con el fuego de las hogueras.

¡Y guárdate también de los impulsos de tu amor! El solitario tiende demasiado de prisa la mano al que encuentra.

Hay hombres a quienes no debes dar la mano, sino la pata, y quiero que tu pata tenga también garras.

Pero el enemigo más peligroso que puedes encontrarte serás siempre tú mismo: te acechas a ti mismo en bosques y cavernas.

¿Solitario, sigues el camino que te conduce a ti mismo? ¡Y tu camino pasa ante ti y ante los siete demonios!

Serás para ti mismo, hereje, hechicero y adivino, loco e incrédulo, impío y malvado.

Es menester que quieras consumirte en tu propia llama. ¿Cómo quieres renovarte sin antes reducirte por completo a cenizas?

Solitario, tú sigues el camino del creador; ¡quieres sacar un Dios de tus siete demonios!

Solitario, tú sigues el camino del amante; te amas a ti mismo y por eso te desprecias como sólo desprecian los amantes.

¡El amante quiere crear porque desprecia! ¡Cómo podría hablar de amor el que no despreciase precisamente lo que ama!

Vete a tu soledad, hermano mío; vete con tu amor y tu creación, y ya será tarde cuando la justicia te siga con su lento paso.

Vete a tu soledad con mis lágrimas, hermano mío. Yo amo al que quiere crear algo superior a él y que así sucumbe".

Así hablaba Zaratustra.

LA VIEJA Y LA JOVEN

"¿Zaratustra, por qué te deslizas furtivamente durante el crepúsculo? ¿Y qué ocultas con tanto cuidado bajo tu manto?

¿Es que te han dado algún tesoro? ¿Es, quizás, que te ha nacido un niño? ¿Es que sigues ahora el camino de los ladrones, amigo del mal?

"Ciertamente, hermano mío —contesta Zaratustra—, llevo un tesoro; una pequeña verdad.

Pero es rebelde como un niño y si no le tapara la boca gritaría hasta desgañitarse.

Hoy, cuando solitario, seguía mi camino, me encontré con una vieja, a la hora del crepúsculo, la que habló así a mi alma:

"Ha hablado ya muchas veces, Zaratustra, a las mujeres, pero jamás nos ha hablado de la mujer".

Yo respondí: "Es que no se debe hablar de la mujer más que a los hombres".

"Pero a mí sí puedes hablarme de la mujer —contestó ella—. Soy suficientemente vieja para olvidar en seguida cuanto me digas".

Atendiendo a los deseos de esta vieja, le hablé así:

"En la mujer todo es enigma, y este enigma tiene un nombre: la preñez.

El hombre representa para la mujer un medio, pues el fin es siempre el hijo. Mas, ¿qué es la mujer para el hombre?

El verdadero hombre ama dos cosas: el peligro y el juego. Por eso quiere a la mujer que es el juguete más peligroso.

El hombre debe ser aleccionado para la guerra, y la mujer para el recreo del guerrero. Todo lo demás es insensatez.

Y el guerrero no ama los frutos demasiado dulces. Por ello ama a la mujer, ya que aun la más dulce tiene siempre algún amargor.

La mujer comprende a los niños mejor que el hombre, pero el hombre es más niño que la mujer.

En todo verdadero hombre se oculta el niño; el niño que quiere jugar. ¡Mujeres, descubrid el niño en el hombre!

¡Que la mujer sea juguete puro y fino como un diamante, abrillantado por las virtudes de un mundo que aun no existe!

¡Que resplandezca el centelleo de una estrella en vuestro amor! Que diga vuestra esperanza: "¡Qué yo dé a luz al Superhombre!"

¡Que haya valentía en vuestro amor! Debéis afrontar con vuestro amor todo lo que os dé miedo.

Que vuestro honor se cifre en vuestro amor. Generalmente, la mujer sabe poco de honor, pero que vuestro honor sea amar siempre más de lo que seáis amadas, y no ser nunca las segundas.

Que cuando la mujer ama, tema el hombre a la mujer; entonces es cuando ella realiza todos los sacrificios y cualquier otra cosa le parece sin valor.

Que cuando la mujer odia, tema el hombre a la mujer; porque el hombre, en el fondo de su corazón no es nada más que malo; pero la mujer en el fondo de su corazón, es malvada.

¿A quién odia más la mujer? El hierro decía al imán: "Te odio más que a nada, porque atraes sin ser bastante fuerte para sujetar".

La felicidad del hombre es: yo quiero; la felicidad de la mujer: él quiere.

"¡El mundo es perfecto!" Así piensa toda mujer cuando obedece de todo corazón.

Y es preciso que la mujer obedezca y que encuentre una

profundidad para su superficie. El alma de la mujer es superficie; capa de agua móvil y borrascosa sobre un bajo fondo.

Pero el alma del hombre es profunda; torrente que bramа en cuevas subterráneas. La mujer presiente su fuerza pero no la comprende".

Entonces me respondió la vieja: "Zaratustra ha dicho cosas muy bonitas, sobre todo para las que son jóvenes.

¡Cosa extraña! ¡Zaratustra conoce poco a las mujeres, y, sin embargo, dice algunas verdades sobre ellas! ¿Será porque en la mujer nada hay imposible?

Y ahora, toma en recompensa una pequeña verdad. ¡Bastante vieja soy para poder decírtela!

Envuélvela bien, y tápala la boca, pues de otro modo gritaría demasiado".

"¡Venga tu verdad, mujer!", –dije. Y la vieja habló así: "¿Vas con las mujeres? ¡No olvides el látigo!"

LA PICADURA DE LA VIBORA

Un día, estaba dormido Zaratustra bajo una higuera, para librarse del calor, y tenía puesto un brazo sobre la cara. Vino una víbora, le picó en el cuello, y él lanzó un grito de dolor. Al apartar el brazo de su rostro reconoció la víbora a Zaratustra, se retorció torpemente y quiso alejarse. "¡No –dijo Zaratustra–; aun no te he dado las gracias! Me despertaste a tiempo, pues mi camino es aún largo". "Tu camino es ya corto –dijo tristemente la víbora–; mi veneno mata". Zaratustra sonrió. "¿Desde cuándo mata a un dragón el veneno de una serpiente?" –dijo–. "¡Recupera tu veneno! No eres suficientemente rica para regalármelo". Entonces se abrazó nuevamente la víbora a su cuello y le lamió la herida.

Cuando en cierta ocasión contó esto Zaratustra a sus discípulos le preguntaron éstos: "¿Y cuál es, Zaratustra, la moraleja de tu historia?" Zaratustra les respondió:

"Los buenos y los justos me llaman el demoledor de la moral. Mi historia es inmoral.

Mas, si tenéis un enemigo, no le devolváis bien por mal, porque se consideraría humillado. Demostradle, en cambio, que os ha hecho un bien.

Y antes que humillar, encolerizaos. Cuando se os maldice, no me gusta que queráis bendecir. ¡Maldecid vosotros primero!

Y si os hacen una gran injusticia, añadidle vosotros cinco pequeñas. Lo más horroroso es contemplar al que sufre por sí solo el peso de la injusticia.

¿Ya sabíais esto? La injusticia repartida es casi derecho. ¡Y el que puede traer la injusticia debe llevarla sobre sí!

Es más humana una pequeña venganza que ninguna. Y si el castigo no es también un derecho y un honor para el transgresor, no quiero vuestro castigo.

Es más noble condenarse que porfiar, sobre todo cuando se tiene razón. Sólo hay que ser bastante rico para eso.

No me gusta vuestra fría justicia. Se ve siempre en vuestros jueces la mirada del verdugo y su helada cuchilla. Entonces, decidme: ¿dónde se halla la justicia, qué es el amor con ojos clarividentes?

¡Inventadme, pues, el amor, que no sólo soporta todos los castigos, sino también todas las faltas!

¡Inventadme también la justicia que a todos absuelve, excepto al que juzga!

¿Queréis oír más? En el que aspira a ser verdaderamente justo, la misma mentira resulta filantropía.

Pero, ¿cómo podría ser yo verdaderamente justo? ¿Cómo podría dar a cada uno lo *suyo?* Básteme esto; yo doy a cada uno lo *mío.*

En fin, hermanos míos, guardaos de ser injustos con los solitarios. ¿Cómo podría olvidar un solitario? ¿Cómo podría devolver?

El solitario es como un pozo profundo. Es fácil dejar caer en él una piedra, pero si la piedra llega hasta el fondo, ¿quién se atreverá a sacarla?

Guardaos de ofender al solitario. Pero si le habéis ofendido, entonces, ¡matadle también!"

Así hablaba Zaratustra.

DEL HIJO Y DEL MATRIMONIO

"Tengo para ti, hermano mío, una pregunta, que arrojo como sonda para conocer la profundidad de tu alma.

Eres joven y anhelas una mujer y un hijo, pero yo te pregunto: ¿Eres tú un hombre que tiene el *derecho* de desear un hijo?

¿Eres un victorioso, vencedor de ti mismo, soberano de tus sentidos, dueño de tus virtudes? Eso es lo que te pregunto. ¿O es que hablan de tu deseo la bestia y la exigencia física? ¿O el miedo a la soledad? ¿O la discordia contigo mismo?

Yo quiero que tu victoria y tu libertad se perpetúen en un hijo. Debes erigir monumentos vivientes a tu victoria y a tu liberación. Algo más elevado que tú mismo, pero haría falta que te reconstruyeses tú mismo, recto de cuerpo y de alma.

No solamente se debe reproducir la raza, sino superarla. Para eso te debe servir el jardín del matrimonio.

Debes crear un cuerpo de esencia superior, un primer móvil, una rueda que gire sobre sí misma; debes crear un creador.

Yo llamo matrimonio a la voluntad de crear entre dos un ser único superior a los que se han creado. El matrimonio es eso: respeto mutuo, respeto de los que coinciden en tal voluntad.

Este debe ser el sentido y la realidad de tu matrimonio. Pero lo que llaman matrimonio los superfluos, ¿cómo lo llamaríamos?

¡Ay! ¡Qué pobreza de alma entre dos! ¡Qué impureza de alma entre dos! ¡Qué mísera conformidad entre dos!

A todo eso llaman matrimonio y dicen que contraen estas uniones en el cielo.

¡Pues, no quiero ese cielo de los superfluos! ¡No! ¡No quiero bestias enlazadas con redes celestiales! ¡Quédese también lejos de mí ese dios cojitranco que bendice lo que no ha unido!

¡No os riáis de tales matrimonios! ¿Qué hijo no tendría razón de llorar a causa de sus padres?

Me pareció un hombre respetable y preparado para asir el sentido de la tierra, pero cuando conocí a su mujer, la tierra me pareció una morada para los insensatos.

Sí; yo quería que entrase la tierra en convulsión cuando se ayuntan un santo y una gansa.

Otro partió como un héroe en busca de verdades y no alcanzó más botín que una pequeña mentira engalanada. A eso llaman su matrimonio.

Otro muy reservado en sus relaciones y difícil en su elección, trastornó su sociedad de un solo golpe. A eso llaman matrimonio.

Buscaba otro una sirvienta con las virtudes de un ángel, y terminó haciéndose sirviente de una mujer; ahora es él el que necesitaría volverse ángel.

Yo no he visto por doquier más que compradores avisados y de ojos astutos. Pero aun el más avisado compra a su propia mujer en estado de ceguera.

Llamáis a muchas breves locuras amor, y vuestro matrimonio pone fin a muchas breves locuras con una larga tontería.

Vuestro amor a la mujer y el amor de la mujer por el hombre, ¡oh! ¡sea piedad para los dioses dolientes y velados! Pero dos bestias se adivinan casi siempre.

Sin embargo, vuestro mejor amor no es más que una imagen extasiada y un ardor doloroso. Antorcha que debe iluminar, para vosotros, caminos superiores.

Deberá elevarse un día vuestro amor por encima de vosotros mismos. ¡Aprended, pues, a amar! Por eso es preciso que bebáis el cáliz amargo de vuestro amor.

Aun en el cáliz del mejor amor, existe amargura; así se despierta en ti el deseo del Superhombre; así se despierta en ti la sed del creador.

Sed de creador, flecha y anhelo del Superhombre; dime, hermano mío, ¿es esa tu voluntad del matrimonio?

Para mí es santa tal voluntad, tal matrimonio."

Así hablaba Zaratustra.

DE LA MUERTE VOLUNTARIA

Hay muchos que mueren demasiado tarde, y algunos demasiado pronto. La doctrina que dice: "¡muere a tiempo!", parece extraña aún.

Muere a tiempo: he ahí lo que enseña Zaratustra.

Cierto es que el que jamás vivió a tiempo no sabrá morir a tiempo. ¡Que no nazca jamás! Eso es lo que yo aconsejo a los superfluos.

Pero hasta los superfluos se hacen los importantes con su muerte, y hasta la nuez más hueca pretende ser cascada.

Todos conceden importancia a la muerte, pero para ellos la muerte no es todavía una fiesta. No saben todavía los hombres cómo se consagran las más bellas fiestas.

Yo os predico la muerte que consagra, la muerte que, para los vivos, viene a ser como un aguijón, como una promesa.

El que cumple muere de su muerte, victorioso, rodeado de los que esperan y de los que prometen.

Así habría que aprender a morir; y no debería haber fiesta sin que tal moribundo santificase los juramentos de los vivos.

Morir así es lo mejor; morir en el combate y prodigar una gran alma es aún más grande.

El victorioso y el combatiente odian igualmente vuestra muerte con aspavientos, que llega arrastrándose como un ladrón, y que, sin embargo, se acerca como soberana.

Yo os hago el elogio de mi muerte, de la muerte voluntaria, que viene porque yo quiero.

¿Y cuándo he de querer? El que tiene un fin y un heredero, quiere la muerte a tiempo para el fin y para el heredero.

Y por respeto a éstos, no colgará más coronas marchitas en el santuario de la vida.

Ciertamente, yo no quiero asemejarme a los cordeleros, que estiran sus hilos, y éstos van siempre hacia atrás.

Hay también quienes se hacen demasiado viejos para sus verdades y sus victorias: una boca sin dientes no tiene ya derecho a todas las verdades.

Y todos los que buscan la gloria deben despedirse a tiempo de los honores y ejercer el difícil arte de retirarse con oportunidad.

Es preciso cesar de dejarse comer en el momento en que os

comienzan a tomar el gusto. Los que quieren ser amados hace mucho tiempo que saben esto.

También hay manzanas agrias cuyo destino es esperar hasta el día final del otoño. Y al mismo tiempo que maduran, amarillean y se arrugan.

En algunos envejece primero el corazón, en otros la inteligencia. Unos son viejos en su juventud, pero cuando se es joven muy tarde, se conserva uno joven durante mucho tiempo.

Hay quienes fallan en su vida; un gusano venenoso les roe el corazón. Que traten al menos de acertar en su muerte.

Hay quienes jamás están dulces, y se pudren ya en verano. Sólo la cobardía los retiene en la rama. Hay muchísimos que viven y permanecen demasiado tiempo fijos en su rama. ¡Que llegue la tempestad y sacuda del árbol toda esa podredumbre agusanada! ¡Lleguen los admiradores de la muerte rápida! ¡Serían verdaderas tempestades que sacudirían el árbol de la vida! Pero yo no oigo predicar más que la muerte lenta y la paciencia con todo lo que es "terrestre".

¡Ay! ¿Predicáis la paciencia con lo que es terrestre? ¡Es lo terrestre lo que tiene demasiada paciencia con vosotros, blasfemos!

En verdad murió demasiado pronto aquel hebreo a quien honran los predicadores de la muerte lenta, y para muchos fué una fatalidad que muriese demasiado pronto.

No conocía ese Jesús Hebreo más que las lágrimas y la tristeza del hebreo, así como el odio de los buenos y de los justos; ¡así le acometió el deseo de la muerte!

¿Por qué no permaneció en el desierto, lejos de los buenos y de los justos? Acaso hubiera aprendido a vivir y a amar la tierra y también la risa.

¡Creedme, hermanos míos, murió demasiado pronto!: ¡se hubiera retractado de su doctrina si hubiese vivido hasta mi edad! ¡era bastante noble para retractarse!

Pero no estaba aún maduro. El amor del joven carece de madurez, y así odia a los hombres y a la tierra. Tiene aún el alma y las alas del pensamiento torpes y atados.

Pero en el hombre hay más de niño que en el joven, y menos tristeza; el hombre comprende mejor la vida y la muerte.

Libre para la muerte y libre en la muerte: divino negador, si ya no es tiempo de afirmar, así comprende la vida y la muerte.

Que no sea una blasfemia contra los hombres vuestra muerte, hermanos míos; es lo que yo pido de la miel de vuestra alma.

Vuestro espíritu y vuestra virtud deben despedir aún un íntimo fulgor en vuestra agonía, como el arrebol del poniente inflama la tierra; si no, se malogrará vuestra muerte.

Así es como quiero morir, para que por mí améis más la tierra; y quiero volverme tierra para encontrar mi reposo en ella que me engendró.

En verdad, Zaratustra tenía un objetivo: lanzó la pelota. Ahora, amigos, sois vosotros los que heredáis mi objetivo: a vosotros lanzo mi pelota dorada.

¡Quiero, más que ninguna otra cosa, amigos míos, veros lanzar la pelota dorada! Por esto es por lo que permanezco todavía un poco en la tierra. ¡Perdonadme!"

Así hablaba Zaratustra.

DE LA VIRTUD GENEROSA

I

Cuando Zaratustra dispuso marcharse de la ciudad que amaba su corazón y que tiene por nombre "La Vaca Pinta", muchos de los que se llamaban sus discípulos le acompañaron para despedirle. Llegaron así a una encrucijada; entonces Zaratustra les dijo que deseaba continuar solo su camino, porque era amigo de las marchas solitarias. Sus discípulos, al despedirse de él, le regalaron un bastón, cuyo puño de oro figuraba una serpiente enroscándose alrededor del sol. Zaratustra lo recibió con alegría y se apoyó en él. Luego dijo así a sus discípulos:

"Decidme: ¿Cómo el oro alcanzó el más alto valor? Es porque es raro e inútil, y de brillo centelleante y suave, que se da siempre.

Alcanzó el oro el más alto valor como símbolo de la más

alta virtud. La mirada del que da es reluciente como el oro. El brillo del oro ajusta la paz entre la luna y el sol.

La más alta virtud es rara e inútil; es resplandeciente y de un brillo suave: una virtud generosa es la más alta virtud.

En verdad, yo os adivino, discípulos míos: vosotros aspiráis como yo a la virtud dadivosa. ¿Qué tendríais de común con los gatos y los lobos?

Vuestro deseo es convertiros vosotros mismos en ofrendas y en presentes; por eso tenéis sed de acumular todas las riquezas en vuestras almas.

Vuestra alma anhela insaciablemente tesoros y joyas, porque es insaciable vuestra virtud en su voluntad de dar.

Vosotros obligáis a todas las cosas a acercarse y a entrar en vosotros para que vuelvan a surgir de vuestra fuente, como los dones de vuestro amor.

Verdaderamente, es necesario que tal amor generoso se haga saqueador de todos los valores; pero yo llamo sano y sagrado a ese egoísmo.

Hay otro egoísmo, demasiado pobre y hambriento; un egoísmo que siempre quiere robar: el egoísmo de los enfermos, el egoísmo enfermo.

Mira con ojos de ladrón todo lo que brilla; mide al que tiene en abundancia de qué comer, con el deseo del hambre; y siempre se le ve arrastrándose alrededor de la mesa del que da. Tal deseo es la voz de la enfermedad; la voz de una invisible degeneración; en ese egoísmo, el deseo de robar muestra un cuerpo valetudinario.

Decidme, hermanos míos: ¿qué cosa nos parece mala para nosotros, la más mala de todas? ¿no es la *degeneración?* Y acabamos siempre en la degeneración cuando falta el alma generosa.

Va nuestro camino hacia las alturas, de la especie a la especie superior, pero nos estremecemos al oír el sentido degenerado, el sentido que dice: "Todo para mí".

Vuela nuestro sentido hacia las alturas, siendo así símbolo de nuestro cuerpo, símbolo de una elevación. Los símbolos de esas elevaciones son los nombres de las virtudes.

Así atraviesa el cuerpo la historia, luchando y elevándose.

Y el espíritu, ¿qué es para el cuerpo? Es el heraldo de sus luchas y victorias, su compañero y su eco.

Todos los nombres del bien y del mal son símbolos que no hablan limitándose a hacerse señas. ¡Loco aquél que quiere pedirles el conocimiento!

Hermanos míos, estad siempre atentos a las horas en que vuestro espíritu quiere hablar de símbolos: En esas horas tiene origen vuestra virtud.

Es en esas horas cuando se eleva vuestro cuerpo, y resucita, y arrebata al espíritu con sus transportes para que se haga creador, apreciador y amante, y bienhechor de todas las cosas.

Cuando vuestro corazón bulle, amplio y pleno, como un gran río, bendición y peligro de los ribereños, entonces asistís al origen de vuestra virtud.

Cuando os remontáis por encima de la alabanza y de la censura, y cuando vuestra voluntad, voluntad de un hombre que ama, quiere mandar en todas las cosas, entonces asistís al origen de vuestra virtud. Cuando despreciáis lo que es agradable, el lecho blando, y cuando nunca os creéis bastante alejados de la molicie para descansar, entonces asistís al origen de vuestra virtud.

Cuando no tenéis más que una voluntad, y cuando toda pena se llama para vosotros necesidad, entonces asistís al origen de vuestra virtud.

¡Verdaderamente, esto es un nuevo bien y mal! ¡Verdaderamente es un nuevo murmullo profundo y la voz de un nuevo manantial!

Esta nueva virtud da el poder: es un pensamiento reinante, y en torno de este pensamiento un alma sagaz: un dorado sol, y en torno de él, la serpiente del conocimiento."

II

Calló entonces Zaratustra algún tiempo y miró a sus discípulos con amor. Luego, con voz transformada, siguió hablando así:

"¡Hermanos míos, seguid siendo fieles a la tierra con todo el poder de vuestra virtud! Que sirvan vuestro amor generoso y vuestro conocimiento al sentido de la tierra. Yo os lo ruego y a ello os conjuro.

¡No dejéis que vuestra virtud huya de las cosas terrestres y aletee contra las paredes eternas! ¡Ay! ¡Hubo siempre tanta virtud extraviada!

Restituid a la tierra como yo la virtud extraviada. ¡Sí; restituidla al cuerpo y la vida para que dé un sentido a la tierra, un sentido humano!

El espíritu y la virtud se han extraviado y engañado de mil maneras diferentes. ¡Ay! Cuántas ignorancias y errores se han incorporado a nosotros. No solamente la razón de los milenarios sale a luz en nosotros, sino también su locura. Es peligroso ser heredero.

Todavía luchamos paso a paso con el gigante azar, y en la humanidad entera ha reinado y reina la falta de sentido.

Que vuestro espíritu y vuestra virtud sirvan al sentido de la tierra, hermanos míos, y el valor de todas las cosas se removerá por vosotros. ¡Para eso debéis ser combatientes creadores!

El cuerpo se purifica por el saber, se eleva en el esfuerzo inteligente. Para el que busca el conocimiento todos los instintos se santifican; el alma del que se eleva se alboroza.

Ayúdate a ti mismo, médico, y así ayudas también a tu enfermo. Que la mejor asistencia del enfermo sea ver por sus propios ojos al que se cura a sí mismo.

Hay mil sendas que jamás fueron holladas, mil fuentes de salud y mil tierras ocultas de la vida. Aun no han sido descubiertos y agotados el hombre y la tierra del hombre.

¡Vigilad y escuchad, solitarios! Soplos de aleteos incógnitos vienen del porvenir y llega un alegre mensaje a los oídos finos.

Solitarios de hoy, vosotros, los apartados, seréis un día un pueblo elegido. Vosotros, que os habéis escogido a vosotros mismos, formaréis un día un pueblo elegido, y de él nacerá el Superhombre.

En verdad la tierra será un día un lugar de curación. Ya la envuelve un olor saludable, y una nueva esperanza".

III

Cuando Zaratustra hubo pronunciado estas palabras, quedó callado, pero como quien no ha dicho aún la última palabra. Por largo rato sopesó su bastón con perplejidad. Finalmente, y transformada su voz habló así:

"¡Ahora me voy solo, discípulos míos! ¡Marchaos vosotros solos también; lo quiero así!

Con sinceridad os doy este consejo: ¡Alejaos de mí y preveníos contra Zaratustra! Y mejor ¡avergonzaos de él! Quizá os ha engañado.

El hombre reflexivo no debe solamente saber amar a sus enemigos, sino también odiar a sus amigos.

El que no pasa nunca de discípulo, corresponde mal a su maestro. ¿Y por qué no queréis arrancar mi corona?

Vosotros me veneráis; pero, ¿qué sucedería si un día se viniese abajo vuestra veneración? ¡Cuidad de que no os aplaste una estatua!

¿Decís que creéis en Zaratustra? ¡Qué importa Zaratustra! Vosotros sois mis creyentes, pero ¡qué importan todos los creyentes!

Vosotros no os habíais buscado aún; entonces me encontrasteis. Así fueron todos los creyentes y por eso la fe es tan poca cosa.

Ahora os mando que me perdáis y que os encontréis a vosotros mismos, y sólo cuando todos hayáis renegado de mí volveré a vosotros.

En verdad, hermanos míos, yo buscaré entonces con otros ojos a mis ovejas perdidas, os amaré entonces con otro amor.

Y un día deberéis ser mis amigos y los hijos de una esperanza única: entonces quiero estar a vuestro lado, por tercera vez, para empezar con vosotros el gran mediodía.

Y el gran mediodía será cuando el hombre se encuentre a la mitad de camino entre la bestia y el Superhombre, y celebre su más alta esperanza ese camino hacia el ocaso, ese camino hacia una nueva mañana.

Entonces el que desaparezca se bendecirá a sí mismo a fin

de pasar al otro lado, y el sol de su conocimiento estará en su mediodía.

"TODOS LOS DIOSES HAN MUERTO: AHORA, NOSOTROS QUEREMOS QUE VIVA EL SUPERHOMBRE". ¡Que sea esta nuestra última voluntad en el gran mediodía!"

Así hablaba Zaratustra.

SEGUNDA PARTE

"...y sólo cuando todos hayáis renegado de mi volveré a vosotros.

En verdad, hermanos míos, yo buscaré entonces con otros ojos a mis ovejas perdidas, os amaré entonces con otro amor."

Zaratustra.

De la virtud generosa, III página 69.

EL NIÑO DEL ESPEJO

Volvió tras de esto Zaratustra a las montañas y a la soledad de su cueva, para apartarse de los hombres, semejante al sembrador que, arrojada la semilla, espera que ésta germine. Pero su alma se llenó de impaciencia y de anhelo por los que amaba, porque aún tenía muchas cosas que darles. Que esto es lo difícil: cerrar por amor la mano abierta y conservar el pudor al dar.

Transcurrieron así para el solitario meses y años, pero su sabiduría aumentaba y le hacía sufrir con su plenitud.

Habiendo despertado una mañana antes de amanecer, meditó largo rato en el lecho, y dijo así a su corazón:

"¿Por qué me he asustado tanto soñando y por qué me he despertado? ¿No se acercó a mí un niño que llevaba un espejo?"

"¡Zaratustra –me dijo el niño–, mírate en el espejo!"

Mas cuando miré al espejo, lancé un grito y se me alteró

el corazón porque no fué a mí a quien vi en el espejo, sino la cara gesticulante y la risa sardónica de un demonio.

Comprendo demasiado bien el sentido y la advertencia del sueño: mi *doctrina* corre peligro: la cizaña quiere llamarse trigo.

Mis enemigos han llegado a ser poderosos y han desfigurado la imagen de mi doctrina hasta el punto de que mis preferidos se avergüenzan de mí y de las ofrendas que les hice.

"¡Perdí mis amigos; ha llegado la hora de buscar a los que perdí!" Al decir estas palabras, se levantó Zaratustra, sobresaltado, no como aquél que tiene miedo y pierde el aliento, sino como un visionario poseído del espíritu. Le miraron asombradas su águila y su serpiente, porque, semejante a la aurora, reposaba en su semblante una próxima aventura.

"¿Qué es lo que me ha sucedido, animales míos? —dijo Zaratustra—. ¿No estoy transformado? ¿No ha venido a mí la dicha como una tempestad?

Esta dicha mía es loca y no dirá más que locuras. Es demasiado joven aún. ¡Tened, pues, paciencia con ella!

Me anonada la dicha. ¡Que todos los que sufren sean mis médicos!

Puedo volver a descender al lado de mis amigos y también al lado de mis enemigos. ¡Zaratustra puede hablar de nuevo y hacer bien a sus predilectos!

Se desborda mi impaciente amor como un torrente que de las alturas se precipita a las profundidades, desde el oriente al ocaso. Bulle mi alma en los valles abandonando las montañas silenciosas y las borrascas del dolor.

Mucho tiempo he penado y mirado a la lejanía. Mucho tiempo me ha poseído la soledad. Así he olvidado el silencio.

Me he vuelto todo entero como boca y mugido de río que salta de altas rocas: quiero precipitar mis palabras a los valles.

¡Y que corra el río de mi amor a través de vías infranqueables! ¿Cómo un río no encontraría al fin el camino del mar?

Sin duda, hay un lago en mí, un lago solitario que se basta a sí propio; pero lo arrastra consigo hacia las llanuras, hacia el mar, el torrente de mi amor.

Sigo vías nuevas y encuentro un nuevo lenguaje; a semejanza de todos los creadores me cansé de las lenguas antiguas. Mi espíritu no quiere ya correr con suelas usadas.

¡Todo lenguaje es excesivamente lento para mí! ¡Salto a tu carro, tempestad! ¡Y a ti también quiero fustigarte aún con mi malicia!

¡Quiero pasar por extensos mares como una exclamación o un grito de alegría hasta que encuentre las islas bienaventuradas donde moran mis amigos, y entre ellos mis enemigos!

¡Cómo amo ahora a cada uno de aquellos con quienes puedo hablar! Mis enemigos también forman parte de mi dicha.

Y cuando quiero montar en mi más fogoso corcel, nada me ayuda como mi lanza siempre pronta a servirme.

¡La lanza que blando contra mis enemigos! ¡Cuánto les agradezco poder al fin blandirla!

Era demasiado grande la impaciencia; entre las risas de los relámpagos quiero lanzar granizadas a las profundidades.

Levantarán mi pecho formidablemente. Formidablemente soplará su tempestad en los montes: así se aliviará.

Ciertamente, mi felicidad y mi libertad son impetuosas cual una tempestad, pero quiero que mis enemigos crean que es el espíritu maligno quien se encoleriza sobre sus cabezas.

Sí: también a vosotros, amigos míos, os espantará mi salvaje sabiduría, y acaso huyáis de ella, como mis enemigos.

¡Ay! ¡Que sepa yo volver a atraeros con flautas pastoriles! ¡Que aprenda a rugir con ternura mi leona sabiduría! ¡Tantas cosas hemos aprendido juntos!

Mi sabiduría salvaje se ha fecundado en las montañas solitarias; sobre las duras piedras parió al más joven de sus hijos.

Ahora, corre en su locura por el desierto estéril en busca de blando césped.

¡Amigos míos, sobre el blando césped de vuestros corazones, sobre vuestro amor, quería depositar mi salvaje sabiduría lo más caro que poseo!".

Así hablaba Zaratustra.

EN LAS ISLAS BIENAVENTURADAS

"Caen los higos de los árboles; son buenos y dulces; y al

caer, se abre su roja piel. Yo soy como un viento del norte para los higos maduros.

Así, como higos, caen en vosotros estas enseñanzas, amigos míos: tomad su jugo y su exquisita carne. Alrededor nuestro reina el otoño, reina la tarde, con un cielo sereno.

¡Ved qué abundancia a nuestro alrededor! ¡Nada más bello que, entre lo superfluo, mirar hacia afuera, hacia mares lejanos!

En otros tiempos, cuando se miraba hacia los mares lejanos se decía: "Dios"; pero ahora yo os he enseñado a decir: "Superhombre".

Dios es una conjetura, pero yo quiero que vuestra conjetura no vaya más lejos que vuestra voluntad creadora.

¿Sabríais vosotros *crear* un Dios? ¡Pues entonces no me habléis de dioses! Sin embargo, podríais crear el Superhombre.

No lo seréis quizá vosotros, hermanos míos, ¡podéis transformaros en padres y así ser ascendientes del Superhombre; ¡que ésta sea vuestra mejor creación!

Dios es una conjetura, pero yo quiero que vuestra conjetura se limite a lo imaginable.

¿Podríais *imaginar* un Dios? ¡Que la voluntad de verdad signifique para vosotros que todo se transforme en lo que el hombre puede pensar, ver y sentir! ¡Debéis pensar hasta lo más recóndito de vuestros sentidos!

Lo que llamáis mundo, debe ser creado antes por vosotros: ¡Vuestra razón, vuestra imaginación, vuestra voluntad, vuestro amor, deben hacerse vuestro mundo mismo! Y, verdaderamente será para dicha vuestra, para dicha de los que estáis en conocimiento.

¿Cómo soportaríais la vida sin esa esperanza los que pensáis y conocéis? No deberíais persistir en lo que es incomprensible ni en lo que es irracional.

Pero quiero abriros por completo mi corazón, amigos míos; si existen dioses, ¿cómo soportaría yo no ser un dios?, *luego*, no hay dioses.

Soy yo, en verdad, quien ha sacado esta consecuencia; pero ahora ella me saca a mí mismo.

Dios es una conjetura, pero, ¿quién absorbería sin morir todos los tormentos de esa conjetura? ¿Queréis quitar su fe al creador y al águila su vuelo por las alturas? Dios es una creencia que tuerce todo lo que está derecho. ¿Cómo? ¿No existiría ya el tiempo y todo lo perecedero sería mentira?

Pensar eso produce vértigo en los huesos humanos y náuseas en el estómago; verdaderamente, semejantes conjeturas harían padecer modorra.

Yo llamo mala e inhumana a toda esa enseñanza de un ser único inmóvil, absoluto, omnipotente e inmutable.

¡Todo lo inmutable no es más que símbolo! Y los poetas mienten demasiado.

Las mejores parábolas deben hablar del tiempo y de lo que sucede en su transcurso; deben ser una alabanza y una justificación de todo lo que es perecedero.

Crear es la verdadera emancipación del dolor y el alivio de la vida; pero, para que nazca el creador, son necesarios muchos dolores y muchas metamorfosis.

Para que el creador sea el hijo que renace, es preciso que tenga la voluntad de parir con los dolores de la madre.

En verdad, mi camino ha atravesado cien almas, cien cunas y cien dolores de parto.

Muchas veces me he despedido; conozco las últimas horas que desgarran mi corazón.

Pero así lo quiere mi voluntad creadora, mi destino. O para decíroslo más claramente: ese destino quiere mi voluntad.

Todos mis sentimientos sufren en mí y están aprisionados: pero mi querer llega siempre como libertador y mensajero de alegría.

"Querer libertar"; esa es la verdadera doctrina de la voluntad y de la libertad; así os lo enseña Zaratustra.

¡No querer más, no valorar más, no crear más! ¡Oh! ¡Que ese gran desfallecimiento quede siempre lejos de mí!

En la búsqueda del conocimiento yo no siento más que la alegría de mi voluntad, la alegría de engendrar, y si hay influencia en mi conocimiento, es porque hay en él la voluntad de engendrar. Esa voluntad me aparta lejos de Dios y de los dioses. ¿Qué se podría crear si hubiera dioses?

Pero mi ardiente voluntad de crear me impulsa sin cesar

hacia los hombres, a la manera que se impele el martillo hacia la piedra.

¡Ay, hombres! ¡dormita una estatua para mí en la piedra: la estatua de mis estatuas! ¡Ay! ¡Que haya de dormir en la piedra más fea y más dura!

Ahora mi martillo golpea cruelmente contra su prisión. La piedra se despedaza: ¿qué me importa?

Quiero terminar esta estatua, porque me ha visitado una sombra: ¡algo muy silencioso y ligero ha venido hacia mí!

La belleza del Superhombre me ha visitado como una sombra. ¡Ay, hermanos míos! ¡qué me importan ya los dioses!"

Así hablaba Zaratustra.

DE LOS MISERICORDIOSOS

"Amigos míos, han llegado palabras burlonas a los oídos de vuestro amigo: "¡ved a Zaratustra! ¿no pasa por entre nosotros como si fuésemos animales?"

Pero estaría mejor decir: "el que busca el conocimiento pasa por medio de los hombres como si pasara entre animales".

El que busca el conocimiento llama al hombre el animal de mejillas encarnadas.

¿Por qué le llama así? ¿No será porque el hombre ha debido avergonzarse demasiadas veces?

¡Oh!, ¡amigos míos! Así habla el que busca el conocimiento: ¡vergüenza, vergüenza, vergüenza; esa es la historia del hombre!

Y por eso el hombre noble se impone el deber de no humillar a otros hombres: se impone el pudor ante todo el que sufre.

En verdad, no me gustan los misericordiosos que buscan la beatitud en su piedad: están demasiado faltos de pudor.

Si he de ser misericordioso, no quiero al menos que se diga que lo soy; y cuando lo soy, que sea solamente a distancia.

También me gusta velar mi cara y huir antes de que se me reconozca: ¡os invito a hacer lo mismo, amigos míos!

Que me guíe siempre mi destino por la senda de los que, como vosotros, no sufren, y también de aquellos con quienes pueda compartir esperanzas, comidas y miel; en verdad, yo he hecho bastante por los que sufren, pero siempre me ha parecido mejor cuando aprendía a regocijarme más.

Desde que existen hombres, el hombre se ha regocijado demasiado poco; ese es, hermanos míos, nuestro verdadero pecado original.

Y cuando aprendemos a regocijarnos mejor, entonces nos olvidamos mejor de hacer mal y de inventar dolores.

Por eso yo me lavo las manos cuando he ayudado al que sufre. Por eso aun ahora me restrego el alma.

Porque me avergüenzo de haber visto sufrir al que sufre, a causa de la vergüenza de él; y cuando acudí en su ayuda, herí duramente su orgullo.

Los grandes favores no hacen a nadie agradecido, sino vengativo; y aun el menguado beneficio si no se olvida, acaba por ser un gusano roedor.

"¡No toméis cosa alguna sin reserva! ¡y distinguid al aceptar!" Esto es lo que aconsejo a los que nada tienen que ofrecer.

Pero yo soy de los que dan; a mí me gusta dar, como amigo, a los amigos; no obstante, que los extraños y los pobres cojan por sí mismos el fruto de mi árbol: eso es menos humillante para ellos.

¡Pero habría que suprimir enteramente los mendigos! A la verdad, se disgusta uno por darles y también se disgusta por no darles.

Pasa lo mismo con los pecadores y las malas conciencias. Creedme, amigos míos, los remordimientos impulsan a morder.

Pero lo peor de todo son los pensamientos mezquinos. Sin duda vale más hacer mal que pensar mezquinamente.

Es cierto que vosotros decís: "La alegría de las pequeñas maldades nos ahorra más de una mala acción". Pero en eso no se debería querer economizar. La mala acción es como una úlcera; desazona, irrita e irrumpe: habla francamente.

"Ved: soy una enfermedad". Así habla la mala acción; esa es su franqueza.

Pero el pensamiento pequeño se asemeja al hongo; se oculta, se agacha y no quiere estar en ninguna parte, hasta que se pudren las pequeñas excrecencias y se mustia el cuerpo entero.

Yo digo estas palabras al oído del que está poseído del demonio: "¡Vale más que dejes crecer tu demonio! ¡para ti también existe aún un camino de grandeza!"

¡Ay, hermanos míos! ¿Sería mejor ignorar alguna cosa de cada uno? Hay quienes llegan a ser transparentes para nosotros, pero eso no es suficiente, ni con mucho, para que podamos descubrir su designio. Es difícil vivir con los hombres, toda vez que tan difícil es guardar silencio.

Y no es con aquel que nos es antipático con quien somos más injustos, sino con aquel que nada nos importa.

No obstante, si tienes un amigo que sufre, sé un asilo para su sufrimiento; pero en cierto modó un lecho duro, un lecho de campaña: así le será más útil.

Y si un amigo te hace mal, dile: "Te perdono lo que me haz hecho, pero lo que te haz hecho a ti, ¿cómo podría yo perdonarlo?"

Así es como habla todo amor grande: sobrepasa al perdón y a la piedad.

Hay que contener al corazón; porque, si se le deja libre, ¡qué de prisa se pierde la cabeza!

¡Ay! ¿Dónde se hicieron sobre la tierra más locuras que entre los misericordiosos, y qué hizo más daño a la tierra que la locura de los misericordiosos?

¡Pobres todos los que aman sin tener una altura que esté por encima de su piedad!

El diablo me dijo un día: "Dios también tiene su infierno: es su amor a los hombres".

Y últimamente le oí decir estas palabras: "Dios ha muerto; su piedad por los hombres es lo que le ha matado".

Guardaos, pues, de la piedad: ¡por *ella* viene sobre el hombre la amenaza de un denso nublado! ¡Yo conozco los signos del tiempo!

Recordad también estas palabras: Todo gran amor está por encima de la piedad, porque aquello que ama quiere también crearlo.

"Yo me ofrezco yo mismo mi amor, *y a mi prójimo como a mí*". Así hablan todos los creadores.

Sin embargo, todos los creadores son duros".

Así hablaba Zaratustra.

DE LOS SACERDOTES

Un día Zaratustra hizo una indicación a sus discípulos y les habló de esta manera: "Ved aquí sacerdotes, y aunque sean mis enemigos pasad por delante de ellos silenciosamente y con la espada en la vaina.

Entre ellos también hay héroes; muchos de entre ellos han sufrido demasiado y por eso quieren hacer sufrir a los demás.

Son malos enemigos: nada hay más vengativo que su humildad, y puede suceder que el que los ataque se mancille él mismo.

Pero mi sangre es hermana de la suya; y yo quiero que mi sangre sea honrada aún en la suya."

Cuando pasaron, Zaratustra quedó embargado por el dolor; después de haber luchado algún tiempo con su dolor empezó a hablar así:

"Esos sacerdotes me inspiran lástima. Me son antipáticos, pero, desde que estoy entre los hombres, eso no tiene importancia para mí.

Me han hecho sufrir y me hacen sufrir. Los veo aprisionados y marcados. El que ellos llaman Salvador les ha puesto las cadenas.

¡Las cadenas de los valores falsos y de las palabras ilusorias! ¡Ah! ¡Que haya quien les salve de su Salvador!

Cuando el mar les arrojó un día, creyeron arribar a una isla; pero ¡resultó un monstruo dormido!

Falsos valores y palabras ilusorias: esos son, para los mortales, los monstruos más peligrosos, en los que dormita y espera largo tiempo el destino.

Mas al fin despiertan y devoran lo que en ellos se albergó.

¡Oh! ¡Ved las moradas que se han construído esos sacerdotes! ¡Llaman iglesias a sus cavernas de olores insípidos! ¡Oh! ¡Esa luz falsa, ese aire pesado! Aquí el alma no puede volar hasta su propia altura.

Porque su creencia ordena esto: "¡Vosotros, los pecadores, subid los escalones de rodillas!"

¡En verdad, prefiero ver una mirada impúdica que esos ojos azotados por la vergüenza y la devoción!

¿Quién, pues, se ha creado semejantes antros y semejantes peldaños de penitencia? ¿No han sido los que querían esconderse y a quienes ofendía el cielo puro?

Y sólo cuando el cielo puro pase de nuevo a través de las bóvedas rotas y contemplen la hierba y las amapolas rojas que crezcan sobre los muros arruinados, sólo entonces inclinaré de nuevo mi corazón ante las moradas de ese Dios.

Llamaron a Dios que les contrariaba y hacía daño, y había en su adoración mucho heroísmo.

¡Y no supieron amar a su Dios más que crucificando al hombre!

Pensaron vivir como cadáveres; amortajaron sus cadáveres de negro, y hasta en sus discursos se percibe el mal olor de sus cámaras mortuorias.

Y el que vive cerca de ellos vive junto a negros estanques, donde se oye el melancólico y dulce canto del sapo.

Sería necesario que entonasen cantos mejores para que yo aprendiese a creer en su Salvador; sería necesario que sus discípulos tuviesen más aspecto de redimidos.

Quisiera verlos desnudos, porque sólo la belleza debe predicar el arrepentimiento. ¿Quién podría convencerse con esa aflicción enmascarada?

Aun los mismos salvadores no descendían de la libertad y del séptimo cielo de la libertad. Jamás marcharon sobre las alfombras del conocimiento. El espíritu de esos salvadores estaba lleno de huecos; pero en cada uno de ellos habían puesto su locura, a la que llamaron Dios.

Su espíritu estaba anegado en piedad, y cuando se henchían con ella, nadaba siempre una gran locura en la superficie. Echaban con premura a su rebaño por la senda dando gritos, ¡como si no existiese más que una senda que condujera al porvenir! ¡Verdaderamente, esos pastores eran también parte del rebaño!

Esos pastores poseían espíritus pequeños y almas espaciosas; mas, hermanos míos, ¡qué estrechos países fueron, hasta ahora, aun las almas más espaciosas!

Escribieron signos de sangre en el camino que seguían, y su locura enseñaba que con la sangre se da testimonio de la verdad.

Pero es la sangre el peor testigo de la verdad; emponzoña la doctrina más pura y la trueca en locura y en odio de los corazones.

Y cuando alguien atraviesa el fuego con su doctrina, ¿qué prueba eso? Otra cosa es cuando surge la propia doctrina del propio incendio.

Corazón encendido y cabeza fría: Cuando se reúnen esas dos cosas hace el torbellino, el Salvador.

Hubo indudablemente hombres más grandes y mejor nacidos que los que el pueblo llama salvadores; que esos atrayentes torbellinos.

Y si queréis encontrar la selva de la libertad es menester, hermanos míos, que seáis salvados y libertados por otros más grandes aún que los salvadores.

Nunca ha existido un Superhombre. Yo he contemplado desnudos a todos los hombres, al más grande y al más pequeño.

Son demasiado parecidos. ¡Aun el más grande resultaba demasiado humano!"

Así hablaba Zaratustra.

DE LOS VIRTUOSOS

"Es preciso hablar a los sentidos blandos y adormecidos a fuerza de truenos y de celestes fuegos artificiales.

Mas la voz de lo bello habla quedo: No se insinúa sino en las almas más despiertas.

Hoy mi escudo ha reído y vibrado dulcemente: ¡era la vibración y la risa sagrada de la belleza!

¡Era de vosotros, oh virtuosos, de quien se reía mi belleza! Y llegaba su voz a mí: "¡Aun quieren ser pagados!"

¿Aún queréis ser pagados, virtuosos? ¿Queréis ser recompensados por vuestra virtud, tener el cielo en vez de la tierra, y la eternidad en vez de vuestro hoy?

¿Es que no me queréis porque enseño que no hay remunerador ni pagador?

Y en verdad ni siquiera enseño que la virtud sea su propia recompensa.

¡Ay! ¡Esa es mi pena! En el fondo de las cosas se ha introducido astutamente la recompensa y el castigo; ¡y aun en el fondo de vuestra alma, virtuosos!

Mas mi palabra, semejante al colmillo del jabalí, debe desgarrar lo más recóndito de vuestras almas; quiero ser para vosotros como reja de arado.

Que salgan a la luz todos los secretos de vuestro fondo; y cuando os veáis desollados y despedazados, expuestos al sol, también vuestra mentira quedará separada de vuestra verdad.

Porque vuestra verdad es esta: Estáis demasiado limpios para la mancha de las palabras venganza, castigo, recompensa, represalias.

Amáis vosotros vuestra virtud como ama la madre a su hijo, pero, ¿cuándo se ha oído decir que una madre quisiera ser retribuída por su amor?

Vuestra virtud es lo más querido por vosotros mismos. Tenéis el deseo del anillo que se retuerce para volver a ser él mismo.

Y toda obra de vuestra virtud es parecida a la estrella que se extingue: su luz está todavía en camino recorriendo su vía estelar. ¿Cuándo dejará de estar en camino?

También la luz de vuestra virtud está todavía caminando aun cuando ya finalizó su obra. Quede, pues, olvidada y muerta la obra: su rayo de luz proseguirá el viaje.

Que sea vuestra virtud vuestro mismo ser y no una cosa extraña, una epidermis, una capa: ¡esta es la verdad del fondo de vuestra alma!

Pero también hay algunos para quienes la virtud es como espasmo producido por las disciplinas: ¡de sobra habéis oído vosotros sus gritos!

Y hay otros que a la pereza de su vicio denominan virtud; y cuando alguna vez se desperezan su odio y su envidia, se despierta su "justicia" restregándose los ojos soñolientos.

Y hay otros que se ven arrastrados hacia abajo: les arrastran sus demonios, pero cuanto más se hunden, más brillan sus ojos y con más anhelo codician a su Dios.

¡Ay! También ha llegado a vuestros oídos el grito de esto, virtuosos: "¡Lo que yo no soy, eso es para mí Dios y virtud!"

Y hay otros que andan torpemente y rechinando, como

carros que transportan piedras de la montaña al llano: hablan mucho de dignidad y de virtud y llaman virtud a su freno.

Y hay otros que se asemejan a los relojes a que se da cuerda: producen su tic tac y quieren que ese tic tac se llame virtud.

Ciertamente, éstos me divierten; donde encuentre relojes les daré cuerda con mi ironía, y no tendrán más remedio que echar a andar.

Y otros están orgullosos de su trocito de justicia, y blasfeman de todas las cosas en su nombre, hasta el punto de que el mundo se ahoga en su injusticia.

¡Qué náuseas cuando la palabra virtud les sale a la boca! Y cuando dicen: "Soy justo", suena como si dijeran: ¡estoy vengado!"

Quieren despojar a sus enemigos con su virtud, y no se elevan sino para que queden por debajo los demás.

Y hay otros que se pudren en su pantano y que, ocultos entre las cañas, dicen: "virtud es estarse quieto en el pantano. No mordemos a nadie y nos apartamos del que quiere morder, y en todo somos del parecer que se nos da".

Y hay otros todavía que aman los gestos y que piensan: "La virtud es una especie de mueca".

Están siempre dobladas sus rodillas y sus manos se juntan en loor de la virtud; pero su corazón no sabe nada de eso.

Y hay otros aún que creen que es virtuoso decir: "La virtud es necesaria"; mas en el fondo no creen más que una cosa: que es necesaria la policía.

Y algunos, que no saben ver lo que hay de majestuoso en el hombre, hablan de virtud cuando ven demasiado cerca la bajeza del hombre: Así llaman "virtud" a sus malos ojos.

Unos quieren ser edificados y enderezados y a eso llaman virtud; otros quieren ser derribados, y también llaman a eso virtud.

Y así, casi todos piensan tener alguna parte en la virtud; y, por lo menos, ser inteligentes en cuestión de "bien" y de "mal".

Pero Zaratustra no ha venido para decir a todos esos embusteros e insensatos: "¿Qué sabéis *vosotros* de la virtud? ¿Qué *podríais* saber vosotros de la virtud?"

Ha venido para que vosotros, amigos míos, os canséis de las viejas palabras que aprendisteis de los embusteros e insensatos.

Para que os canséis de las palabras "recompensa", "represalias", "castigo", "venganza en la justicia".

Para que os canséis de decir que la acción desinteresada es buena. ¡Que vuestro propio ser esté en la acción como la madre en el hijo! ¡Que ésta sea vuestra palabra de virtud!

En verdad, yo os he arrancado cien palabras y los más caros juguetes de vuestra virtud. Y ahora os disgustáis contra mí y me hacéis gestos como los niños.

Jugaban cerca del mar, vino la ola y se llevó sus juguetes a los abismos y por eso se echan a llorar.

Pero la misma ola les traerá nuevos juguetes que esparcirá ante ellos con nuevas conchas de mil colores.

Así se consolarán; y como ellos, también vosotros, amigos míos, recibiréis vuestros consuelos y nuevas conchas de mil colores.

Así hablaba Zaratustra.

DE LA CANALLA

"La vida es fuente de alegría, pero donde va la canalla a beber, todas las fuentes están envenenadas. Amo todo lo que es limpio.

Pero no puedo ver las bocas grotescas y la sed de los impuros.

Con su concupiscencia envenenaron el agua santa, y al llamar alegría a sus burdos ensueños, envenenaron hasta el lenguaje.

Se indigna la llama cuando ponen al fuego sus corazones húmedos; el espíritu mismo hierve y humea al aproximarse la canalla al fuego.

La fruta se pasa y se hace empalagosa en sus manos; su mirada es viento que abrasa y seca el árbol frutal.

Y más de uno de los que se apartaron de la vida, no se apartó sino de la canalla; no quería compartir con ella el agua, la llama y el fruto.

Y más de uno de los que huyeron al desierto, y sufrieron

allí la sed con los animales salvajes, la sufrió por no sentarse al lado del pozo junto a los sucios camelleros.

Y más de uno de los que avanzaban como exterminadores y como pedriscos por las siembras, sólo quería poner su pie sobre la boca de la canalla para taparle el gaznate.

Y lo que más se me atraganta es saber que la vida tiene necesidad de enemistad, de muerte y de cruces de mártires.

Pero, me pregunté un día, y casi me ahogaba mi pregunta: ¿será que la vida tiene necesidad de la canalla?

Las fuentes envenenadas, los fuegos pestilentes, los sueños mancillados, el pan de la vida agusanado, ¿son necesarios?

Lo que devoraba mi vida, no era el odio, sino el asco. Frecuentemente llegó a hastiarme el ingenio, cuando veía que la canalla era también ingeniosa y volví la espalda a los dominadores, cuando vi lo que llaman hoy dominar: ¡traficar y regatear el poder con la canalla!

Y permanecí entre los pueblos como extranjero, con los oídos cerrados para que el lenguaje de su tráfico y regateo por el poder me fuese extraño.

Y tapándome las narices, atravesé desalentado todo el pasado y el porvenir: en verdad el pasado y el porvenir apestan a populacho de pluma.

Como un inválido que hubiese quedado sordo, ciego y mudo, he vivido mucho tiempo, para no vivir con esa canalla del poder, de la pluma y de los placeres.

Penosamente y con cautela, ha subido escalones mi espíritu; fueron su consuelo las limosnas de la alegría; la vida del ciego se deslizaba apoyada en un báculo.

¿Qué me ha pasado entonces? ¿Cómo me he librado de la aversión? ¿Quién ha rejuvenecido mis ojos? ¿Cómo me he elevado a las alturas donde ya no se encuentra sentada la canalla a la orilla de las fuentes?

¿Mi misma aversión me ha dado alas y vigor que presentían los manantiales? ¡Verdaderamente que he tenido que volar hasta lo más alto para volver a hallar la fuente de la alegría!

¡Oh! ¡La encontré, hermanos míos!, ¡aquí, en lo más alto, brota para mí la fuente de la alegría! ¡Y existe una vida en que se puede beber sin la canalla! ¡Fuente de la alegría, casi brotas con demasiada violencia, y a menudo vacías la copa al querer llenarla!

Tengo que aprender a acercarme a ti más lentamente; mi corazón acude a tu encuentro con excesiva prisa.

Este corazón, donde se consume mi estío, ese estío corto, ardiente, triste y venturoso. ¡Cómo desea tu frescura mi corazón estival, fuente de la alegría! ¡Pasó la vacilante aflicción de mi primavera! ¡Pasaron los malignos copos de nieve en pleno junio! ¡Ya soy estival todo entero, todo entero tarde estival!

Un estío en las mayores alturas, junto a frescas fuentes y venturosa tranquilidad. ¡Venid acá, amigos míos, para que esta venturosa tranquilidad sea mayor!

Porque ésta es *nuestra* altura y nuestra patria: nuestra mansión es demasiado elevada y demasiado escarpada para todos los impuros y la sed de los impuros.

¡Lanzad, así, vuestras puras miradas a la fuente de mi alegría! ¿Por qué habría de enturbiarse? Os sonreirá con su pureza.

Hemos de construir nuestro nido en el árbol del porvenir: Las águilas nos traerán, a nosotros, solitarios, el alimento en sus picos.

¡En verdad, no será un alimento del que puedan participar los impuros! ¡Porque los impuros pensarían devorar fuego y se abrasarían las fauces!

No prepararemos así moradas para los impuros, pues nuestra felicidad parecería glacial a sus cuerpos y a sus espíritus.

Y nosotros deseamos vivir por encima de ellos, como vientos recios, vecinos de las águilas, vecinos del sol: como viven los vientos recios.

Y, como el viento, soplaré yo un día entre ellos cortando la respiración a su espíritu con mi espíritu: así lo exige mi porvenir.

Zaratustra es ciertamente un recio viento para todas las tierras bajas; y da este consejo a sus enemigos y a todo el que escupe y vomita: "¡Guardaos de escupir *contra* el viento!"

Así hablaba Zaratustra.

DE LAS TARANTULAS

"¡Ahí tienes la guarida de la tarántula!" ¿Quieres verla? Ahí tienes la tela que teje; tócala para que tiemble.

Mira cómo viene sin hacerse rogar. ¡Bienvenida seas, tarántula! En tu espalda negrea un signo triangular, y yo sé también lo que hay en tu alma.

Anida en tu alma la venganza; donde picas se forma una costra negra; es el veneno de tu venganza lo que hace dar vueltas al alma.

¡En esta parábola os hablo a los que hacéis que dé vueltas el alma, predicadores de la *igualdad!* ¡Sois vosotros para mí como tarántulas sedientas de secretas venganzas!

Pero yo terminaré por revelar vuestros escondrijos: ¡por eso me río en vuestra misma cara con mi risa de las alturas!

Por eso desgarro vuestra tela, para que la cólera os haga salir de vuestro antro de mentira y para que resalte vuestra venganza detrás de vuestras palabras de "justicia".

Para mí el puente que lleva a la más alta esperanza es que el *hombre sea salvado de la venganza.* Y el arco iris tras de largas tormentas.

Sin embargo, las tarántulas quieren que sea de otro modo. "Precisamente que no hay justicia más que cuando el mundo está lleno de las tempestades de nuestra venganza". Así hablan las tarántulas entre ellas.

"Queremos que caiga nuestra venganza sobre todos los que son diferentes a nosotros, y queremos cubrirlos con nuestros ultrajes". Así juran entre ellas las tarántulas.

Y añaden: "En adelante llamaremos voluntad o igualdad a la virtud; ¡y alzamos nuestro grito contra todo lo que es poderoso!"

Sacerdotes de la igualdad: La tiránica locura de vuestra impotencia reclama a gritos la "igualdad"; ¡Tras de las palabras de virtud se esconde vuestra más secreta concupiscencia de tiranos!

Esas llamas y esas locuras de venganza salen de la vanidad agriada, de la envidia contenida –acaso de la vanidad y de la envidia de vuestros padres.

Lo que el padre calló, lo dice el hijo; y frecuentemente se ha visto revelado por el hijo el secreto del padre.

Se parecen a los entusiastas, pero no es el corazón lo que les entusiasma, sino la venganza. Y si se vuelven fríos y sutiles, les vuelve fríos y sutiles la envidia y no la agudeza.

También los celos les conducen al camino de los pensadores; y éste es el signo de sus celos: van siempre demasiado lejos; tanto, que su fatiga acaba por dormirse en medio de la nieve.

Todas sus quejas llevan a centros de venganza, y todas sus alabanzas ocultan maleficios: poder erigirse en jueces les parece la felicidad suprema.

He aquí, no obstante, un consejo que os doy, amigos míos: ¡desconfiad de todos aquellos en los que el instinto de castidad es poderoso!

Son gentes de mala casta y de mala ralea; en sus miradas asoma el polizonte y el verdugo.

¡Desconfiad de todos los que hablan mucho de su justicia! No es sólo miel lo que falta a sus almas.

Y si a sí mismos se llaman "los buenos y los justos", ¡no olvidéis que para ser fariseos no les falta más que el poder!

Yo no quiero, amigos míos, que se me mezcle y se me confunda.

Hay quienes predican mi doctrina de la vida, pero al mismo tiempo son predicadores de la igualdad y tarántulas.

Esas arañas venenosas hablan en favor de la vida, a pesar de estar alejadas de ella, acurrucadas en sus cavernas, porque así quieren hacer daño.

Quieren hacer daño a los que ahora detentan el poder, porque entre éstos la predicación de la muerte es aún la cosa habitual.

Si fueran de otro modo, de otro modo enseñarían las tarántulas, porque precisamente fueron ellas las que mejor supieron calumniar al mundo y quemar herejes.

No quiero que se me mezcle con estos predicadores de la igualdad. Porque la justicia me dice: "Los hombres no son iguales".

¡Tampoco deben llegar a serlo! ¿Qué sería entonces mi amor al Superhombre?

Por mil puestos y mil caminos deben precipitarse hacia el porvenir, y habrá que poner siempre entre ellos más guerra y más desigualdades: ¡así me hace hablar mi gran amor!

Es preciso que se hagan inventores de imágenes y de fantasmas en sus enemistades, y éstas deberán reñir entre sí el mayor combate. Bueno y malo, rico y pobre, alto y bajo, todos los nombres de los valores deberán ser armas y símbolos de guerra, en señal de que la vida ha de superarse nuevamente a sí propia.

La misma vida quiere elevarse a las alturas con pilastras y gradas: quiere escrutar los lejanos horizontes y penetrar con sus miradas las supremas bellezas: ¡para eso necesita las alturas!

¡Y, como necesita alturas, necesita gradas y contradicción de las gradas y de los que se elevan! La vida quiere elevarse y superarse a sí misma.

¡Y ved, amigos míos, en esta caverna de la tarántula se elevan las ruinas de un viejo templo! ¡mirad con ojos iluminados!

El que aquí en otros días hizo de sus pensamientos un edificio de piedra, dirigido hacia las alturas, debió conocer el secreto de la vida como el más sabio entre todos.

Es preciso que hasta en la belleza haya lucha y desigualdad y guerra por el poder y la supremacía: eso es lo que El nos enseña aquí en el símbolo más luminoso.

Las bóvedas y los arcos se traban perfectamente en la lucha; luz y sombra se combaten en divina competencia. ¡Así amigos míos, seamos enemigos también nosotros, con nuestra certidumbre y nuestra belleza! ¡Unamos nuestros esfuerzos los unos contra los otros!

¡Mas qué desventura! ¡Yo mismo he sido picado por mi vieja enemiga: la tarántula! ¡Con su certidumbre y su belleza divina me ha picado en un dedo!

"Ha de haber castigo, y es preciso que se cumpla la justicia, piensa la tarántula. ¡No en vano canta aquí El himnos en honor de la enemistad!"

¡Sí: está vengada! ¡desdicha! ¡va a hacer girar mi alma como torbellino de venganza!

"Ciertamente, Zaratustra no es ni torbellino ni tromba; y si es bailarín no es bailarín de tarantela".

Así hablaba Zaratustra.

DE LOS SABIOS CELEBRES

"Vosotros, vosotros todos, sabios célebres, servisteis al pueblo y a la superstición del pueblo: ¡no servisteis a la verdad! Y precisamente por esto os honraron."

Y también por esto os toleraron vuestra incredulidad, especie de agudeza y rodeo hacia el pueblo, que no de otra manera deja el amo hacer a sus esclavos y se divierte con su petulancia.

Mas el que es aborrecido por el pueblo, como el lobo por los perros, es el espíritu libre, el enemigo de las trabas, el que a nada rinde pleitesía y habita en las selvas.

Echarle de su escondrijo es lo que el pueblo denominó siempre el "sentido de la justicia", que aún azusa sus perros más feroces contra el espíritu libre.

"¡Porque la verdad está donde está el pueblo! ¡Pobre, pobre del que la busca!" ¡Esto se ha repetido en todos los tiempos!

Queríais justificar la veneración de vuestro pueblo y a eso llamasteis "voluntad de verdad", ¡oh, sabios célebres!

Y vuestro corazón se ha dicho siempre "yo he salido del pueblo; de allí también me ha venido la voz de Dios".

Sufridos y astutos como el asno, siempre habéis intercedido por el pueblo; y más de un poderoso que quiso poner el paso de su carroza al del pueblo, enganchó delante de sus caballos un borriquito: un sabio célebre.

Y ahora, ¡oh sabios célebres!, quisiera que terminaseis al fin por arrojar lejos de vosotros la piel del león; la pintarrajeada piel de la fiera y el pelaje del explorador, del investigador y del conquistador.

Para aprender a creer en vuestra "veracidad", necesitaría primero veros desprender de vuestra voluntad veneradora.

Yo llamo verídico al que se va a los desiertos sin Dios, y destroza su corazón venerador.

Sobre la arena amarilla, quemado por el sol, llega a pensar con ansia en islas de profusos manantiales, en las que, bajo umbrío follaje, reposa la vida.

Pero no le decide su sed a imitar a los ya satisfechos: porque donde hay oasis también hay ídolos.

La voluntad del león debe ser hambrienta, violenta, solitaria, sin Dios.

Exenta de la felicidad de los esclavos, libertada de los dioses y de las adoraciones, sin espanto y espantosa, grande y solitaria: tal es la voluntad del verídico.

Los verídicos han vivido siempre en el desierto como espíritus libres, como señores del desierto; pero en las ciudades habitan los sabios ilustres y bien alimentados: los animales de tiro.

Porque siempre tiran, como asnos, del carromato del pueblo,

No les quiero, no; aunque sus arreos brillen como el oro no pasan de servidores y seres uncidos.

Y frecuentemente han sido servidores buenos, dignos de elogio. Porque así habla la virtud: "Si es necesario que sea servidor, busca a quien tus servicios sean más útiles.

Deben engrandecerse espíritu y virtud en tu amo por estar tú a su servicio; así te engrandecerás tú mismo con su espíritu y su virtud".

Y, ciertamente, sabios célebres, servidores del pueblo, os habéis engrandecido con el espíritu y la virtud del pueblo, y el pueblo se engrandeció con vosotros.

Pero aun en vuestras virtudes continuáis siendo pueblo, pueblo de vista débil, ¡pueblo que aún no sabe lo que es el *espíritu!*

El espíritu es la vida que corta la vida misma; con su propio sufrimiento aumenta ella su propio saber: ¿Lo sabíais ya?

Y la felicidad del espíritu reside en ser ungido por las lágrimas, en ser la víctima sagrada del holocausto: ¿lo sabíais ya?

Y la ceguera del ciego, sus vacilaciones y sus tanteos, darán testimonio del poder del sol a que miró: ¿lo sabíais ya?

El que busca el conocimiento debe aprender a construir con montañas, porque para el espíritu es poca cosa transportar montañas: ¿lo sabíais ya?

Vosotros sólo veis los chispazos del espíritu, pero no sabéis qué clase de yunque es el espíritu ni hasta dónde llega la crueldad de su martillo.

¡Verdaderamente, no conocéis el orgullo del espíritu! ¡Pero

menos soportaríais aún la modestia del espíritu, si ésta quisiera hablar!

Y jamás habéis podido lanzar vuestro espíritu en simas de nieve: ¡No tenéis bastante calor para eso! También ignoráis, por lo mismo, los arrobamientos de su frescura.

Pero me parece que os tomáis demasiada familiaridad con el espíritu, y frecuentemente habéis hecho de la sabiduría hospital y refugio de malos poetas.

Vosotros no sois águilas y por eso no habéis podido saborear la felicidad en el espanto del espíritu; el que no es ave no debe volar sobre abismos.

Me parecéis tibios, pero por todo conocimiento profundo pasa una ráfaga de aire frío. Son glaciales las fuentes internas del espíritu, y delicadas para las manos ardientes de los que trabajan.

"¡Vosotros, sabios célebres, permanecéis ante mí respetables y tiesos, con el espinazo erguido. No os empuja un viento fuerte y una voluntad poderosa!

¿No habéis visto alguna vez cruzar por el mar una vela trémula, e hinchada por la impetuosidad del viento?

Semejante a la vela que tiembla con la impetuosidad del espíritu cruza el mar mi sabiduría, ¡mi salvaje sabiduría!

Mas vosotros, sabios célebres, servidores del pueblo, ¿cómo *podríais* venir conmigo?"

Así hablaba Zaratustra.

EL CANTO DE LA NOCHE

"Ya es de noche. Ahora se eleva más la voz de los surtidores, y mi alma es también un surtidor.

Ya es de noche. Comienzan a despertarse todos los cantos de los amantes, y mi alma es también canto de amante. Hay algo en mí intranquilo e intranquilizable, que quiere elevar la voz. Hay en mí un deseo amoroso que habla la lengua del amor."

Yo soy luz. ¡Ah! ¡Si fuese noche!, pero mi soledad es verme envuelto en luz.

¡Ah! ¡Si yo fuera sombras y tinieblas, cómo apagarían mi sed los senos de la luz!

¡Y también os bendeciría a vosotras, estrellitas que brilláis allá arriba como luciérnagas, y sería venturoso con vuestros regalos de luz.

Pero vivo en mi propia luz y yo mismo absorbo las llamas que brotan de mí.

Yo no conozco la alegría del que recibe, y frecuentemente he soñado que debe ser mayor deleite robar que recibir.

Mi pobreza consiste en que mi mano no descansa jamás de dar; mi envidia, son los ojos que veo esperando y las noches despejadas del deseo.

¡Oh, miseria de todos los que dan! ¡Oh, eclipse de mi sol! ¡Oh, deseo de desear! ¡Oh, hambre devoradora en el hartazgo!

Ellos toman lo que yo les doy; pero ¿tengo yo acaso contacto con su alma? Hay un abismo entre dar y tomar, y es muy difícil salvar el más pequeño abismo.

Nace un hambre de mi belleza: Yo quisiera hacer daño a los que ilumino; quisiera saquear a los que colmo de regalos: tengo sed de maldad.

Medita mi opulencia tales venganzas; nacen tales malicias de mi soledad.

Mi gozo de dar ha muerto a fuerza de dar; mi virtud se ha cansado de sí misma y de su abundancia.

El que da siempre corre el peligro de perder el pudor; el que siempre reparte, a fuerza de repartir acaba por tener callos en las manos y en el corazón.

Ya no se arrasan mis ojos en lágrimas al ver la vergüenza de los que imploran; se ha endurecido mi mano en demasía para sentir el temblor de las manos llenas.

¿Dónde fueron las lágrimas de mis ojos y el plumón de mi corazón? ¡Oh, soledad de todos los que dan! ¡Oh, silencio de todos los que brillan!

En el espacio desierto gravitan muchos soles: su luz habla a todo lo que es obscuro; sólo calla para mí.

¡Oh! ¡Esa es la enemistad de la luz para lo luminoso! ¡Despiadada sigue su camino!

Injustos contra todo lo luminoso, fríos hacia todos los soles: así siguen todos los soles su curso.

Como una tempestad, vuelan los soles por sus órbitas: ese es su camino. Siguen su voluntad inexorable; esa es su frialdad.

¡Ay! ¡Sólo vosotros, obscuros y nocturnos, que creáis el

calor de lo luminoso, sólo vosotros bebéis leche confortante en los senos de la luz!

¡Hay hielo cerca de mí, el hielo quema mis manos! ¡Tengo yo una sed que suspira por vuestra sed!

Ya es de noche. Ahora se eleva más la voz de los surtidores, y mi alma es también un surtidor.

"Ya es de noche. Comienzan a despertarse todos los cantos de los amantes y mi alma es también canto de amante".

Así hablaba Zaratustra.

EL CANTO DEL BAILE

Atravesó Zaratustra una tarde el bosque con sus discípulos. Buscando una fuente llegó a una verde pradera rodeada de árboles y matorrales; allí bailaban unas jóvenes. Cuando vieron a Zaratustra, dejaron de bailar, pero Zaratustra se acercó a ellas amistosamente y dijo estas palabras: "¡No abandonéis la danza, encantadoras jóvenes! No es obstáculo a vuestro gozo el que se acerca a vosotras; no es un enemigo de las jóvenes."

Soy el abogado de Dios ante el Diablo, y el Diablo es el espíritu de la pesadez. ¿Cómo podría ser yo enemigo de vuestros gráciles tobillos y de las danzas divinas? Cierto es que soy una selva llena de tinieblas y de grandes árboles sombríos, pero el que no tema mis tinieblas hallará bajo mis cipreses sendas de rosas.

Podrá encontrar también a ese diosecillo que las jóvenes prefieren: está echado junto a la fuente, silencioso y con los ojos cerrados.

¡En pleno día se ha dormido el holgazán! ¿Anduvo demasiado afanado en la caza de mariposas?

No os enfadéis conmigo, bellas bailarinas, si doy un pequeño correctivo a ese pequeño diosecillo. Seguramente se pondrá a gritar y a llorar, pero aun llorando se presta a risa.

Y con lágrimas en los ojos debe pediros un baile; que yo mismo acompañaré con una canción.

Una canción de baile y una sátira sobre el espíritu de la pesadez, sobre el todopoderoso diablo que dicen es el "dueño del mundo".

Y esta fué la canción que cantó Zaratustra mientras bailaban Cupido y las jóvenes.

"¡Un día contemplé tus ojos, ¡oh Vida!, y me pareció caer en lo insondable!

Pero tú me sacaste con anzuelos dorados, y sonreías burlonamente cuando te llamaba insondable".

"Todos los peces hablan así –decías–; lo que ellos no pueden sondear es insondable.

Pero yo soy voluble y salvaje mujer en todo; no soy una mujer de virtud.

Aunque para vosotros los hombres sea "la infinita", o "la fiel", o "la eterna" o "la misteriosa".

Pero vosotros, los hombres, ¡que sois tan virtuosos! me prestáis siempre vuestras propias virtudes". Así reía ella, la engañadora, pero siempre dudo de ella y de su risa cuando habla de sí misma.

Y como hablaba yo un día a solas con mi salvaje sabiduría, me dijo con cólera: "¡tú quieres, tú deseas, tú amas la Vida y he ahí por qué la alabas!"

Faltó poco para que respondiese duramente y dijese la verdad a la pendenciera; y no puede uno responder peor que cuando "dice la verdad a su sabiduría".

Porque es así para nosotros tres. Yo no amo profundamente más que la Vida, y en realidad nunca tanto como cuando la detesto.

Si me inclino a la sabiduría, frecuentemente con exceso, es porque me recuerda bastante la Vida.

Tiene sus ojos, su risa y hasta su anzuelo dorado. ¿Qué he de hacer si tanto se parecen las dos?

Y cuando un día me preguntó la Vida: "¿Pero qué es la sabiduría?" Yo le respondí presuroso: "¡Ay, sí, la sabiduría!"

La ansía uno con ardor y no puede saciarse de ella; la busca a través de sus velos; quiere prenderla entre las mallas de su red.

"¿Es bella? ¡Qué sé yo! Pero hasta las más viejas carpas pican el cebo.

Es veleidosa y testaruda: muchas veces la he visto morderse los labios y enredarse el cabello con el peine.

Quizá es falsa y mala y mujer en todo, pero cuando habla mal de sí misma es cuando más seduce".

"Cuando yo dije esto a la Vida se rió perversamente y cerró los ojos. Pero, ¿de quién hablas tú? –dijo– ¿es de mí?

Y aunque estuvieses en lo cierto, ¡mira que venir a decirme eso en mi misma cara! ¡Habla, pues, de tu propia sabiduría!"

¡Ay! volviste entonces a abrir los ojos, ¡oh, amada Vida!, y me pareció que volvía a caer en lo insondable".

Así cantó Zaratustra, pero cuando terminado el baile se marcharon las jóvenes, se quedó triste.

"Hace mucho que se ha puesto el sol –dijo al fin–. La pradera está ya húmeda y llega un viento frío del bosque.

Hay algo desconocido alrededor de mí, que mira pensativo. ¡Cómo! ¿Todavía vives, Zaratustra?

¿Por qué? ¿Para qué? ¿Dónde? ¿Cómo? ¿No es una locura vivir todavía?

¡Ay, amigos míos! es la noche quien así interroga en mí. ¡Perdonadme mi tristeza!

¡Ha cerrado la noche! ¡Perdonadme que la noche haya cerrado!"

Así hablaba Zaratustra.

EL CANTO DEL SEPULCRO

"Allá abajo está la isla de los sepulcros, la isla del silencio: allá están también los sepulcros de mi juventud. Allá abajo es donde quiero llevar una corona imperecedera".

Y con estos pensamientos crucé el mar.

¡Oh imágenes y visiones de mis días juveniles!; ¡miradas amorosas, momentos divinos! ¡Cómo os habéis desvanecido!, hoy día sueño con vosotros como con los muertos que amé.

Llega hasta mí, de vosotros, mis muertos preferidos, un perfume que alivia el corazón y hace salir las lágrimas de los ojos. Ese perfume agita y reconforta el corazón del que navega solitario.

Yo soy siempre el heredero y el terreno propio de vuestro amor, donde florecen, en memoria vuestra, las virtudes silvestres de todos los colores.

Yo soy siempre el más rico y envidiable; yo, el solitario.

Porque os *he poseído* a vosotros, y vosotros me poseéis todavía. Decidme: ¿Para quién, sino para mí, cayeron del árbol manzanas tan sonrosadas?

Estábamos hechos para permanecer juntos, extrañas y deliciosas maravillas; y vosotros no os habéis aproximado a mí y a mi deseo como tímidas aves, como el confiado a aquél en quien confía.

Sí; creados para la fidelidad, como yo, y para la luz de eternidad, ahora tendré que denominaros por vuestra infidelidad. ¡Oh, miradas y momentos divinos!

Moristeis demasiado pronto para mí, fugitivos. Sin embargo, no huísteis de mí, ni yo de vosotros; no somos culpables, unos para los otros, de nuestra infidelidad.

¡Os estrangularon para matarme *a mí*, aves de mis esperanzas! ¡Sí; hacia vosotros disparó siempre la maldad sus flechas para dar en el corazón, y dió! Porque vosotros fuísteis para mí lo más querido, mi bien, mi posesión; *¡por eso* habéis tenido que morir jóvenes, demasiado pronto!

Se disparó la flecha hacia lo más vulnerable que existía en mí: hacia vosotros, cuya piel se asemeja al plumón, y más aún a la sonrisa que muere de una mirada.

Pero tengo que decir esto a mis enemigos: ¿Qué es matar a un hombre si se compara con lo que a mí me habéis hecho?

Peor que un asesinato es lo que habéis hecho conmigo: me quitasteis lo que no se puede restituir. ¡Así es como os hablo yo, enemigos míos!

¡Matasteis las visiones de mi juventud y mis sueños más queridos! ¡Me quitasteis mis compañeros de juego, los espíritus bienaventurados! En memoria de ellos dejo esta corona y esta maldición.

¡Esta maldición contra mis enemigos! ¡Porque acortasteis mi eternidad como se quiebra un sonido en la noche fría! ¡Apenas si he entrevisto la eternidad como una mirada de ojos divinos, como una ojeada!

Un día y en la hora propicia me dijo mi pureza: "Para mí, todos los seres deben ser divinos".

"Entonces hicisteis que se precipitaran sobre mí inmundos fantasmas. ¡Ay! ¿Dónde huyó aquella hora propicia?"

"Todos los días deben ser sagrados para mí"; así me habló

una vez mi sabiduría juvenil; ¡palabras, realmente, de una jovial sabiduría!

Mas entonces vosotros, mis enemigos, me robasteis mis noches para transformarlas en desvelo atormentado. ¡Ay! ¿Dónde huyó aquella jovial sabiduría?

En tiempos pasados deseaba yo presagios felices, y vosotros hicisteis pasar por mi camino un enorme y siniestro buho. ¡Ay! ¿Dónde huyó mi dulce deseo?

¡Hice un día voto de renunciar a todas las repugnancias, y vosotros convertisteis en llagas cuanto me rodea! ¡Ay! ¿Dónde huyeron mis más nobles votos?

Como ciego recorrí caminos de ventura: y vosotros arrojasteis inmundicias en mi camino. Y ahora me repugna la antigua senda del ciego.

Y cuando logré lo más difícil para mí, y celebraba el triunfo de mi esfuerzo, hicisteis decir a los que me amaban que yo les estaba haciendo un gran daño.

Siempre habéis procedido así: me habéis amargado mi mejor miel y la diligencia de mis mejores abejas.

Siempre habéis recomendado a mi caridad a los mendigos más insolentes: siempre habéis agrupado en torno de mi compasión a los desvergonzados más incurables. Así habéis herido a mis virtudes en su fe.

Y cuando yo hacía gracia de lo más sagrado que poseía, se apresuró vuestra "devoción" a añadir más sustanciosas ofrendas, de manera que las emanaciones de vuestra grasa ahogaban lo más sagrado que había en mí.

Y un día quise bailar como jamás había bailado: quise bailar más allá de todos los cielos. Entonces lograsteis separar de mí a mi más caro cantor.

Y él entonó su canto más lúgubre y más sombrío. ¡Ay! ¡Me sonaron los oídos como el cuerno más fúnebre!

¡Cantor mortífero, instrumento de maldad tú, el más inocente!, estaba yo dispuesto para el mejor baile, y tú con tus acordes mataste mi éxtasis.

Sólo con el baile puedo yo decir los símbolos de las cosas sublimes, pero ahora mis miembros no han podido representar mi más alto símbolo.

Mi más alta esperanza ha quedado sin expresión y sin redención. Y han muerto todas las visiones y todos los consuelos de mi juventud.

¿Cómo he podido soportarlo? ¿Cómo me pude sobreponer a tan terribles heridas? ¿Cómo ha resucitado mi alma de esas sepulturas? ¡Sí! Hay en mí algo invulnerable, algo que no puede enterrarse que hace saltar las rocas: se llama *mi voluntad*. Mi voluntad atraviesa los años silenciosa e inmutable.

Mi voluntad, mi antigua voluntad quiere marchar al paso con mis pies; su sentido es duro e invulnerable.

Yo no soy invulnerable más que en el talón. Tú, mi paciente voluntad, vive siempre, igual a ti misma. Siempre has pasado por todas las tumbas.

Subsiste todavía en ti lo que no se redimió de mi juventud, y viva y joven permaneces sentada y llena de esperanza, sobre los escombros de las sepulturas.

Sí; aun eres para mí la destructora de todas las sepulturas. ¡Salud, voluntad mía!

"Sólo donde hay sepulturas hay resurrecciones."

Así hablaba Zaratustra.

DE LA VICTORIA SOBRE SI MISMO

Denomináis "voluntad de verdad" a lo que os impulsa e inflama a vosotros, los más sabios.

Yo llamo a vuestra voluntad, voluntad de imaginar todo lo que es.

Queréis hacer imaginable todo lo que existe, porque dudáis con certera desconfianza que ello sea ya imaginable.

Pero queréis que todo lo que existe se amolde y someta a vuestra voluntad; que quede pulimentado y sometido al espíritu como el espejo y la imagen del espíritu.

Esa es toda vuestra voluntad, grandes sabios; esa es vuestra voluntad de poder, y eso aunque razonéis acerca del bien y del mal y de la apreciación de los valores.

Deseáis crear un mundo ante el cual podáis arrodillaros; esa es vuestra última esperanza y vuestra última embriaguez.

Sin embargo, la gente sencilla, el pueblo, se asemeja al río por donde avanza un pequeño barco en el que van, solemnes y enmascaradas, las apreciaciones de los valores.

Vosotros habéis depositado vuestra voluntad y vuestros valores en el río del porvenir; lo que el pueblo considera bueno y malo me descubre una antigua voluntad de dominio.

Vosotros, los grandes sabios, sois los que habéis puesto tales huéspedes en el barquito; vosotros y vuestra dominante voluntad los habéis adornado y dado nombres suntuosos.

Ahora el río lleva adelante vuestro barquito: tiene que llevarlo. Poco importa que rompa contra él la ola y contradiga con cólera su quilla.

Vuestro peligro y el fin de vuestro bien y de vuestro mal no es el río, grandes sabios, sino esa misma voluntad, esa voluntad de poder, esa voluntad vital, inagotable y creadora.

Mas para que entendáis mi palabra sobre el bien y el mal, os diré mi palabra sobre la vida y la condición de todo lo vivo.

Yo he seguido todo lo que vive, lo he perseguido por caminos grandes y pequeños, para conocer sus costumbres.

Cuando callaba la vida, recogí su mirada en un espejo de cien facetas para hacer hablar a sus ojos, y sus ojos me han hablado.

Mas por donde he encontrado lo que vive, he oído la palabra obediencia. Todo lo que vive es obediente.

Y he aquí la segunda cosa: Se manda al que no sabe obedecerse a sí mismo. Esta es condición natural de lo que vive.

He aquí lo que vi en tercer lugar: mandar es más difícil que obedecer, porque el que manda lleva el peso de todos los que obedecen, y a veces esa carga puede aplastar.

Veo en todo mandato un peligro y un riesgo. Y siempre, cuando se manda, se arriesga lo vivo.

Y cuando se manda a sí mismo, también hay que espiar su autoridad: hay que ser juez, vengador y víctima de sus propias leyes.

¿Cómo es esto, pues? —me he preguntado—. ¿Qué es lo que decide a lo vivo a obedecer, a mandar y a ser obediente, aun mandando?

Escuchad mis palabras, ¡oh, grandes sabios! Examinad seriamente si he penetrado en el corazón de la vida.

Dondequiera que he encontrado lo que está vivo, he encontrado la voluntad de dominio, y aun en la voluntad de la obediencia he encontrado la voluntad de ser amo.

Que lo más fuerte domine a lo más débil: A esto incita la voluntad de lo más débil que quiere ser dueña de lo que es más débil aún. Esa es la única alegría de que no quiere privarse.

Y como lo más pequeño se abandona a lo más grande, para que lo más grande goce de lo más pequeño y lo domine, así lo más grande se abandona y arriesga su vida por el poder.

Es ese el abandono de lo más grande: que haya temeridad, que exista peligro, que se juegue la vida al azar.

Y donde hay sacrificio y servicio rendido y mirada de amor, hay también voluntad de ser amo. El más débil sigue caminos secretos para llegar hasta la fortaleza y hasta el corazón del más poderoso para allí robarle el poder.

Y hasta la misma vida me confió este secreto: ¡mira —dijo—, yo soy *lo que debe superarse a sí propio!* Vosotros llamáis a eso la voluntad de crear o el instinto del fin, lo más sublime, de lo más lejano, hacia lo más múltiple; pero todo eso no es más que una sóla cosa y un sólo secreto.

Yo prefiero desaparecer antes que renunciar a esa cosa única; y, ciertamente, donde hay acabamiento y caída de hojas, es que se sacrifica la vida por el poder.

Es preciso que yo sea lucha, cambio, finalidad y contradicción de los fines. ¡Él que adivina mi voluntad, adivina también los caminos *tortuosos* que necesita seguir!

Sea cual fuere la cosa que yo cree y el amor que le tenga a esa cosa, deberá ser bien pronto su adversario y adversario de mi amor: así lo quiere mi voluntad.

Y tú también, investigador, no eres más que la senda y el camino de mi voluntad; mi voluntad de dominio sigue también las huellas de tu voluntad de verdad.

De seguro no ha encontrado la verdad el que hablaba de una "voluntad de existir"; no hay tal voluntad.

Porque lo que no existe no se puede querer; pero, ¿cómo lo que existe podría aún desear la existencia?

Unicamente donde hay vida hay voluntad, pero no voluntad de vida, sino como yo enseño, voluntad de dominio.

"El viviente aprecia muchas cosas más que la vida misma, pero en las apreciaciones mismas habla la voluntad del dominio".

La vida me enseñó un día esto, y por eso, grandes sabios, he podido resolver yo el enigma de vuestro corazón.

En verdad os digo: ¡No existen bien y mal imperecederos! Es necesario que se estén superando siempre a sí mismos.

Vosotros, los apreciadores del valor, ejercéis poderío con vuestras palabras sobre el bien y el mal; y este es vuestro amor oculto al esplendor, a la emoción y el desbordamiento de vuestras almas.

Pero surge de vuestros valores un poder más fuerte y una nueva victoria sobre sí que rompe los huevos y las cáscaras de los huevos.

Y el que debe ser creador en el bien y en el mal, comenzará por ser destructor y romper todos los valores.

Así la más grande malignidad forma parte de la mayor benignidad; pero esta benignidad es la benignidad creadora.

Digámoslo, grandes sabios, aunque nos cueste mucho decirlo, porque callarse es más duro todavía: todas las verdades calladas se hacen venenosas.

"¡Y que se destruya todo lo que pueda ser destruído por vuestras verdades! ¡Hay aún mucho que edificar!"

Así hablaba Zaratustra.

DE LOS HOMBRES SUBLIMES

"Hay en mí un mar cuyo fondo es tranquilo. ¡Quién adivinaría que esconde monstruos agradables!

Mi profundidad es inconmovible, pero resplandece con enigmas y carcajadas.

Hoy he visto un hombre sublime, un hombre solemne, un espiador del espíritu. ¡Cuánto se ha reído mi alma de su fealdad!

El hombre sublime adornado con feas verdades, su botín de caza se encontraba silencioso sacando el pecho como si aspirase; rico en vestidos rotos, había en él muchas espinas, pero no vi ninguna rosa.

Aun desconoce la risa y la belleza. Con gesto adusto ha vuelto ese cazador del bosque del conocimiento.

Llega de luchar con animales salvajes, pero su severo rostro refleja el animal salvaje: ¡un animal no domesticado!

Siempre está como el tigre que quiere dar un salto; pero no me gustan esas almas como la suya; no son de mi gusto todos esos retraídos.

Y vosotros me decís, amigos, que no hay que discutir por cuestión de gusto. ¡Pero si toda la vida es lucha por los gustos!

El gusto es a la vez la pesa, la balanza y el pesador; y ¡desdichada toda cosa viviente que quisiera vivir sin la lucha por las pesas, las balanzas y los pesadores!

La belleza de ese hombre sublime comenzaría si se hastiara de su sublimidad, y sólo entonces querría yo gustarle, sólo entonces le sacaría gusto.

Y solamente cuando se aparte de sí mismo, saltará por encima de su sombra y entrará en su sol.

Demasiado tiempo estuvo sentado a la sombra; el espiador del espíritu ha visto cómo palidecían sus mejillas, y casi le ha hecho morir de hambre la espera.

Aun hay desdén en sus ojos y sus labios ocultan repugnancia. Es verdad que ahora descansa, pero aun no ha echado su reposo al sol.

Si se echara como el toro, su felicidad debería trascender a la tierra, y no a despreciar la tierra.

Quisiera verle como un toro blanco que resopla y muge delante del arado, y su mugido debería cantar la alabanza de todo lo terrestre. Sombrío es aún su rostro; se proyecta en él la sombra de su mano. Su mirada está aún en la sombra. Su misma acción no es aún más que una sombra que se proyecta sobre él; la mano oscurece al que obra. Aun no ha superado su acto. Me gusta mucho ver en él el cuello del toro, pero querría ver también en él la mirada del ángel.

Es preciso, asimismo, que olvide su voluntad de héroe; debe ser para mí un hombre elevado, y no sólo sublime. ¡El éter mismo debería levantar a ese hombre sin voluntad!

Ha dominado monstruos, ha descifrado enigmas, pero necesitaría también salvar sus monstruos y sus enigmas: necesitaría transformarlos en hijos divinos.

Su conocimiento no ha aprendido aún a sonreír y a no tener envidia: el raudal de su pasión no se ha calmado aún en la belleza.

Ciertamente, no es en la sociedad donde su deseo debe callar y sumergirse, sino en la belleza. La gracia forma parte de la generosidad de los que piensan con elevación.

Debería reposar el héroe con los brazos sobre la cabeza: así debería superar su reposo.

Pero precisamente para el héroe la belleza es la cosa más difícil, la belleza es inaccesible para todo ser violento.

Un poco más, un poco menos; ese poco es aquí lo esencial.

Permanecer con los músculos inactivos y la voluntad desembarazada: eso es lo más difícil que existe para vosotros, hombres sublimes.

Cuando el poder se hace clemente es cuando desciende a lo visible: yo llamo a tal clemencia belleza.

De nadie exijo la belleza tanto como de ti, que eres poderoso: que tu última victoria sea la bondad sobre ti mismo.

Como te creo capaz de todas las maldades, te exijo el bien.

¡En verdad, frecuentemente me he reído de los débiles que se creen buenos porque tienen las patas tullidas!

Tú debes imitar la virtud de la columna, que va siendo más bella y más fina a medida que se eleva, pero también más dura y resistente.

Sí, hombre sublime; un día serás bello y presentarás el espejo a tu propia belleza.

Entonces temblará tu alma con deseos divinos, y habrá adoración en tu vanidad.

Porque el secreto del alma es este: cuando el héroe la abandona entonces es cuando se acerca en sueños al Superhéroe".

Así hablaba Zaratustra.

DEL PAIS DE LA CIVILIZACION

"Volé demasiado lejos por el porvenir, y me sobrecogí de espanto.

Cuando miré en torno mío, hallé que el tiempo era mi único contemporáneo.

Me volví entonces, huyendo hacia atrás, y cada vez más

de prisa: así he llegado hasta vosotros, hombres actuales, yo que he venido al país de la civilización.

Por primera vez os he mirado con ojos condescendientes y con buenos deseos.

¿Y qué me ha ocurrido? A pesar del miedo que pasé, ¡tuve que echarme a reír! Nunca habían visto mis ojos tanta mezcolanza.

Yo reía a la par que mis piernas y mi corazón temblaban: "¿Este es, entonces, el país de los tarros de colores?", dije.

Se os veía, hombres actuales, con el rostro y los miembros pintarrajeados de mil maneras.

Y con mil espejos alrededor vuestro; mil espejos que adulaban y repetían el juego de vuestros colores.

¡En verdad, no podríais llevar mejores caretas que vuestra propia cara, hombres actuales! ¿Quién podría reconoceros?

Pintarrajeados con los signos del pasado y recubiertos a su vez por otros signos, os habéis escondido de todos los intérpretes.

Y aunque se pudiesen escudriñar las entrañas, ¿quién creería que tuvieseis entrañas? Parecéis hechos de colores y de retazos de papel pegados.

Todos los tiempos y todos los pueblos miran a través de vuestros velos: todas las costumbres y todas las creencias hablan confundidas a través de vuestras actitudes.

Si se os quitasen vuestros velos, vuestros adornos, vuestros colores y vuestras actitudes, no quedaría más que un espantapájaros. Ciertamente yo mismo soy el pájaro espantado, yo que os vi una vez desnudos y sin colores; y cuando ese esqueleto me hizo señas amistosas, huí despavorido.

¡Porque preferiría ir al infierno y confundirme con las sombras del pasado! ¡Tienen más consistencia que vosotros las sombras de los que fueron!

¡Hombres actuales, la amargura de mis entrañas es que no puedo soportaros ni desnudos ni vestidos!

Todo lo inquietante en el porvenir, y todo lo que ha podido espantar a un pájaro, inspira verdaderamente más quietud y más calma que vuestra realidad.

Porque vosotros decís: "somos enteramente realidad, sin

creencia ni supersticiones"; así ahuecáis el buche sin tener buche siquiera.

Sí; ¡cómo sería *posible* que creyeseis vosotros, vosotros que sois una mezcolanza, vosotros que sois pinturas de todo lo que se ha creído!

Sois la negación viviente de la fe misma y la ruptura de todos los pensamientos. ¡Seres *increíbles!* Así os llamo yo a vosotros, "hombres de la realidad".

En vuestro espíritu han declamado unas contra otras todas las épocas, y los sueños y las declamaciones de todas las épocas eran más reales aún que vuestra vigilia.

Sois estériles: por eso carecéis de fe. Pero el que debía crear poseía siempre sus sueños y sus estrellas; ¡y tenía fe en la fe misma!

Sois como puertas entreabiertas en donde aguardan los enterradores. Y vuestra realidad es esta: "Todo merece desaparecer".

¿Cómo estáis ahí ante mí, hombres estériles? Indudablemente, hay algunos entre vosotros que se han dado cuenta de todo.

Y dicen: "¿Me habrá sacado alguna costilla un dios, mientras dormía? Ciertamente, lo bastante para formar una mujer".

¡Es prodigiosa la pobreza de mis costillas! Así hablan ya muchos hombres actuales.

¡Sí; me hacéis reír, hombres actuales! ¡Y sobre todo, cuando os asombráis de vosotros mismos!

Mísero de mí, si no pudiese reírme de vuestro asombro, y si hubiese de tragar todo lo repugnante que hay en vuestras escudillas.

Mas os tomo a la ligera, ya que tengo *cosas pesadas* que llevar; y ¡qué me importa que se posen en mi carga las moscas!

¡Indudablemente no ha de ser una carga más pesada por eso! ¡No sois vosotros, mis contemporáneos, los que habréis de ocasionar gran fatiga!

¿Hasta dónde debo llegar aún con mi deseo? Miro desde lo alto de todas las cimas en busca de patria y de tierras natales, pero en ninguna parte las encuentro; ando errante por las ciudades y de todas las puertas me separo.

Los hombres actuales, hacia quienes no hace mucho tiempo se inclinaba mi corazón, me son ahora extraños y excitan mi risa; y me veo expulsado de las patrias y las tierras natales.

Por tanto, no amo ya más que el *país de mis hijos*, la tierra incógnita situada en mares lejanos; esa es la que debe buscar incesantemente mi vela.

¡Quiero rescatar en mis hijos el haber sido hijo de mis padres! ¡Quiero rescatar de todo el porvenir este presente!"

Así hablaba Zaratustra.

DEL CONOCIMIENTO INMACULADO.

"Al salir ayer la luna, me pareció que quería parir un sol: tan abultada yacía en el horizonte.

Pero engañaba con su preñez, y antes creería yo a la luna hombre que mujer.

Cierto que también es muy poco hombre ese tímido noctámbulo que pasea por los tejados con la conciencia turbia.

Porque ese monje que es la luna está lleno de codicia y de envidia; codicia la tierra y todas las alegrías de los que aman.

No, yo no amo a ese gato de los tejados; me son repugnantes todos los que vigilan las ventanas entreabiertas.

Humilde y silencioso, anda por alfombras de estrellas, pero yo detesto a todos los pies sigilosos en que ni aún las espuelas hacen ruido.

Los pasos del hombre leal hablan; pero el gato marcha calladamente. Y la luna camina deslealmente, como el gato.

Os ofrezco esta parábola, a vosotros los que buscáis "el conocimiento puro". A vosotros os llamo yo lascivos.

Vosotros amáis también la tierra y todo lo que es terrestre: ¡os comprendo perfectamente! Pero hay en vuestro amor algo vergonzoso y una conciencia intranquila: Os parecéis a la luna.

Se ha convencido vuestro espíritu de que debe despreciar todo lo terrenal, pero aún no se ha persuadido a vuestras entrañas. Y no obstante, ¡*ellas* son lo más vigoroso que hay en vosotros!

Y ahora vuestro espíritu se avergüenza de obedecer a vuestras entrañas, y sigue caminos secretos y engañosos para librarse de su propia vergüenza.

Así se habla a sí mismo vuestro espíritu: sería para mí la cosa más alta mirar la vida sin codicia, y con la lengua fuera como los perros.

Hallar la felicidad en la contemplación, con la voluntad muerta, sin apetito egoísta, y exento de rapacidad, frío y gris de cuerpo, pero con los ojos embriagados de luna.

Para mí sería lo mejor –así se engaña a sí mismo el que se engaña– amar la tierra como la ama la luna y no tocar su belleza más que con los ojos.

Y lo que yo llamo el conocimiento *inmaculado* de todas las cosas es eso: no pedir a las cosas nada más que poder estar delante de ellas". ¡Hipócritas, sensibleros, lascivos! ¡Os falta la inocencia en el deseo, y por eso calumniáis al deseo!

No amáis la tierra como creadores, como generadores nosotros de crear.

¿Dónde hay inocencia?; donde hay voluntad de engendrar. Y el que quiere crear algo superior a sí mismo, ese posee, a mi modo de ver, la voluntad más pura.

¿Dónde hay belleza? Allí donde *es preciso que yo quiera* con toda mi voluntad, donde yo quiero amar y desaparecer, a fin de que una imagen no quede reducida solamente a imagen.

Amar y desaparecer son cosas que están acordes desde hace eternidades. Querer amar es también estar dispuesto a morir. ¡Así os hablo yo, cobardes!

¡Pero vuestra mirada ambigua y afeminada, quiere ser "contemplativa"! ¡Y lo que podéis vislumbrar con vuestros ojos pusilánimes, debe llamarse "bello"! ¡Cómo mancháis todos los nombres nobles! Pero vuestra maldición será ésta, hombres que buscáis el conocimiento inmaculado: que no lleguéis jamás a dar a luz, por muy preñados que aparezcáis en el horizonte.

Ciertamente, rebosan en vuestra boca las palabras nobles: ¿Querríais hacernos creer, embusteros, que vuestro corazón rebosa?

Pero *mis* palabras son palabras groseras, despreciadoras e informes; me gusta recoger lo que en vuestros festines cae debajo de la mesa.

¡Con ellas es suficiente para decir la verdad a los hipócritas! ¡Sí; mis espinas, mis conchas y mis hojas deben cosquilllearos la nariz, hipócritas!

Siempre hay aire viciado alrededor de vosotros y de vuestros festines, porque flotan en el aire vuestros pensamientos lascivos, vuestras mentiras y vuestros disimulos.

¡Tened, pues, el valor de tener fe en vosotros mismos, en vosotros mismos y en vuestras entrañas! El que no tiene fe en sí mismo miente siempre.

Os habéis puesto la máscara de un dios, hombres "puros": vuestro espectro, horrible y rastrero, se ha escondido tras la máscara de un dios.

¡Cómo engañáis, contemplativos! También Zaratustra ha sido sorprendido por vuestras pieles divinas; no sospechaba qué serpientes se ocultaban en esas pieles.

¡En vuestros juegos creía yo ver jugar el alma de un dios, hombres que buscáis el conocimiento puro! ¡No conocía arte mejor que vuestros artificios!

La distancia que me separa de vosotros me ocultaba inmundicias de serpiente y malos olores, y no sabía yo que rondaba por aquí, lasciva, la astucia de un lagarto. Pero me aproximé a vosotros y se hizo en mí la luz. A vosotros llega ahora: ¡los amores de la luna están en su decadencia! ¡Miradla! ¡Ahí está sorprendida y pálida ante la aurora!

Porque ya surge radiante la aurora: ¡se aproxima su amor por la tierra! Todo amor solar es inocencia y deseo de creación.

¡Mirad con qué impaciencia pasa la aurora por el mar! ¿Es que no sentís la sed y el cálido aliento de amor?

Quiere la aurora aspirar el mar y beber sus profundidades, y el deseo del mar se eleva con mil senos.

Porque el mar *quiere* ser besado y aspirado por el sol: *quiere* formarse aire y altura, y sendero de luz, y luz también.

Como el sol, yo amo la vida y todos los mares profundos.

Y ese es *para mí* el conocimiento: ¡todo lo que es profundo debe subir a mi altura!"

Así hablaba Zaratustra.

DE LOS DOCTOS

"Estaba dormido, y una oveja se puso a ramonear la corona de hiedra que adorna mi cabeza. Y mientras comía decía: "Zaratustra no es ya un sabio". Dicho esto, se marchó desdeñosa y altanera. Me lo refirió un niño.

Me gusta estar tendido donde juegan los niños, junto al muro agrietado, bajo los cardos y las rojas amapolas.

Aún soy un sabio para los niños, y también para los cardos y las rojas amapolas. Todos ellos son inocentes, incluso en su maldad.

Pero para las ovejas ya no soy un sabio: así lo quiere mi suerte. ¡Bendita sea mi suerte!

Porque esta es la verdad: Yo me marché de la casa de los sabios dando un portazo.

Mi alma hambrienta estuvo sentada demasiado tiempo ante su mesa; yo no estoy adiestrado, al modo de ellos, para el conocimiento como para cascar nueces.

Amo la libertad y el aire en la tierra fresca; y me gusta más dormir sobre pieles de bueyes que sobre sus honores y dignidades.

Soy demasiado vehemente y estoy demasiado consumido por mis propios pensamientos. Frecuentemente me falta el aliento y tengo que buscar entonces el aire libre y salir de los aposentos empolvados.

Pero ellos están sentados cómodamente a la fresca sombra; en ninguna parte quieren ser más que espectadores, y se cuidan mucho de sentarse donde el sol caldea.

A semejanza de los que se plantan en la calle y miran boquiabiertos a los que pasan, así aguardan ellos, también con la boca abierta, los pensamientos de los demás.

Si se les toca con las manos, involuntariamente levantan polvo alrededor de sí, como si fueran sacos de harina. Pero ¿quién sospecharía que su polvo viene del grano y de las doradas delicias de los campos de estío?

Si se muestran doctos, me espantan con sus sentencias y con sus verdades: su sabiduría huele a menudo a pantano, y, en verdad, he oído croar a las ranas en su sabiduría.

Son diestros de dedos ágiles: ¡qué vale mi sencillez junto a su complejidad! Sus dedos saben todo lo que es hilar, anudar y tejer: ¡así hacen las medias del espíritu!

Son buenos relojes, siempre que no se olvide el darles cuerda; entonces señalan la hora sin fallar, dejando oír al mismo tiempo un modesto tic tac.

¡Trabajan como molinos y morteros: solamente hay que echarles el grano! ¡saben molerlo bien y convertirlo en blanca harina!

Desconfiadamente se vigilan los dedos los unos a los otros. Inventores de pequeñas malicias, espían a aquellos cuya ciencia cojea: acechan como arañas.

Les he visto preparar siempre sus venenos con precaución, siempre los dedos cubiertos con guantes de cristal.

También saben jugar con dados falsos, y les he visto jugar con tanta pasión que estaban bañándose en sudor.

Y cuando me encontraba entre ellos, me mantenía por encima de ellos; por esto me miran de reojo.

Somos extraños los unos a los otros, y sus virtudes me son aún más contrarias que sus falsedades y sus dados falsos.

No quieren que nadie marche por encima de sus cabezas; por eso entre mí y sus cabezas pusieron ramajes, tierra y basura.

Así sofocaron el ruido de mis pasos, y hasta el presente son los más doctos los que menos me han oído.

Han puesto entre ellos y yo todas las flaquezas y todas las faltas de los hombres: en sus casas llaman a eso "piso falso".

Mas a pesar de todo ello, voy por *encima* de sus cabezas con mis pensamientos; y aunque quisiera marchar con mis propios defectos, todavía marcharía por encima de ellos y de sus cabezas.

Porque los hombres no son iguales: así dice la justicia. ¡Y lo que yo quiero, no podrían quererlo ellos!"

Así hablaba Zaratustra.

DE LOS POETAS

Desde que conozco mejor el cuerpo —decía Zaratustra a uno de sus discípulos—, el espíritu no es ya espíritu para mí más que en cierto modo; y todo lo que es "imperecedero", no es también más que un símbolo.

"Ya te he oído hablar así —respondió el discípulo—, y añadiste entonces: "pero los poetas mienten demasiado". ¿Por qué decías que los poetas mienten demasiado?"

"¿Por qué? –dijo Zaratustra–. ¿Tú preguntas por qué? Yo no soy de esos a quienes se les debe interrogar sobre su porqué.

¿Por ventura es de ayer lo que yo he comprobado? Hace mucho tiempo que compruebo los fundamentos de mis opiniones.

¿No sería preciso que fuese un tonel de memoria para poder guardar conmigo mis razones?

Demasiado trabajo tengo ya con guardar mis opiniones, y más de un pájaro se me escapa.

Y también suele llegar a mi palomar algún bicho que no pertenece a él, y que me es extraño, y que tiembla cuando le echo la mano.

Sin embargo, ¿qué te decía un día Zaratustra? Que los poetas mienten demasiado, pero Zaratustra también es un poeta.

¿Crees tú, entonces, que te dijese la verdad? ¿Por qué lo crees?"

El discípulo respondió: "Yo creo en Zaratustra". Pero Zaratustra movió la cabeza sonriendo.

"No me salva la fe –dijo–; menos la fe en mí mismo que cualquiera otra.

Pero admitiendo que alguien dijera seriamente que los poetas mienten demasiado, tendría razón: *nosotros* mentimos demasiado.

Sabemos demasiado poco, y aprendemos demasiado mal, luego es natural que mintamos.

¿Y quién, entre nosotros los poetas, no habrá adulterado su vino? Muchas mezclas envenenadas se han hecho en nuestras bodegas; se ha conseguido allí lo indescriptible.

Y por lo mismo que sabemos poco, amamos con verdadera pasión a los pobres de espíritu, sobre todo cuando son mujeres jóvenes y anhelamos hasta esas cosas que las viejas se cuentan por las noches. Eso es lo que denominamos nosotros mismos el eterno femenino.

Y como si hubiese un camino secreto que llevase al saber, y que se oculta a los que aprenden algo, creemos en el pueblo y en su "sabiduría".

Mas todos los poetas opinan que el que está echado en la hierba o en la ladera solitaria de una montaña, con el oído en acecho, llega a saber algo de lo que pasa en el cielo y en la tierra.

Y si experimentan dulces emociones suponen los poetas que la misma Naturaleza está enamorada de ellos.

Y que se desliza en su oído para murmurar cosas secretas y palabras cariñosas. Se alaban de ello y de ello se glorifican ante todos los mortales.

¡Ay! ¡tantas cosas existen entre cielo y tierra que sólo los poetas han soñado!

Y, sobre todo, en el cielo: porque todos los dioses son artificios de poeta.

La verdad es que siempre nos sentimos atraídos hacia lo alto, es decir, hacia el reino de las nubes, y allí colocamos nuestros juguetes multicolores y les llamamos dioses y superhombres.

¡Porque todos esos dioses y superhombres son suficientemente ligeros para poder ocupar esos sitios!

¡Ay! ¡Qué cansado estoy de todo lo deficiente que se empeña en llegar a ser un acontecimiento! ¡Ay! ¡Qué harto estoy de los poetas!"

Cuando Zaratustra dijo esto, su discípulo estaba irritado contra él, pero calló. Igualmente calló Zaratustra, y sus ojos parecían como si mirasen a su interior, hacia la lejanía. ¡Al fin, comenzó a suspirar y a tomar aliento!

"Yo soy de hoy y de tiempos pasados —dijo—; pero hay algo en mí que es de mañana, de pasado mañana y del porvenir.

Ya estoy cansado de los poetas, de los antiguos y de los nuevos: para mí todos son superficiales, todos son mares que se han secado.

No pensaron con bastante profundidad, y, por lo tanto, no llegaron a lo hondo.

Un poco de voluptuosidad y un poco de tedio; a eso se redujeron sus meditaciones.

Sus arpegios no parecen más que suspiros y huídas de fantasmas. ¡Qué sabían ellos hasta ahora del entusiasmo de los sonidos!

Tampoco son bastante limpios para mí: Todos enturbian sus aguas para dar la sensación de profundidad.

Les place hacerse pasar por conciliadores; pero, para mí

son siempre gente de términos medios, de medias tintas, turbias y sucias.

¡Ay! He echado mis redes en sus mares para pescar peces, pero siempre he sacado la cabeza de un dios antiguo.

Así dió el mar una piedra al hambriento. Y los poetas parecen venir del mar.

Cierto que se encuentran en ellos perlas, y a eso se debe que se asemejen más aún a duros moluscos. Muchas veces he visto en su seno la espuma salada en lugar de alma.

También aprendieron del mar su vanidad: ¿No es el mar el pavo real más vano entre los pavos reales?

Aun ante el más feo de los búfalos despliega su cola; nunca se cansa de desplegar su abanico de vistosísimos plumajes.

Pero el búfalo mira con desdén esas cosas, puesto como tiene el pensamiento en arenales, malezas y pantanos.

¡Qué le importan a él la belleza del océano y las galas del pavo real! Ese es el símbolo que yo ofrezco a los poetas.

¡Su espíritu no es sino rey de los pavos reales y mar de vanidad!

El espíritu del poeta quiere espectadores, ¡aunque sean búfalos!

Pero ya me he cansado de ese espíritu, y veo llegar el tiempo en que se cansará de sí mismo.

Ya he visto yo a los poetas transformarse y dirigir sus contemplaciones contra sí mismos. He visto venir expiadores del espíritu: han salido de entre los poetas".

Así hablaba Zaratustra.

DE LOS GRANDES ACONTECIMIENTOS

No muy lejos de las Islas Bienaventuradas de Zaratustra, hay una isla en el mar donde continuamente humea una montaña de fuego. El pueblo, y especialmente las viejas, dicen que la tal isla está situada, como un peñasco, ante la puerta del infierno; mas el mismo camino angosto que baja hasta esta puerta atraviesa el volcán.

En la época en que vivía Zaratustra en las Islas Bienaventuradas, ancló un bajel en aquélla donde se encuentra el volcán, y saltó a tierra su tripulación para cazar conejos. Pero al mediodía, cuando nuevamente se reunieron el capitán y sus marineros, vieron un hombre que atravesaba el aire aproximándose a ellos, y una voz pronunció distintamente estas palabras: "¡Ha llegado la hora! ¡No hay momento que perder!" Cuanto más cerca estuvo esta visión –pasaba velozmente como una sombra en dirección al volcán–; reconocieron asombrados que era Zaratustra: por que ya le conocían todos, excepto el capitán y le querían, como el pueblo quiere, con una mezcla de amor y temor por partes iguales.

"¡Mirad! –dijo el piloto– ¡Zaratustra que va al infierno!"

Y por el mismo tiempo en que aquellos marineros llegaron a la isla corrió el rumor de que Zaratustra había desaparecido, y cuando se preguntó a sus amigos, contaron que se había embarcado, durante la noche, sin decir a donde se dirigía.

Con este motivo hubo cierta inquietud, y al cabo de tres días aumentó con el relato de los marineros, y todo el pueblo decía que el diablo se había llevado a Zaratustra. Es cierto que sus discípulos se reían de tales rumores, y hasta uno de ellos llegó a decir: "Yo creo más bien que será Zaratustra el que se ha llevado al diablo". Pero en lo más íntimo de su alma todos estaban angustiados e inquietos. Grande fué, pues, su alegría, cuando, al cabo de cinco días, apareció Zaratustra entre ellos.

Y este es el relato de la conversación de Zaratustra con el perro del fuego:

"La tierra –dijo– tiene piel, y esa piel, enfermedades. Una de ellas, por ejemplo, se llama "hombre".

Y otra se llama "perro del fuego". Acerca de este perro, han dicho los hombres muchas mentiras.

Crucé el mar para profundizar ese secreto, y ahora conozco la verdad desnuda, desnuda de pies a cabeza.

Ahora sé a qué atenerme sobre tal perro del fuego, como sobre todos los estragos que aterrorizan, y no sólo a las viejas.

¡Sal de tu profundidad, perro del fuego –exclamé–, y confiesa cuán profunda es tu profundidad! ¿De dónde sacas todo lo que vomitas?

Tú bebes copiosamente del mar: eso es lo que revela la sal de tu facundia ¡para un perro de las profundidades, tomas demasiado alimento de la superficie!

Te considero a lo sumo como el ventrílocuo de la tierra, y, siempre, cuando he oído hablar a los demonios de erupciones y estragos, los he encontrado semejantes a ti, con tu sal, tus mentiras y tus trivialidades.

¡Vosotros sabéis decir y oscurecer con cenizas! Sois los mejores jactanciosos, y habéis aprendido bastante bien el arte de hacer hervir el fango.

Por donde quiera que vais, es necesario que haya cerca de vosotros fango y cosas esponjosas, cavernosas y estrechas; cosas que quieren ser puestas en libertad. "¡Libertad!" ese es vuestro grito predilecto, pero yo he perdido la fe en los "grandes acontecimientos" desde que hay alrededor suyo muchos aullidos y mucha humareda.

¡Créeme a mí, demonio de la seducción! Los acontecimientos más grandes no son los que hacen más ruido, sino nuestras horas más silenciosas.

Gira el mundo no alrededor de los que inventan estruendos, sino alrededor de los que inventan valores nuevos: gira en *silencio.*

¡Y confiésalo! ¡Cuando se disipaban tu ruido y tu humo, resultaba siempre que lo que había sucedido era bien poco! ¡Qué importa que una ciudad quede convertida en momia, y que caiga en el fango una columna!

Y aun añadiré estas otras palabras para los destructores de columnas: Es la mayor locura echar sal en el mar y columnas en el fango.

La columna estaba en el fango de vuestro menosprecio; pero su ley quiere que del menosprecio surja para ella la nueva vida y la belleza.

¡Ahora se alza con apariencia más divina y sufrimiento seductor, y aun os dará las gracias, destructores, por haberla derribado!

Pero este es consejo que doy a los reyes y a las iglesias y a todo lo que es débil por edad y por la virtud: ¡dejaos derribar para que volváis a la vida y torne a nosotros la virtud!"

Así hablé delante del perro del fuego, pero me interrumpió gruñendo y me preguntó: "¿Iglesia? ¿Qué es eso?"

"¿Iglesia? –respondí–. Es una especie de estado, y de

la especie más mentirosa. ¡Pero, cállate, perro del fuego: tú conoces a tu ralea mejor que nadie!

El estado es un perro hipócrita como tú; le gusta hablar husmeando y aullando, como a ti, para hacer creer que sus palabras salen de las entrañas de las cosas.

Porque el estado se empeña en ser la bestia más importante de la tierra; y, además, todo el mundo se lo cree".

Al decir esto último, el perro del fuego pareció volverse loco de celos. "¿Cómo? –exclamó–. ¿La bestia más importante de la tierra? ¿Y se le cree?"

Y salieron de su garganta aullidos tan terribles, que creí que iba a ahogarse de cólera y de envidia.

Acabó al fin por callar y disminuyeron sus hipos, pero, en cuanto calló, dije yo riendo:

"¡Te encolerizas, perro del fuego!" ¡Luego tengo razón contra ti! Y para que siga conservando la razón, déjame hablar de otro perro del fuego: éste habla en realidad desde el corazón de la tierra.

Su hálito es de oro y lluvia de oro: así lo quiere su corazón. ¿Qué son para él las cenizas, el humo y la espuma caliente?

De su seno brota una risa como nube coloreada: ¡Es enemigo de tus gorgoteos, de tus escupitajos, y de la rabia de tus entrañas!

Pero saca el oro y la risa del corazón de la tierra, porque, para que lo sepas, *¡el corazón de la tierra es de oro!*

Oyendo esto el perro del fuego no pudo escuchar más, metió vergonzosamente el rabo entre piernas, y corriendo confuso hacia su guarida, iba diciendo: "¡Guau, guau!"

Esto contaba Zaratustra, pero apenas le escuchaban sus discípulos; tantas eran las ganas que tenían de hablarle de los marineros, de los conejos y del hombre volador.

"¿Qué voy yo a pensar de eso?" –dijo Zaratustra–. ¿Soy acaso un fantasma?

Eso debió ser mi sombra. "¿No habéis oído hablar del viajero y de su sombra?

Lo mejor será que la ate más corto, o volverá a perjudicar mi reputación".

Y Zaratustra volvió a mover la cabeza con asombro: "¿Qué debo pensar de eso?", repitió.

¿Porqué gritó el fantasma: "¡Ha llegado la hora! ¡No hay momento que perder!?

Pero, ¿*para qué* habrá llegado ya la hora?"

Así hablaba Zaratustra.

EL ADIVINO

"...y vi a los hombres caer en una profunda tristeza. Los mejores se cansaron de sus obras.

Se lanzó una doctrina y circuló con ella una creencia: "todo es vacío, todo es igual, todo pasó".

Y todos los cerros respondían: "todo es vacío, todo es igual, todo pasó".

Verdad es que ya hemos hecho la recolección; pero ¿por qué se han ennegrecido y podrido nuestros frutos? ¿qué es lo que cayó la última noche de la mala luna?

Nuestro trabajo ha sido vano; nuestro vino se ha hecho veneno y una maldición ha amarilleado nuestros campos y nuestros corazones.

Todos nos hemos secado, y si cayera fuego sobre nosotros, volarían hechas polvo nuestras cenizas. Sí; hemos fatigado al mismo fuego.

Se han secado todas las fuentes para nosotros, y el mar se ha retirado. Todos los suelos quieren abrirse, pero los abismos no quieren tragarnos.

"¡Ay! ¿Dónde queda aún el mar en que poder ahogarse?" Así resuena nuestra queja, cruzando todos los pantanos.

Verdaderamente, estamos ya demasiado cansados para morir: ¡Seguimos viviendo despiertos en bóvedas funerarias!"

Así oyó hablar Zaratustra a un adivino, y su predicción le llegó al alma derechamente y le transformó. Erró triste y fatigado, y se volvió semejante a aquellos de quienes había hablado el adivino.

"En verdad –dijo a sus discípulos– poco falta para que llegue ese largo crepúsculo. ¡Ay! ¡Qué haría yo para atravesarlo salvando mi luz!

¡Qué haré para que mi luz no se ahogue en esta tristeza! ¡Es necesario que sea la luz de mundos lejanos, la luz que ilumine las noches más lejanas!"

Así, preocupado hondamente Zaratustra, erró de una parte para otra, y durante tres días no tomó alimento ni bebida, ni reposó, y hasta perdió la palabra; finalmente, terminó por caer en un profundo sueño. Pero sus discípulos pasaban largas vigilias sentados en torno de él, y aguardaban, inquietos, a que se despertara, para ver si le volvía el habla y se curaba de su tristeza.

Pero he aquí el discurso que les dirigió Zaratustra al despertar, aunque su voz pareciera venir de la lejanía:

"¡Escuchad, amigos, el sueño que he tenido, y ayudadme a interpretarlo!

Aun es para mí un enigma el sentido oculto de tal sueño; su significado no vuela aún libremente por encima de él.

Yo había renunciado a toda vida: Es lo que soñaba. Me había convertido en vigilante nocturno y guardián de las tumbas, allá en la montaña solitaria del alcázar de la Muerte.

Allá arriba guardaba yo sus ataúdes: las bóvedas sombrías estaban llenas con tales trofeos de sus victorias. A través de los féretros de cristal, me miraban las existencias vencidas.

Yo respiraba el olor de eternidades reducidas a polvo; mi alma estaba sofocada y polvorienta. ¿Quién hubiese podido crear allí su alma?

Me rodeaba la claridad de la noche, y junto a ella se acurrucaba la soledad; sobre todo esto un silencio sepulcral, de agonía, el peor de mis amigos.

Llevaba las llaves conmigo, las más herrumbrosas que han existido y con ellas sabía abrir las puertas más rechinantes.

Corrían los sonidos por largas galerías como gritos roncos de cólera, cuando se abrían las hojas de la puerta; un ave que no quería ser despertada lanzaba gritos siniestros.

Pero aun era más que espantoso, y más oprimía el corazón cuando todo quedaba en silencio nuevamente, y yo volvía a encontrarme solo en medio de aquel pérfido silencio.

Pasó así el tiempo, lentamente, si es que todavía podía hablarse de tiempo: ¡que sé yo!; finalmente sucedió lo que vino a despertarme.

Como truenos sonaron tres golpes en la puerta; retumbaron las bóvedas y aullaron tres veces seguidas: yo me acerqué a la puerta.

"¿Quién lleva su ceniza hacia la montaña? –interrogué–; ¿quién lleva su ceniza hacia la montaña?

Trataba de abrir, empujaba la puerta, y forcejeaba, ¡pero la puerta no cedía!

Entonces el huracán separó con violencia las hojas de la puerta, y entre silbidos agudos que cortaban el aire, me arrojó un negro ataúd.

Y silbando y rugiendo, se rompió el ataúd y escupió mil carcajadas.

Mil muecas de niños, de ángeles, de buhos, de locos y de enormes mariposas, se reían y se burlaban de mí.

Me espanté terriblemente: caí al suelo, y grité de pavor como jamás había gritado.

Pero mi propio grito me despertó y volví en mí".

Así relató su sueño Zaratustra; quedó después callado porque no conocía aún la significación de su sueño.

Pero el discípulo a quien más quería se levantó inmediatamente, le cogió la mano y le dijo:

"¡Tu misma vida, Zaratustra, nos explica este sueño!

¿No eres tú mismo el viento de agudos silbidos que arranca las puertas del alcázar de la Muerte?

¿No eres tú mismo el ataúd lleno de maldades y de angélicas muecas de la vida?

En verdad, como mil carcajadas infantiles, llega Zaratustra a todas las cámaras mortuorias, riéndose de todos los vigilantes nocturnos y de todos los guardianes de las tumbas que agitan sus llaves con siniestro son.

Tú los espantarás y los derribarás con tu risa; el síncope y y el despertar probarán tu poder sobre ellos.

¡Y aun cuando llegue el largo crepúsculo y la fatiga mortal, tú no desaparecerás de nuestro cielo, afirmador de la vida!

Nos has hecho ver nuevos astros y nuevos esplendores nocturnos; has extendido sobre nosotros como un toldo multicolor la risa misma.

Ahora siempre saldrán de los ataúdes risas infantiles; ahora vendrá, siempre victorioso de las fatigas mortales, un viento potente. ¡De ello eres tú fiador y adivino!

En verdad, *has soñado con ellos;* con tus enemigos, y este sueño ha sido para ti verdadera pesadilla.

Pero así como despertaste de ellos y volviste a ti mismo, así deben despertarse ellos por sí propios... y venir hacia ti."

Habló de esta suerte el discípulo, y todos los demás rodeando a Zaratustra le cogían las manos y trataban de convencerle de que dejara su lecho y su tristeza para volver a ellos. Mas Zatustra continuaba incorporado en su lecho, con una mirada extraña. Como el que retorna de un largo viaje, contempló a sus discípulos, y aun no los reconocía. Pero una vez que le levantaron y le pusieron de pie, se transformó repentinamente su mirada: comprendió todo lo que había sucedido, y, pasándose la mano por la barba, dijo con voz firme:

¡Vaya! Todo eso llegará a su debido tiempo; ahora, mis queridos discípulos, procurad que se nos prepare una buena comida, y en seguida. Así pienso expiar mis malos sueños!

Pero el adivino debe comer y beber a mi lado; y yo le diré cual es el mar en que puede ahogarse".

Así hablaba Zaratustra. Pero entonces miró bien de frente y durante mucho tiempo el rostro del discípulo que le había explicado su sueño, y movió la cabeza.

DE LA REDENCION

Pasaba un día Zaratustra por el gran puente cuando se vió rodeado de inválidos y mendigos, hablándole un jorobado así:

"¡Mira, Zaratustra, el pueblo aprovecha también tus enseñanzas y comienza a creer en tu doctrina, pero para que crea por completo, falta aún un detalle: es necesario que nos convenzas a nosotros los inválidos. Tienes aquí donde elegir y ocasión para hacer un buen ensayo, puedes curar ciegos, hacer correr a los cojos y aliviar algo al que lleva en la espalda una carga pesada. Ese sería, a mi modo de ver, la verdadera manera de conseguir que los inválidos crean en Zaratustra".

Mas Zaratustra respondió al que acababa de hablar: "Si al jorobado se le quita su joroba, se le quita al mismo tiempo su espíritu: así lo enseña el pueblo. Y si se le devuelve la vista al ciego, ve sobre la tierra demasiadas cosas malas; maldice, pues, al que le ha curado. El que hace correr al cojo le hace el mayor de los males, porque en cuanto puede correr se desbocan sus vicios. Esto es lo que el pueblo enseña acerca de los inválidos. ¿Y por qué Zaratustra no ha de aprender del pueblo lo que el pueblo ha aprendido de Zaratustra?

Pero, desde que habito entre los hombres es para mí cosa sin importancia ver que a uno le falta un ojo, a otro una oreja, al de más allá las piernas, y que hay algunos que han perdido la lengua, o la nariz, o la cabeza.

Veo y he visto cosas peores, y las hay tan espantosas, que no quisiera hablar de todas ellas, pero tampoco guardar silencio sobre muchas. He visto hombres a quienes les falta todo, excepto algo que tienen en exceso. Hombres que no son nada más que un gran ojo, o una gran boca, o un gran vientre, o cualquier otra cosa grande. A estos les llamo yo inválidos al revés.

Y cuando al venir de mi soledad atravesaba por vez primera este puente, no daba crédito a mis ojos, no cesaba de mirar y acabé por decir: "¡Esto es una oreja! ¡Una oreja tan grande como un hombre! ¡Miré más de cerca, y tras de la oreja se movía algo tan pequeño, pobre y débil, que daba compasión! Efectivamente: la enorme oreja descansaba en un delgado tronco, ¡y este delgado tronco era un hombre! Mirando a través de un anteojo, aun se podía reconocer una figurita envidiosa, así como un alma hinchada que temblaba en la extremidad del tronco. El pueblo me decía que la oreja grande no era sólo un hombre, sino un gran hombre, un genio. Pero jamás he creído al pueblo cuando habla de grandes hombres, y sostengo mi idea de que era un inválido al revés que tenía demasiado poco de todo y una cosa en exceso".

Cuando Zaratustra dijo esto al jorobado y a aquéllos de quienes era intérprete y representante, se volvió hacia sus discípulos con profundo descontento y les dijo:

"Amigos míos, ando entre los hombres como entre fragmentos y miembros de hombres.

Resulta horrible para mis ojos verlos destrozados y diseminados como en el campo de batalla, de matanza. Y aunque mis ojos huyan del presente al pasado, siempre encuentran lo mismo: Fragmentos, miembros y cosas espantosas... ¡pero no hombres!

¡Ay, amigos míos! el presente y el pasado sobre la tierra son para mí lo más insoportable; y no viviría si no fuese un visionario de lo que fatalmente debe venir.

Visionario, voluntario, creador, porvenir y un puente hacia el porvenir, y también ¡ay! hasta cierto punto, un inválido en medio de ese puente; todo eso es Zaratustra.

Y también vosotros os preguntasteis a menudo: "¿Quién es para nosotros Zaratustra? ¿Cómo podemos nombrarle?" y a semejanza mía, os disteis vuestras preguntas por respuestas.

¿Es el que promete o el que cumple? ¿Un conquistador o un heredero? ¿El otoño o la reja de un arado? ¿Un médico o un convaleciente?

¿Es poeta o dice la verdad? ¿Es liberador o dominador? ¿Bueno o malo?

Yo ando entre los hombres como entre los fragmentos del porvenir: de ese porvenir que contemplo en mis visiones.

Y todos mis pensamientos tienden a juntar y a unir en una sola cosa lo que es fragmento y enigma y espantoso azar.

¡Y cómo soportaría yo ser hombre, si el hombre no fuese también poeta, adivino de enigmas y redentor del azar!

Para mí es redención redimir a los pasados y trocar todo "fué" en un "así lo quise yo".

Voluntad: Así se llama el libertador y el mensajero de alegría; esto es lo que yo os enseño, amigos míos. Pero también debéis aprender esto: La misma voluntad es todavía un cautivo.

El querer liberta; pero, ¿cómo se llama lo que aun encadena al libertador?

"Eso fué"; así se llama el rechinar de dientes y la más solitaria aflicción de la voluntad. Impotente contra lo hecho, la voluntad es para lo pasado un perverso espectador.

La voluntad no puede mirar hacia atrás; no puede aniquilar el tiempo, y el deseo del tiempo; esa es la más solitaria aflicción de la voluntad.

El querer liberta. ¿Qué imagina la voluntad misma para librarse de su aflicción y burlarse de su calabozo?

¡Ay! ¡Todo preso se vuelve loco! La voluntad prisionera, también se liberta con locura.

Que no retroceda el tiempo: esa es su cólera; y llama a la piedra que la voluntad no puede mover "lo que fué".

Y por eso, por rabia y por despecho, mueve piedras y se venga del que no siente, como ella, rabia y despecho.

Por eso la voluntad liberadora se ha vuelto maléfica; y se venga en todo lo que es capaz de sufrir; de no poder ella volver hacia atrás.

Esto, sólo esto es la venganza misma: la repulsión de la voluntad contra el tiempo y su "eso fué".

Realmente, hay una gran locura en nuestra voluntad; y ha llegado a ser maldición de todo lo humano el que esa locura haya aprendido a tener espíritu. Amigos míos, *el espítu de la venganza* fué hasta el presente la mejor reflexión de los hombres; y *dondequiera* que hubo dolor, debió siempre haber castigo.

"Castigo": Tal es el nombre que se da a sí misma la venganza. Con una palabra engañadora finge una limpia conciencia.

Y como en el que quiere hay sufrimiento puesto que no puede querer hacia atrás, ¡la voluntad misma y toda vida debían ser castigo!

Y así como una nube tras otra se han ido amontonando en el espíritu hasta que la locura proclamó: "¡Todo pasa; en consecuencia, todo merece pasar!"

"Y la ley que dice que el tiempo debe devorar a sus propios hijos, es la justicia misma". Así se ha proclamado la locura.

El orden moral de las cosas descansa en el derecho y el castigo. ¡Ay! ¿Dónde encontrar la liberación de la corriente de las cosas y de ese castigo que es la "existencia"? Así se ha proclamado la locura.

"¿Puede haber redención, si hay un derecho eterno? ¡Ay! ¡No se puede remover la piedra del pasado: es menester también que todos los castigos sean eternos!"

Así ha proclamado la locura.

No puede destruirse ningún acto: ¡cómo podría ser deshecho por el castigo! Esto es lo que hay de eterno en ese castigo que es la "existencia": que la existencia debe ser una y otra vez eternamente acción y castigo.

Esto a menos que la voluntad acabe por libertarse a sí misma, y que el querer se transforme en no-querer, ¡pero hermanos míos, ya conocéis vosotros estas canciones de la locura!

Yo os alejé de ellas cuando os dije: "La voluntad es creadora".

Todo "eso fué", es fragmento y enigma y espantoso azar, hasta que la voluntad creadora añade: "¡Pero así lo quería yo!"

Hasta que la voluntad creadora añade: "Pero así lo quiero yo. Así lo querré".

¿Ha hablado ya así? ¿Y cuándo sucederá eso? ¿Se ha librado ya la voluntad de su propia locura?

¿Se ha hecho ya la voluntad para sí misma redentora y mensajera de alegría? ¿Ha olvidado el espíritu de venganza y todos los rechinamientos de dientes?

¿Y quién le ha enseñado la reconciliación con el tiempo y algo más alto que toda reconciliación?

Hace falta que la voluntad quiera algo más alto que toda reconciliación, pero ¿quién la enseñará a querer hacia atrás?"

En este punto de su discurso se detuvo súbitamente Zaratustra como aterrorizado. Contempló a sus discípulos con ojos espantados. Su mirada penetraba como una flecha en sus pensamientos y en el fondo de sus pensamientos. Mas al cabo de un momento volvió a reír de nuevo y dijo con calma:

"Es difícil vivir entre los hombres, porque es difícil callarse. Sobre todo, para un hablador".

Esto dijo Zaratustra. Pero el jorobado había escuchado la conversación tapándose la cara. Cuando oyó reír a Zaratustra levantó la cara con curiosidad y dijo lentamente: "¿Por qué Zaratustra nos habla de modo distinto que a sus discípulos?"

Zaratustra respondió: "¿Qué hay en ello de extraño? ¡Con seres contrahechos bien se puede hablar de una manera contrahecha!"

"¡Sí! –dijo el jorobado–. Y con discípulos bien se puede hacer el dómine.

Pero, ¿por qué Zaratustra habla a sus discípulos de otro modo que a sí mismo?"

DE LA PRUDENCIA HUMANA

"No es la altura: ¡Lo terrible es la pendiente!

La pendiente desde donde la vista se precipita *a lo hondo* y la mano se tiende *hacia la cumbre.* Allí es donde se apodera del corazón el vértigo de su doble voluntad.

¿Adivináis, amigos míos, la doble voluntad de mi corazón?

Esa, es *mi* pendiente y mi peligro: ¡se precipita mi mirada hacia la cumbre, mientras mi mano quisiera afianzarse. .. en el abismo!

Se aferra mi voluntad al hombre, me ato al hombre con cadenas, mientras tira de mí hacia lo alto el Superhombre: porque allá quiere ir mi otra voluntad.

Y *por eso* vivo ciego entre los hombres, como si no los conociese: para que mi mano no pierda enteramente su fe en las cosas sólidas.

No os conozco a vosotros, hombres: esa es la oscuridad y el consuelo que me envuelven a menudo.

Yo me siento para ver pasar a todos los pícaros y pregunto: ¿Quién quiere engañarme?

Mi primera prudencia humana es dejarme engañar para no tener que estar en guardia contra los engañadores.

Si yo estuviese en guardia ante el hombre, ¿cómo podría ser el hombre un ancla para mi barco? ¡Con facilidad me vería arrastrado a lo lejos!

La providencia que preside mi destino es no tomar precauciones.

Y el que no desee morir de sed entre los hombres, debe saber beber en todos los vasos, y el que quiera permanecer puro entre los hombres debe aprender a lavarse con agua sucia.

Y muchas veces me he dicho para consolarme: "¡Vamos, viejo corazón! Esquivaste una desdicha: ¡alégrate de ello como de una ventura!"

Pero esta es mi otra cordura humana: yo trato con más miramiento a los *vanidosos* que a los orgullosos.

¿No es la vanidad herida madre de todas las tragedias? En cambio cuando se hiere el orgullo nace algo mejor que él.

Si se ha de representar el espectáculo de la vida, es necesario representarlo bien, y para ello se necesitan buenos actores.

Todos los vanidosos me han parecido buenos actores: representan y ansían que se disfrute en verlos: todo su espíritu está en esa voluntad. Ellos representan y se inventan; me agrada contemplar la vida a su lado: así se cura la melancolía.

Por eso soy diferente con los vanidosos: porque son los médicos de mi melancolía y me apegan al hombre como a un espectáculo.

Por otro lado, ¿quién puede medir en toda su profundidad la modestia del vanidoso?

Yo le quiero bien y le compadezco por su modestia.

Quiere aprender su fe en sí mismo de los otros; se alimenta de nuestras miradas y come en el elogio de vuestras manos.

Si mentís bien acerca de él cree hasta en vuestras mentiras, porque en el fondo de su corazón, suspira: "¿Qué *soy yo?*"

Y si la verdadera virtud es la que no sabe nada de sí misma, ¡el vanidoso no sabe nada de su modestia!

Y esta es mi tercera prudencia humana: Yo no quiero privarme de la vista de los malos por una timidez como la vuestra.

Soy dichoso viendo los milagros que hace brotar el ardiente sol: tigres, palmeras y serpientes de cascabel.

También entre los hombres se ven hermosas crías del ardiente sol, y muchas cosas maravillosas entre los malos.

Es cierto que, así como los más prudentes entre vosotros no me parece que lo sean por entero, también me ha parecido la maldad de los hombres inferior a su reputación.

Y con frecuencia me he preguntado, moviendo la cabeza: ¿Por qué sonáis aún, serpientes de cascabel?

Hay un porvenir, aun para el malo, y todavía no se ha descubierto para el hombre el mediodía más ardiente.

¡Cuántas cosas existen que se llaman ya hoy las peores de las maldades, y que, sin embargo, no tienen más de doce pies de anchas y tres meses de largas! Pero un día llegarán al mundo dragones mayores.

¡Porque para que el Superhombre tenga su dragón, el superdragón digno de él, es preciso que muchos soles ardientes caldeen las húmedas selvas vírgenes!

Es necesario que vuestros gatos monteses se hayan vuelto tigres, y vuestros sapos venenosos cocodrilos, porque es necesario que el buen cazador tenga buena caza.

¡Y la verdad, justos y buenos! ¡Hay en vosotros muchas cosas que se prestan a risa, sobre todo vuestro temor al que hasta ahora se ha llamado demonio!

¡Está vuestra alma tan lejos de lo que es grande, que el Superhombre os resultaría *espantoso* en su bondad!

Y vosotros, ¡sabios e ilustrados!, huiríais ante el ardor solar de la sabiduría en que baña su desnudez el Superhombre.

Mi duda sobre vosotros y mi risa secreta, hombres superiores con quienes ha tropezado mi mirada, es ésta: ¡adivino que trataríais a mi Superhombre de demonio!

¡Ay! ya estoy cansado de esos hombres superiores, hasta de los mejores de entre ellos: ¡quiero elevarme de su "altura", siempre hacia arriba, para alejarme de ellos, para ir hacia el Superhombre!

Cuando vi desnudos a los mejores de entre ellos sentí un escalofrío; fué entonces cuando me nacieron alas para cernerme en porvenires lejanos.

En porvenires más lejanos, en mediodías más meridionales aún que los que haya podido soñar un artista: ¡allá donde los dioses se avergüenzan de todo vestido!

Pero a *vosotros*, hermanos y prójimos míos, quiero veros disfrazados y bien adornados, y vanidosos, y dignos como los "buenos y justos".

Y también yo quiero estar disfrazado entre vosotros, para *desconoceros* y para desconocerme a mí mismo: porque esta es mi última prudencia humana".

Así hablaba Zaratustra.

LA HORA SILENCIOSA

"¿Qué me ha pasado, amigos míos? ¿Me veis desconcertado, hostil, obedeciendo, a pesar mío, dispuesto a marcharme? ¡A marcharme lejos de *vosotros!*

Sí; es menester que Zaratustra vuelva otra vez a su soledad; pero esta vez el oso vuelve sin alegría a su cueva.

¿Qué me ha pasado? ¿Qué es lo que me obliga a partir? ¡Ay! Mi dueña colérica lo quiere así: me ha hablado. ¿Os dije alguna vez su nombre?

Ayer, hacia la noche, me habló *mi hora más silenciosa:* ese es el nombre de mi terrible dueña.

Y ved lo que pasó, pues es necesario que os lo cuente todo para que vuestro corazón no se endurezca contra el que se va precipitadamente.

¿Conocéis el terror del que se adormece?

Tiembla todo él, porque el suelo acaba de faltarle y principia a soñar.

Os digo esto a modo de parábola. Ayer a la hora más silenciosa, me faltó el suelo: comenzó el ensueño.

El minutero avanzaba; el reloj de mi vida respiraba. Jamás oí tanto silencio alrededor mío: mi corazón se estremecía de espanto. En esto me dijeron sin voz: "*¡Tú lo sabes, Zaratustra!*"

Y yo grité horrorizado al oír esos murmullos, y la sangre huía de mi rostro. Pero callé.

Entonces volvieron a decirme sin voz: "¡Tú lo sabes, Zaratustra; pero no lo dices!"

Y al fin respondí: "¡Sí; lo sé pero no quiero decirlo!"

Entonces volvieron a decirme sin voz: "¿No *quieres,* Zaratustra? ¿De veras? ¡No te escudes tras tu terquedad!"

Yo lloraba y temblaba como un niño, y dije: "¡Bien quisiera; pero eso es superior a mis fuerzas!"

Volvieron a decirme sin voz: "¿Tú qué importas, Zaratustra? ¡dí tu palabra y muere!"

Y respondí: "¡Ay! *¿Mi* palabra? ¿Quién soy *yo?* Espero uno más digno; yo ni siquiera soy digno de sucumbir".

Volvieron a decirme sin voz: "¿Tú qué importas? Tú no eres aún bastante humilde; la humildad tiene la piel más dura".

Y yo respondí: "¿Qué no ha sufrido la piel de mi humildad? Yo habito a los pies de mi altura. Nadie me ha indicado aún la elevación de mis cumbres, pero yo conozco bien mis valles".

Entonces volvieron a decirme sin voz: "¡Oh, Zaratustra! Quien tiene que transportar montañas, también transporta valles y hondonadas".

Y yo respondí: "Mi palabra no ha transportado aún montañas, y lo que yo he dicho no ha llegado a los hombres. Verdad es que he andado entre ellos, pero aún no he llegado a alcanzarles".

Entonces volvieron a decirme sin voz: "¿Qué sabes tú de *eso?* En el momento más silencioso de la noche cae el rocío sobre la hierba".

Y yo contesté: "Cuando he descubierto y seguido mi propia vida se han burlado de mí, y entonces me temblaban los pies".

Y me dijeron así: "¡Olvidaste el camino, y ahora hasta el andar!"

Entonces volvieron a decirme sin voz: "¿Qué importan sus mofas? Tú eres uno que ha olvidado obedecer: ahora debes mandar.

¿No sabes tú de quién tienen todos necesidad? Del que ordena las grandes cosas.

Es difícil realizar grandes cosas; pero es más difícil aún ordenar grandes cosas.

Lo que no se te puede perdonar es que tienes el poder y no quieres reinar".

Y yo respondí: "Me falta la voz del león para mandar".

Volvieron entonces a decirme como en un susurro: "Las palabras más silenciosas son las que desencadena la tempestad. Los pensamientos que vienen como palomas son los que dirigen el mundo.

Zaratustra, es preciso que marches como fantasma de lo que vendrá algún día: Así mandarás, y mandando irás delante".

Y yo respondí: "Me da vergüenza".

Entonces volvieron a decirme sin voz: "Es necesario que te vuelvas niño y deseches la vergüenza".

Todavía tienes el orgullo de la juventud: te has hecho joven demasiado tarde; pero el que quiera hacerse niño, debe también vencer su juventud.

Reflexioné algún tiempo temblando. Mas al fin volví a repetir lo primero que había dicho: "¡Nō quiero!"

Entonces se oyó alrededor de mí algo como una carcajada. ¡Aquella risa me destrozaba las entrañas y me partía el corazón!

Y por última vez me dijeron: "¡Tus frutos están maduros, Zaratustra, pero tú no estás maduro para tus frutos!

Es necesario que vuelvas a la soledad".

Y se oyó otra carcajada huidiza: después todo quedó en calma, como en un doble silencio. Pero yo estaba tendido en el suelo y bañado en sudor.

Amigos míos ya lo habéis oído todo; no os he ocultado nada, y ahora sabéis por qué debo volver a mi soledad.

Pero también habéis aprendido de mí *quién* es siempre el más discreto entre los hombres.

Aún tendría que deciros algo ¡amigos míos!, aún tendría algo que daros. ¿Por qué no os lo doy? ¿Es que soy un avaro?"

Cuando Zaratustra dijo estas palabras quedó embargado por el dolor y el pensamiento de abandonar a sus amigos, hasta el punto de echarse a llorar sin que nadie pudiera consolarle. Pero se fué solo, de noche, dejando a sus amigos.

TERCERA PARTE

"Vosotros miráis hacia arriba... yo como estoy tan alto...
El que escala altos montes... de todas las tragedias y escenas de la vida."

Zaratustra.

Leer y Escribir, I, pág. 35.

EL VIAJERO

Sería próximamente la media noche cuando Zaratustra emprendió su camino por la cumbre de la isla para llegar de madrugada a la ribera; porque allí quería embarcarse. Había en esta ribera una buena rada, donde solían anclar los barcos extranjeros, y estos barcos conducían a los habitantes de las Islas Bienaventuradas que querían cruzar el mar. Mientras ascendía por la montaña, iba pensando Zaratustra en los múltiples viajes solitarios que había hecho desde su juventud y en las muchas montañas y cimas que ya había escalado.

"Yo soy un viajero y un escalador de montañas –dijo a su corazón–; no me gustan los llanos, y parece que no puedo estarme quieto mucho tiempo.

Y sea el que fuere mi destino, sea el que fuere el acontecimiento que me aguarde, siempre será para mí un viaje y una ascensión. A la postre, sólo se vive uno a sí mismo.

Mi ser propio está al fin de regreso, acaba de volver y con

él cuanto anduvo durante mucho tiempo por tierras extrañas desperdigado entre todas las cosas y todos los azares.

Pasó el tiempo en que podían sorprenderme los azares, y ¿qué me sucedería aún que no conozca ya?

Y sé algo más: Ahora estoy delante de mi última cumbre y de lo que me ha sido ahorrado durante mucho tiempo. ¡Ay! tengo que seguir mi camino más difícil. ¡Ay! He comenzado mi viaje más solitario.

Pero el que es de mi condición no puede librarse en semejante hora de la hora que le dice: "¡solamente ahora sigues tu camino de grandeza! ¡Ahora se han confundido la cumbre y el abismo!

Sigues tu camino de grandeza: ¡ahora, lo que hasta aquí fué tu último peligro, se ha convertido en tu último refugio!

Sigues tu camino de grandeza: ¡ahora te dará ánimo saber que ya no existe camino detrás de ti!

Sigues tu camino de grandeza: ¡aquí nadie se deslizará persiguiéndote! tus mismos pasos han borrado tu camino, y sobre él está escrito: "imposibilidad".

Y si en adelante te faltan todas las escalas, será necesario que sepas trepar sobre tu propia cabeza: ¿cómo querrías, de otro modo, subir más arriba?

¡Sobre tu propia cabeza y por encima de tu propio corazón! ¡Ahora lo más suave se te hará lo más duro!

Al que siempre se ha cuidado mucho, el exceso de cuidados termina por ser una enfermedad. ¡Bendito sea lo que endurece! ¡No alabo yo al país donde fluyen manteca y miel!

Para ver *muchas cosas*, hay que saber mirar lejos de *sí*: esta dureza es necesaria para todos los que escalan montañas.

Pero el que va en busca del conocimiento con ojos indiscretos, ¿cómo podría ver más que el primer término de las cosas?

¡Mas tú, Zaratustra, que querías ver todas las razones y la entraña de las cosas, tendrás que pasar por encima de ti mismo, y subir, subir hasta que tus mismas estrellas queden *por debajo de ti!*

¡Sí! ¡Mirar hacia abajo sobre mí mismo y sobre mis estrellas:

a eso yo llamo mi *cumbre*, y esa es la *última cumbre* que me queda por escalar!"

Así se hablaba Zaratustra mientras subía, consolando su corazón con duras máximas, porque tenía herido el corazón como nunca. Y cuando llegó a lo alto de la cúspide, vió extenderse ante él el otro mar: quedó entonces inmóvil guardando silencio durante largo rato. En aquella altura la noche era fría, clara y estrellada.

Al fin, dijo con tristeza: "Estoy dispuesto. Acaba de comenzar mi última soledad.

¡Qué mar tan triste y tan negro a mis pies! ¡Qué sombría y nocturna pesadilla! ¡Ah, destino y océano! ¡Es preciso que yo *descienda* ahora hacia vosotros!

Estoy delante de mi más alta montaña, y delante de mi más largo viaje; por eso tengo que descender mucho más abajo que lo que nunca descendí. Mucho más abajo en el dolor de lo que nunca bajé; ¡hasta las ondas más negras del dolor! Así lo quiere mi destino. Estoy dispuesto.

¿De dónde vienen las más altas montañas? Así me preguntaba yo en otro tiempo, y entonces supe que vienen del mar.

Ese testimonio está escrito en sus peñascos y en las laderas de las cumbres. Desde lo más bajo debe levantar su cumbre lo más alto".

Así hablaba Zaratustra en la cúspide de la montaña donde reinaba el frío, pero cuando llegó a la orilla del mar y se encontró solo entre las rocas, se sintió fatigado de su caminata y más lleno aún de deseos que nunca.

"Todo duerme aún –dijo–; también está dormido el mar. Me dirige una mirada extraña y somnolienta.

Pero siento su aliento cálido; y veo a la vez que sueña. Se agita soñando sobre duros almohadones.

¡Escucha! ¡Escucha! ¡Cómo le acosan y le hacen gemir los malos recuerdos! ¿O son malos presagios?

¡Ay! ¡Estoy triste como tú, monstruo sombrío, y enojado conmigo mismo por ti!

¡Ay! ¡Por qué no tiene bastante fuerza mi mano! ¡Cuánto me agradaría librarte de tus malos sueños!"

Mientras hablaba así, Zaratustra se reía de sí mismo con melancolía y amargura. "¿Todavía quieres, Zaratustra, cantar consuelos al mar? ¡Ay, Zaratustra, loco rico en amor, ebrio de confianza! Pero así fuiste siempre; siempre te has acercado familiarmente a todas las cosas terribles.

Tú querías acariciar a todos los monstruos. El soplo de un aliento cálido, un poco de vello suave en las garras, pero inmediatamente estaba dispuesto a amar y atraer.

El *amor*, el amor a cualquier cosa, con *tal de que viva*, es el peligro del verdadero solitario. ¡Verdaderamente, se prestan a risa mi locura y mi modestia en el amor!"

Así hablaba Zaratustra y se echó a reír otra vez; pero al pensar entonces en sus amigos abandonados, y como si en su pensamiento hubiese pecado contra ellos, se enojó contra sí mismo por su pensamiento. Y al punto su risa se convirtió en llanto: Zaratustra lloró amargamente de cólera y de ansiedad.

DE LA VISION Y DEL ENIGMA

I

Cuando los marineros supieron que se hallaba en el barco Zaratustra —pues, a la vez que él, había ido a bordo un hombre de las Islas Bienaventuradas—, se despertó una gran curiosidad y una gran expectación. Pero Zaratustra permaneció silencioso durante dos días, permaneció frío y sordo, de puro triste. Por lo tanto, no respondió ni a las miradas ni a las preguntas. La noche del segundo día se abrieron, por fin, sus oídos aunque todavía seguía callado; porque en aquel barco, que venía de lejos y que quería ir más lejos todavía, se podían oír muchas cosas extrañas y peligrosas. Pero Zaratustra era amigo de todos los que hacen varios viajes y no saben vivir sin peligro. Y así, escuchando, se desató su propia lengua y se rompió el hielo de su corazón. Entonces empezó a hablar así:

"A vosotros, intrépidos exploradores y aventureros que os habéis embarcado con velas astutas en mares terribles.

A vosotros que estáis ebrios de enigmas, gozosos de las medias luces, almas atraídas por todas las flautas a todas las vorágines engañosas: porque no queréis seguir a tientas y con ma no temerosa un hilo conductor; y donde quiera que podéis *adivinar* detestáis *concluir*.

Tan sólo a vosotros cuento el enigma que *vi*: la visión del verdadero solitario.

Con rostro sombrío atravesé últimamente el pálido crepúsculo —con rostro sombrío y duro y con los labios apretados—.

Más de un sol se había puesto para mí.

Un sendero que ascendía insolentemente a través de ruinas, un sendero avieso y solitario que no tenía ya hierba ni matorrales, un sendero de montaña resonaba ante el desafío de mis pasos.

Mis pies se apresuraban hacia arriba, mudos en medio del irónico crujir de los guijarros, aplastando la piedra que los hacía resbalar.

Iban hacia arriba resistiendo al espíritu que los atraía hacia abajo, hacia el abismo: desafiando al espíritu de la pesadez, mi demonio y mi enemigo mortal.

Hacia arriba aunque gravitase sobre mí el espíritu de la pesadez, mitad enano, mitad topo, paralizado, paralizador, vertiendo plomo en mis oídos y vertiendo en mi cerebro, gota a gota, pensamientos de plomo.

"¡Oh, Zaratustra! —me susurraba, sílaba a sílaba—, ¡piedra de la sabiduría!, ¡te has lanzado hacia lo alto pero toda piedra arrojada debe volver a caer!

¡Oh, Zaratustra, piedra de la sabiduría, piedra lanzada, destructor de estrellas! A ti mismo es a quien has lanzado tan alto, ¡pero toda piedra arrojada debe volver a caer!

Condenado a ti mismo y a tu propia lapidación, ¡oh, Zaratustra!, has arrojado muy lejos la piedra... pero ¡volverá a caer sobre *ti*!"

Calló entonces el enano y tanto tiempo permaneció en silencio que me sentía oprimido. ¡Así, cuando uno se desdobla en dos, está verdaderamente más solitario que cuando es uno solo!

Yo subí, subí más y más, soñando y pensando; pero todo me oprimía. Parecía un enfermo agotado por el sufrimiento y a quien una pesadilla despierta de su sopor.

Pero yo poseo algo a lo que llamo valor: es lo que hasta ahora ha matado en mí todo humor sombrío. Ese valor me hizo al fin detenerme y decir: "¡Enano! ¡uno de los dos debe desaparecer: tú o yo!"

El valor es el mejor matador; el valor que *ataca*, porque siempre se ataca a tambor batiente.

Él hombre es el animal más valeroso y por eso ha dominado a todos los animales. A tambor batiente ha domeñado todos los dolores; y el dolor humano es el dolor más profundo.

El valor mata también el vértigo al borde de los abismos: ¿Y dónde no se encuentra el hombre al borde de abismos? Aun mirar, ¿no es mirar abismos?

El valor es el mejor de los matadores: mata también la compasión. Y la compasión es el abismo más profundo: tan hondo como el hombre vé en el fondo del sufrimiento, así de hondo vé en el fondo de la vida.

El valor es el mejor de los matadores: el valor que ataca y que acabará por matar a la muerte, porque dice: ¿Cómo? ¿Era eso la vida? ¡Vaya! ¡Volvamos a empezar!"

En tal máxima resuena mucho el tambor bélico. Que el que tenga oídos oiga.

II

"¡Detente, enano! —dije—. ¡Yo o tú! Pero yo soy el más fuerte de los dos: ¡Tú no conoces mi más profundo pensamiento! *¡Ese*, no podríais llevarle!"

Entonces se aligeró mi carga, al saltar de mis hombros el indiscreto enano. Se acurrucó en una piedra delante de mí, pero en el sitio en que nos detuvimos, había, como por casualidad, un pórtico.

"¡Enano! —le dije—. ¡Mira ese pórtico, enano! Tiene dos caras. Aquí se reúnen dos caminos: Nadie los ha seguido aún hasta su término.

Esta larga calle que desciende dura una eternidad, y esta otra larga calle que asciende es otra eternidad.

Esos caminos son opuestos, van uno contra otro, y sólo aquí, en este pórtico, se encuentran. El nombre del pórtico está escrito encima de él: se llama "instante".

Pero si alguien siguiese siempre, cada vez más allá, uno de estos caminos, ¿crees tú, enano, que se opondrían eternamente?"

"Todo lo que es recto miente –murmuró el enano con desdén–. Toda verdad es curvada; el tiempo mismo es un círculo."

"¡Espíritu de la pesadez! –dije colérico–. ¡No tomes las cosas con tanta ligereza, o te dejo ahí donde estás arrebujado, y no olvides que soy yo quien te ha traído *aquí arriba!*

Observa este instante –añadí–. Desde este pórtico del momento una larga y eterna calle va *hacia atrás*: detrás de nosotros hay una eternidad.

Todo lo que es *capaz* de correr, ¿no debe haber recorrido ya alguna vez esta calle? Todo lo que *puede* suceder, ¿no debe haber sucedido, ocurrido, pasado ya alguna vez?

Y si todo lo que existe ya existió, ¿qué piensas tú, enano, de este instante? Este pórtico mismo, ¿no debe también haber existido ya?

¿Y no están todas las cosas enlazadas de manera tal que este instante lleva tras sí a todo lo venidero; y, por lo tanto, a sí mismo?

¡Porque todo lo que es *capaz* de correr debe recorrer también una vez más esta larga calle que asciende!

Y esa lenta araña que se arrastra a la luz de la luna, y esa misma luz de la luna, y yo y tú, que ahora estamos reunidos en el pórtico, cuchicheando sobre cosas eternas, ¿no debemos haber pasado ya todos por aquí? ¿No debemos volver y correr eternamente por esa larga calle lúgubre?

Así hablaba yo, con voz cada vez más baja, porque tenía miedo de mis propios pensamientos, y de lo más íntimo de mis pensamientos, cuando de pronto oí aullar a un perro cerca de nosotros.

¿He oído alguna vez aullar a un perro así? Mis pensamientos indagaron en mis recuerdos, volviendo hacia atrás. ¡Sí! Cuando era niño, en mi más lejana infancia. Entonces fué.

Entonces fué cuando oí a un perro aullar así. Y le vi también con el pelo erizado, con la cabeza levantada, temblando, en medio de la noche más silenciosa, cuando hasta los perros creen en fantasmas. Y me dió lástima de él.

Porque la luna llena acababa de aparecer sigilosamente por encima de la casa; acababa de detenerse, disco inflamado, como sobre una posesión ajena, sobre la techumbre plana.

Eso fué lo que exasperó al perro, porque los perros creen

en ladrones y fantasmas. Y cuando de nuevo oí aullar así, volví a sentir compasión.

¿Pero qué había sido del enano, del pórtico y de los cuchicheos? ¿Había estado soñando? ¿Había despertado? Me encontré repentinamente entre breñas bravías, solo, abandonado, a la luz de la luna más solitaria.

¡Pero allí yacía un hombre! Y el perro, saltando, con el pelo erizado, gimiendo —ahora que me veía ir—, empezó a aullar nuevamente, a *gritar.* ¿He oído yo alguna vez a un perro pedir así socorro?

Nunca había visto nada semejante a lo que vi allí. Vi a un pastor joven que se retorcía anhelante y convulso, con el rostro descompuesto y una pesada serpiente negra colgada de su boca.

¿Vi yo jamás tal repugnancia y tan pálido espanto en un rostro?

Sin duda dormía cuando la serpiente se el introdujo en la garganta y se había aferrado allí.

Empecé a tirar de la serpiente, a tirar en vano. No conseguía arrancarla de la garganta. Entonces algo gritó en mí: ¡muerde! ¡arráncale la cabeza! ¡muerde siempre!"

Algo gritaba en mí; mi espanto, mi odio, mi repugnancia, mi compasión, todo mi bien y mi mal se pusieron a gritar en mí en un solo grito.

Bravos que me rodeáis, exploradores, aventureros, quien quiera que seais, vosotros, que os habéis embarcado con velas astutas en mares inexplorados; vosotros que disfrutáis con los enigmas:

¡Adivinadme el enigma que contemplé entonces y explicadme esta visión del más solitario!

Porque aquello fué una visión y una previsión: *¿qué* símbolo era el que vi entonces? ¿y *quién* es el que aún debe venir?

¿Quién es el pastor a quien se le ha metido la serpiente en la garganta? *¿Quién* es el hombre en cuya garganta se atravesará así lo más negro y terrible que hay?

Pero el pastor empezó a morder, como mi grito le aconsejaba; ¡dió una dentellada firme! Escupió lejos de sí la cabeza de la serpiente y dió un salto.

Ya no era ni hombre ni pastor; ¡estaba transformado, irradiante; *reía!* ¡Jamás he visto a nadie que riera como *él!*

Yo he oído una risa, hermanos míos, que no era la risa de un hombre; y ahora, me acosa una sed, un deseo que nunca se saciará.

Me acosa el deseo de esa risa. ¡Oh! ¡Cómo podría yo soportar morir ahora!"

Así hablaba Zaratustra.

DE LA BEATITUD INVOLUNTARIA

Con tales enigmas y tales amarguras en el corazón, pasó Zaratustra el mar. Pero cuando se encontraba a cuatro jornadas de las Islas Bienaventuradas y de sus amigos, había dominado todo su dolor: victorioso y con pie firme estaba de nuevo afirmado en su destino. Y entonces Zaratustra habló así a su conciencia radiante de alegría:

"De nuevo estoy solo, y quiero estarlo; solo con el cielo sereno y con la mar libre; y de nuevo reina la tarde alrededor de mí.

Por la tarde encontré, por vez primera, a mis amigos; por la tarde también las otras veces: A la hora en que toda luz se torna más tranquila.

Porque los rayos de felicidad que aún están en camino entre el cielo y la tierra, buscan un refugio en un alma luminosa. Ahora la *felicidad* ha vuelto más tranquila toda luz.

¡Oh, tarde de mi vida! También mi ventura descendió un día al valle para buscar un refugio, y entonces encontró esas almas abiertas y hospitalarias.

¡Oh, tarde de mi vida! ¡Qué no he dado yo para conseguir una sola cosa: ese vivo plantel de mis pensamientos y esa luz matinal de mis más altas esperanzas!

Un día el creador buscó los compañeros y los hijos de *su* esperanza, y resultó que no podía encontrarles si no empezaba por crearlos él mismo.

Estoy, pues, en medio de mi obra, yendo hacia mis hijos y volviendo de entre ellos: por sus hijos debe Zaratustra concretarse a sí mismo.

Porque sólo ama uno con todo el corazón a su hijo y a su

obra; y donde hay un gran amor de sí, es señal de fecundidad: he ahí lo que yo he observado.

Aún se hallan en su primera primavera, sacudidos todos por el viento, mis hijos, árboles de mi salud y de mi tierra mejor.

¡Y en verdad, donde se encuentran juntos tales árboles, existen Islas Bienaventuradas!

Pero para que aprendan la soledad, la altivez y la prudencia, quieren transplantarlos un día separadamente.

Nudoso y retorcido, con dureza flexible, debe erguirse cada uno cerca del mar, como faro viviente de la vida invencible, allá donde se precipitan las tempestades en el mar, donde la falda de la montaña es bañada por el sol; allá deberá estar de centinela cada uno, día y noche, para hacer su examen de conciencia.

Es preciso que sea reconocido y probado, para que se sepa si es de mi raza y de mi origen, si es dueño de una gran voluntad; silencioso hasta cuando hable y condescendiente en forma que *tome* cuando dé.

A fin de que llegue a ser un día mi colaborador, uno de los que escribían mi voluntad en mis tablas para el pleno cumplimiento de todas las cosas.

Y por él y sus semejantes debo yo completarme a *mí* mismo; por eso me sustraigo ahora a mi felicidad y me ofrezco a todos los infortunios para mi última prueba y reconocimiento.

Y ya era tiempo, ciertamente, de que yo partiese; y la sombra del viajero y el tedio más largo y la hora más silenciosa, todos me han dicho: ¡Ya es la hora!

El viento ha soplado por el agujero de la cerradura y me ha dicho: "ven"; la puerta se ha abierto disimuladamente y ha dicho "ve".

Pero yo estaba encadenado por el amor a mis hijos: el anhelo de amor me tendía otro lazo para que fuese presa de mis hijos y me perdiese por ellos.

Anhelar es ya para mí perderme. *¡Yo os tengo, hijos míos!* En esta posesión todo debe ser certidumbre y nada anhelo.

Pero me abrasaba el sol de mi amor. Zaratustra se cocía en su propio jugo; entonces pasaron por mí sombras y dudas.

Ya deseaba el frío y el invierno: "¡Oh! ¡que el frío y el invierno me hagan de nuevo tiritar y dar diente con diente!"

—suspiraba yo—. Y entonces se levantaron en mí brumas glaciales.

Mi pasado rompió sus tumbas; más de un dolor enterrado vivo se despertó: no habían hecho más que dormir envueltos en sudarios.

Todo me gritaba en signos: "¡Ya es la hora!", pero yo no oía; hasta que, al fin, mi abismo comenzó a agitarse, y me mordió mi pensamiento.

¡Ay! ¡Pensamiento que vienes de mi abismo! ¿Cuándo encontraré fuerzas para oírte cavar y no temblar?

¡Los latidos del corazón me llegan a la garganta en cuanto oigo que cavas! Tu mismo silencio de abismo quiere ahogarme.

Jamás me he atrevido a llamarte a la *superficie*: ¡ya era suficiente que te llevara en mí! No he tenido suficiente fuerza aún para la última audacia, para la temeridad del león.

Siempre me ha resultado terrible su pesadez; ¡pero he de encontrar algún día la fuerza y la voz del león para hacerte subir a la superficie!

Cuando yo haya conseguido ese triunfo, conseguiré otro mayor aún, y una *victoria* será el sello de mi realización.

Mientras tanto, sigo vagando por mares de incertidumbre, acariciado por el azar seductor; miro hacia atrás y hacia adelante, y aún no descubro el fin.

Todavía no ha llegado la hora de mi última lucha —¿o quizá llega en este momento?—. ¡En verdad, me miran y me circundan con una belleza maligna el mar y la vida!

¡Oh, tarde de mi vida! ¡Oh, felicidad de la víspera! ¡Oh, puerto en pleno mar! ¡Oh, paz en la incertidumbre! ¡Cómo desconfío de todos vosotros!

¡Desconfío de vuestra pérfida belleza! Me asemejo al amante que desconfía de una sonrisa demasiado dulce.

Como el celoso rechaza a la amada, tierno hasta en su dureza, así rechazo yo esta hora venturosa.

¡Lejos de mí, hora venturosa! ¡Contigo he sido, a pesar mío, bienaventurado! Aquí estoy, pronto a mi más profundo dolor: ¡has venido a destiempo!

¡Lejos de mí, hora venturosa! ¡Busca mejor asilo allá abajo, entre mis hijos! ¡Ve corriendo! ¡Bendíceles antes del oscurecer y dales *mi* felicidad!

Ya se aproxima la noche; se está poniendo el sol. ¡Mi dicha se fué!"

Así hablaba Zaratustra. Y esperó su desventura toda la noche, pero esperó en balde. La noche era clara y silenciosa, y la felicidad se le acercaba cada vez más. No obstante, hacia la mañana, Zaratustra, con el corazón alborozado, dijo en tono irónico: "La felicidad corre tras de mí. Eso se debe a que yo no corro tras las mujeres. Porque la felicidad es una mujer."

ANTES DE LA SALIDA DEL SOL

"¡Oh, cielo que estás sobre mí, cielo claro, cielo profundo! ¡abismo de luz! Al contemplarte, tiemblo de divinos anhelos.

Lanzarme a tu altura: ¡he ahí *mi profundidad!* Cobijarme en tu pureza: ¡he ahí *mi* inocencia!

El dios está velado por su belleza: así ocultas tus estrellas. No hablas: así me anuncias tu sabiduría.

Hoy has surgido mudo para mí, sobre espumante mar; tu amor y tu pudor se revelan a mi alma espumante.

Bello y velado en tu belleza has venido hacia mí, y revelándote por tu sabiduría me has hablado sin palabras.

¡Oh! ¡Cómo no adiviné todos los pudores de tu alma! Has venido hacia mí *antes* que el sol: ¡hacia mí, que soy el más solitario.

Somos amigos de siempre: nos son comunes nuestra tristeza, y el fondo de nuestro ser: el sol mismo nos es común.

Como sabemos demasiadas cosas no nos hablamos; callamos y nos comunicamos nuestro saber por medio de sonrisas.

¿No eres tú la luz brillante de mi fuego? ¿No eres tú el alma hermana de mi inteligencia?

Todo lo hemos aprendido juntos; juntos hemos aprendido a elevarnos por encima de nosotros y a sonreír, sin nubes hacia abajo, con ojos claros, a través de lejanías inmensas, cuando a nuestros pies se desvanecen, como llovizna, la imposición, el fin y la falta.

Y cuando yo caminaba solo, ¿de *qué* tenía hambre mi alma por las noches y en los senderos del error? Y cuando yo escalaba montañas, ¿a *quién* buscaba en las cimas sino a ti?

Y todos mis viajes y todas mis ascensiones no eran más que un expediente y recurso de la torpeza. ¡Lo que quiere mi voluntad toda es *volar*, volar hacia ti!

¿Y a qué odiaba yo más que a las nubes que pasan y a todo lo que te empaña? ¡Odiaba hasta mi propio odio, porque te empañaba!

Me son desagradables las nubes, esos gatos monteses que se arrastran y nos quitan a ti y a mí lo que nos es común: la inmensa e infinita afirmación de las cosas.

Nosotros encontramos desagradables a esos seres entrometidos que son las nubes que pasan; a esos seres mixtos e indecisos que no saben bendecir ni maldecir con todo su corazón.

¡Preferiría estar metido en un tonel, o encerrado en un abismo sin ver el cielo, que verte a ti, cielo de luz, empañado por las nubes que pasan!

Y con frecuencia he sentido deseos de detenerlas con fulgurantes hilos dorados, y al igual que el trueno, timbalear en su vientre de caldera. Timbalear de cólera, puesto que me roban tu afirmación, ¡cielo puro, cielo sereno, abismo de luz!, puesto que te roban *mi* afirmación!

Porque prefiero el ruido y el trueno y los estragos del mal tiempo a ese reposo de gatos, vacilante y mesurado. ¡Y "quien no sabe bendecir" debe aprender a *maldecir!*" Esa enseñanza me ha caído de un cielo claro: aun en las noches negras brilla esa estrella en mi cielo.

¡Pero yo bendigo y afirmo siempre, con tal que tú estés alrededor de mí, cielo claro, abismo de luz! Entonces llevo a todos los abismos mi bienhechora afirmación.

Yo he llegado a ser el que bendice y afirma; y he luchado mucho para eso: yo he sido un luchador para poder tener un día las manos libres para bendecir.

Y mi bendición consiste en estar sobre cada cosa como su propio cielo, su redondo techo, su bóveda cerúlea, y su eterna quietud: ¡y bienaventurado el que así bendice!

Porque todas las cosas se bautizan en la fuente de la eternidad, más allá del bien y del mal, pero el bien y el mal mismos no son más que sombras fugitivas, húmedas aflicciones y nubes de paso.

Ciertamente, esto que enseño es una bendición, y no una

maldición: "Sobre todas las cosas se encuentra el cielo azar, el cielo inocencia, el cielo acaso, el cielo ufanía".

"Por azar": Esa es la más vieja nobleza del mundo; yo la he restituído a todas las cosas; yo la he librado de la servidumbre del fin.

Esa libertad y esa serenidad celestiales, las he puesto como bóveda cerúlea sobre todas las cosas, al enseñar que por encima de ellas, y por ellas, ninguna "voluntad eterna" quería.

Yo he puesto, en vez de esta voluntad, aquella ufanía y aquella locura, cuando he dicho: "hay una cosa que será siempre imposible: ¡lo razonable!" *Un poco de razón*, un grano de sensatez disperso de estrella en estrella, es levadura mezclada a todas las cosas; ¡a causa de la locura se halla mezclada a todas las cosas la sensatez!

Es posible un poco de sensatez, pero yo he hallado en todas las cosas esta venturosa certidumbre; prefieren *bailar* sobre los pies del azar.

¡Oh, cielo puro y excelso! Tu pureza reside para mí en esto: que no existe araña eterna, ni tela de araña eterna de la razón. Que eres como un salón de baile para los azares divinos; que eres una mesa divina para el juego de dados y los jugadores divinos.

Pero, ¿te sonrojas? ¿He dicho cosas indecibles? ¿He maldecido queriendo bendecirte?

¿O lo que hace sonrojarte es la vergüenza de ser dos? ¿Es que me mandas que me vaya y que me calle, porque ahora viene el *día?*

El mundo es profundo, y más profundo de lo que pudo pensar nunca el día. Hay cosas que deben callarse delante del día, pero el día viene. ¡Separémonos, pues!

¡Oh, cielo que estás sobre mí, cielo púdico y ardoroso! ¡Oh felicidad antecedente a la salida del sol! El día viene. Separémonos, pues.

Así, hablaba Zaratustra.

DE LA VIRTUD QUE EMPEQUEÑECE

I

Cuando Zaratustra volvió a la tierra firme, no se fué derecho hacia su montaña y su cueva, sino que realizó bastantes correrías he hizo muchas preguntas para informarse de una porción de cosas. Y decía de él mismo bromeando: "¡Hé aquí un río que por numerosos recodos vuelve hacia su origen!" Porque quería saber qué había sido del *hombre* durante su ausencia: si se había hecho más grande o si se había empequeñecido. Y un día divisó una hilera de casas nuevas; entonces se asombró y dijo:

"¿Qué significan esas casas? ¡En verdad, ninguna alma grande las ha construído como símbolo de sí mismo!

¿Las había sacado del cajón de los juguetes un niño estúpido? ¡En tal caso, que otro niño las vuelva al cajón!

¡Y esos aposentos y desvanes! ¿Es que pueden entrar y salir de ellos los *hombres?* Están hechos como para muñecos de trapo vestidos de seda o para pequeños gatos golosos que quizá les agrade dejarse comer".

Y Zaratustra se detuvo y reflexionó. Al fin, dijo con tristeza: "¡Todo se ha vuelto más pequeño!

Por todas partes veo puertas más bajas; el que es de mi especie quizá pueda aún pasar por ellas, pero, ¡tendrá que inclinarse!

¡Oh! ¿Cuándo volveré a mi patria, donde no tendré que inclinarme ante los pequeños?" Y Zaratustra suspiró mirando a lo lejos.

El mismo día pronunció su discurso sobre la virtud que empequeñece.

II

"Paso por este pueblo y tengo los ojos abiertos: estas gentes no me perdonan que no envidie sus virtudes.

Ladran cerca de mí porque les digo que las gentes pequeñas

necesitan virtudes pequeñas, y que me es difícil concebir que la existencia de estas gentes pequeñas sea *necesaria*. Soy como gallo de corral extraño al que las mismas gallinas tratan de picar; pero no por eso guardo yo rencor a tales gallinas.

Soy indulgente con ellas, como con toda pequeña contrariedad: ser espinoso con los pequeños me parece proceder digno de los erizos.

Todos hablan de mí cuando están sentados por la noche en torno del hogar; hablan de mí, pero ¡nadie piensa en mí!

He aquí el nuevo silencio que he aprendido a conocer: el ruido que mueven alrededor de mí despliega un manto sobre mis pensamientos.

Murmuran entre ellos: ¿"Qué quiere esa sombría nube? ¡Andemos con cuidado, no nos traiga una epidemia!" Y recientemente una mujer tiró de su hijo que quería aproximarse a mí: "¡Apartad a los niños! –gritó–. ¡Esos ojos queman las almas de los niños!"

Tosen cuando hablo, creen que la tos es una objeción contra los vientos impetuosos: ¡nada adivinan del susurro de mi felicidad!

"No tenemos aún tiempo para Zaratustra"; esa es su objeción; pero, ¿qué importa un tiempo que "no tiene tiempo" para Zaratustra?

Aunque me glorificasen, ¿cómo podría yo adormecerme en su gloria?

Su alabanza es para mí como un cinturón de espinas: hasta después de quitármelo me pincha.

Y también he aprendido esto entre ellos: el que alaba hace como que devuelve, pero en realidad quiere que se le dé más.

¡Preguntad a mi pie si le agrada esa forma de alabar y atraer! Ciertamente, a ese son y compás no quiere bailar ni estarse quieto.

Procuraban hacerme el elogio de su pequeña virtud y atraerme hacia ella; quisieran que mi pie marchara al son de su pequeña felicidad.

Paso por este pueblo y tengo los ojos abiertos: los hombres se han *empequeñecido* y continúan empequeñeciéndose. *Eso se debe a su doctrina de la felicidad y de la virtud.*

Pero tienen también modestia en su virtud, porque quieren tener sus conveniencias; y sólo una virtud modesta es compatible con las comodidades.

También aprenden a andar a su modo y a andar hacia adelante: es lo que yo llamo ir renqueando. Así son un obstáculo para todos los que van de prisa.

Y los hay que van hacia adelante mirando hacia atrás, con el pescuezo estirado; de buena gana me burlaría de tales cuerpos.

Los pies y los ojos no deben mentir ni desmentirse. Pero hay muchas mentiras entre las gentes pequeñas.

Algunos de ellos quieren, pero la mayoría no son más que queridos. Algunos son sinceros, pero los más sólo son malos cómicos.

Hay entre ellos cómicos sin saberlo y cómicos sin quererlo; los sinceros son siempre raros, especialmente los cómicos sinceros.

Por eso escasea lo varonil y se masculinizan las mujeres. Porque sólo el que es bastante hombre será capaz de *libertar* en la mujer a la *mujer*.

Y la peor de las hipocresías que he encontrado entre los hombres es esta: aún los que mandan simulan las virtudes de los que obedecen.

"Yo sirvo, tú sirves, nosotros servimos", así salmodia la hipocresía de los dominantes. Y ¡ay, cuando el primer amo no es más que el primer servidor!

También se ha detenido mi curiosa mirada en su hipocresía y he sospechado su felicidad de moscas y su zumbido alrededor de las vidrieras soleadas.

Pura flaqueza es cuanta bondad veo; pura flaqueza cuanta justicia y piedad.

Son llanos, leales y benévolos unos para con otros, como son llanos leales y benévolos unos para con otros los granos de arena.

Abrazar modestamente una pequeña felicidad es lo que llaman "resignación", y a la vez miran ya de soslayo modestamente hacia otra pequeña felicidad.

En el fondo de su sencillez no albergan más que un deseo:

que nadie les haga daño. Por eso son amables con todos, y les hacen bien.

Pero eso es *cobardía*, aunque se llame "virtud".

Y cuando esos pequeños llegan a hablar con rudeza, yo no oigo en su voz más que su ronquera, ¡porque cada ráfaga de viento les enronquece!

Son hábiles y sus virtudes tienen dedos ágiles. Pero les faltan puños; sus dedos no saben desaparecer tras los puños.

La virtud es para ellos lo que modera y domestica: así del lobo han hecho un perro, y del mismo hombre el mejor animal doméstico del hombre.

"Nosotros hemos colocado la silla en *medio* —me dice su sonrisita— a la misma distancia de los gladiadores moribundos que de los cerdos refocilados.

Pero eso es *mediocridad* aunque se llame moderación.

III

Paso por este pueblo y dejo caer muchas palabras; pero no saben tomar ni retener.

Se asombran de que yo no haya venido para vituperar las intemperancias y los vicios; y, ciertamente, tampoco he venido para poner en guardia contra los ladronzuelos.

Se asombran de que yo no esté dispuesto a avivar su entendimiento: ¡Como si no tuviesen aún bastantes sabios sutiles, cuyas voces chirrían como pizarrines!

Y cuando grito: "Maldecid a todos los demonios cobardes que hay en vosotros y que gemirían de buena gana, que querrían cruzar las manos y adorar", entonces dicen ellos: "Zaratustra es un impío".

¡Los predicadores de resignación! Dondequiera que hay ruindad, enfermedad y tiña, se arrastran como piojos, y sólo por repugnancia no los aplasto.

¡Pues bien!, he aquí el sermón que predico a su oído; yo soy Zaratustra, el impío, que dice: "¿Quién hay más impío que yo, para regocijarme con su enseñanza?

Yo soy Zaratustra, el impío: ¿Dónde encontraré mi semejante? Mis semejantes son todos los que se dan a sí mismos su voluntad y se desprenden de toda resignación.

Yo soy Zaratustra, el impío: yo hago hervir en mi marmita todo lo que es casual. Y sólo cuando está hervido le doy la bienvenida para que sea mi sustento.

Y más de un accidente se ha aproximado a mí con gesto señorial; pero *mi voluntad* le habló en forma más señorial aún, y al punto se hincó de rodillas ante mí, suplicante. Me suplicaba que el diese asilo y le acogiese con cordialidad, diciéndome en todo adulador: "¡Mira, Zaratustra: sólo un amigo puede acercarse así a un amigo!"

Pero ¡a qué hablar, cuando nadie tiene *mis oídos!*, eso es lo que quiero gritar a todos los vientos:

¡Cada vez os empequeñecéis más, gentes pequeñas! ¡Os estáis desmigajando, gentes acomodaticias! Y terminaréis por hundiros con vuestra infinidad de pequeñas virtudes, de pequeñas omisiones y de pequeñas resignaciones. ¡Es nuestro suelo demasiado blando! Y para que el árbol llegue a ser *grande*, sus raíces deben abrazarse a duros peñascos.

Aun lo que omitís ayuda a tejer la tela del porvenir de los hombres; vuestra nada misma es una tela de araña y una araña que vive de la sangre del porvenir.

Y cuando tomáis, es como si robaseis, pequeños virtuosos; sin embargo, aun entre pillos dice el *honor*: "No hay que robar sino donde no se puede saquear".

"Esto se da": tal es también una doctrina de la resignación. Pero yo os digo, a vosotros, a los que amáis vuestras comodidades: *eso se toma* y tomará siempre más aún de vosotros.

¿Por qué no acabáis de una vez con esa voluntad a medias? ¿Por qué no sabéis ser igualmente decididos para la pereza como para la acción?

¡Ay! ¡que no comprendáis estas palabras mías: "Haced siempre lo que queráis, pero sed, desde luego, de los que *pueden querer!*"

Amad siempre a vuestro prójimo como a vosotros mismos; pero sed, desde luego, de los que se *aman a sí mismos;* de los que se aman con el gran amor y con el gran menosprecio".

Así hablaba Zaratustra, el impío.

¡Pero a qué hablar, cuando nadie tiene *mis* oídos! Aun es hora demasiado temprana para mí.

Soy entre las gentes de este pueblo como mi propio precursor, mi propio canto del gallo en las calles sombrías.

¡Pero llega *su* hora! ¡Y llega también la mía! De hora en hora se hacen más pequeños, más pobres, más estériles. ¡Pobre hierba! ¡Pobre tierra!

¡Pronto estarán delante de mí como hierba seca, como un desierto, y verdaderamente cansados de sí mismos y sedientos más de fuego que de agua!

¡Oh, bendita hora del rayo! ¡Oh, misterio de antes del mediodía!

Alguna vez habré de transformarlos en corrientes de fuego y en profetas de lenguas de llamas.

Profetizarán con lenguas de llamas: ¡Ya viene, ya se acerca el *Gran Mediodía!*"

Así hablaba Zaratustra.

EN EL MONTE DE LOS OLIVOS

"El invierno, mal huésped, ha entrado en mi vivienda; tengo las manos amoratadas del apretón de su amistad.

Yo honro a ese huésped maligno, pero me gusta dejarle solo, escapar de él, y, si se corre *bien*, acaba uno por conseguirlo.

Con los pies y el pensamiento calientes, corro hacia donde el viento está quieto, hacia el rincón soleado de mi monte de las Olivas.

Allí me sonrío de mi rígido huésped, y le estoy agradecido por quitarme de encima las moscas y por hacer callar una porción de ruiditos.

Porque a él no le gusta oír zumbar una mosca, y hasta la calle deja tan solitaria, que la luz de la luna llega a tener miedo de la noche.

Es un huésped duro; pero yo le honro, y no rezo al dios panzudo del fuego, como hacen los afeminados.

¡Más vale dar diente con diente, que adorar ídolos! —tal es mi condición—. Y me disgustan especialmente los dioses del fuego, con su espíritu ardiente, férvido y melancólico.

Cuando amo, amo mejor en invierno que en estío; ahora me burlo mejor y con más ánimos de mis amigos, desde que el invierno entra en mi casa.

Con valor, aun al llegar a arrebujarme en mi lecho —aun entonces ríe y gallea mi felicidad escondida—, ¿ríe también mi sueño engañador?

¿Por qué arrastrarse? Jamás en mi vida me arrastré ante los poderosos, y si mentí alguna vez fué por amor. Por eso estoy satisfecho aun en una cama de invierno.

Me calienta más un lecho humilde que un lecho lujoso, porque yo soy celoso de mi pobreza. Y en invierno es cuando me es más fiel mi pobreza.

Inicio cada día perpetrando una maldad: me burlo del invierno con un baño frío: eso hace gruñir a mi serio huésped.

También le gusta cosquillearme con una velita, para que permita al fin al cielo salir del alba cenicienta.

Pero cuando yo soy más malo es por la madrugada, a primera hora, cuando rechinan los cubos en el pozo y relinchan los caballos por las calles grises.

Entonces espero impacientemente que se ilumine el cielo; el cielo de invierno de barbas cenicientas; el viejo de cabeza blanca. El cielo de invierno silencioso que hasta sobre su sol guarda a veces silencio.

¿Aprendí yo de él el largo silencio iluminado? ¿O lo aprendió él de mí? ¿O cada uno de nosotros lo inventó por sí mismo?

Todas las cosas buenas tienen un origen múltiple; todas las cosas buenas retozan de placer a la existencia: ¡cómo no lo harían más que una vez!

También el largo silencio es una buena cosa, llena de travesura. Y como un cielo de invierno, mi rostro es límpido y reina en mis ojos la calma.

Como un cielo de invierno, yo escondo mi sol y mi inflexible voluntad de sol: Ese arte y esa malicia del invierno las he aprendido yo bien de él.

Mi arte y mi más cara malicia es que mi silencio haya aprendido a no delatarse por el silencio.

Con ruido de palabras y sonar de dados, me divierto engañando a la gente solemne que anda en acecho: quiero que mi voluntad y mi fin escapen a esos severos acechadores.

Para que nadie pueda mirar al abismo de mis razones y de mi última voluntad, he inventado el largo y caro silencio.

Me he encontrado con más de un inteligente que para que nadie pudiese mirar al través y ver el fondo, velaba su semblante y enturbiaba su profundidad.

Pero a él cabalmente acudían los astutos y desconfiados: ¡le pescaban los peces más ocultos!

Pero los claros, los bravos, los transparentes, son los que menos delatan su silencio: son tan profundos que ni aún el agua más clara puede revelar su fondo.

¡Silencioso cielo de invierno de barba nívea, blanca cabeza y ojos claros, que te alzas sobre mí! ¡Oh, símbolo divino de mi alma y de la travesura de mi alma!

¿Y no es *preciso* que yo me esconda como quien ha tragado oro, para que no me abran el alma?

No *es preciso* que yo lleve zancos, para que no vean mis largas piernas todos esos tristes envidiosos que me rodean?

Todas esas almas ahumadas, apolilladas, consumidas, enmohecidas, agrias, ¿cómo *podrían* soportar con su envidia mi felicidad?

Por eso solamente les muestro sólo el invierno y el hielo de mis cumbres; no les descubro que sobre mi montaña están todas las zonas solares.

Sólo oyen silbar mis tempestades de invierno; pero no saben que también paso por mares cálidos, como el lánguido, pesado y ardiente viento del sur.

Tienen lástima de mis reveses, pero mis palabras dicen: "dejad venir a mí el azar: es inocente como un niño".

¿Cómo *podrían* soportar mi felicidad, si yo no rodease esta felicidad de accidentes y de miserias invernales de tocas de pieles y de mantos de nieve? ¡Si yo no tuviese lástima de su *compasión*, de la compasión de esos tristes envidiosos! ¡Si no suspirase y tiritase delante de ellos, dejándome envolver pacientemente en su compasión!

Tal es la caprichosa sabiduría y la bondad de mi alma; que no oculta su invierno y sus vientos helados: ni siquiera oculta sus sabañones.

Para unos la soledad es la huída de la enfermedad; para otros es la huída ante la enfermedad.

¡Que me oigan tiritar y gemir a causa de la frialdad del invierno todos esos pobres sombríos y envidiosos que me rodean! Con tales tiritones y gemidos huyo de sus aposentos caldeados.

Que se apiaden y tengan lástima de mis sabañones: "¡Acabará por *helarse* con el hielo de su conocimiento". Así gimen.

Entre tanto yo voy de aquí para allá, con los pies calientes por mi monte de las Olivas; en el rincón soleado de mi monte de las Olivas canto y me burlo de toda compasión".

Así hablaba Zaratustra.

DE PASO

Atravesando así, lentamente, muchos pueblos y muchas ciudades, volvía Zaratustra dando rodeos hacia su montaña y su cueva. Y en esta forma llegó también de improviso a la puerta de la *gran ciudad;* pero aquí saltó sobre él un loco furioso impidiéndole el paso, con los brazos extendidos. Era el mismo loco a quien el pueblo llamaba "el mono de Zaratustra", porque imitaba algo la forma y la cadencia de su frase, y también le gustaba aprovecharse del tesoro de su sabiduría. El loco habló así a Zaratustra:

"¡Oh, Zaratustra! Esta es la gran ciudad; aquí no tienes nada que buscar y puedes perderlo todo.

¿Para qué querrías meterte en este fango? ¡Ten piedad de tus pies! ¡Escupe a la puerta de la gran ciudad y vuelve sobre tus pasos!

Este es el infierno para los pensamientos solitarios. Aquí se cuecen vivos los grandes pensamientos y se los convierte en papilla.

Aquí se pudren todos los grandes sentimientos; aquí no se oye más que el chasquido de las pequeñas pasiones resecas.

¿Es que no sientes ya el olor de los mataderos y de los bodegones de los espíritus sacrificados?

¿No humea esta ciudad con los vapores de esos espíritus?

¿No ves las almas colgadas como trapos sucios? ¡Y de esos trapos se sirven para hacer periódicos!

¿No oyes cómo aquí el ingenio se convierte en juego de palabras? ¡No es más que un repugnante juego de palabras! ¡Y con esos enjuagues hacen aquí periódicos!

Se provocan y no saben a qué. Se acaloran y no saben por qué. Repican con su hojalata y hacen sonar su oro.

Si sienten frío, buscan el calor en las bebidas fuertes; si se acaloran buscan la frescura en los espíritus frígidos; la opinión pública les consume y les pone febriles.

Todos los apetitos y todos los vicios tienen su asiento aquí, pero también hay virtuosos, hay muchas virtudes hábiles y trabajadoras, virtudes con dedos de pendolista, con carnes duras para aguantar buenas asentadas, con el pecho adornado con pequeñas condecoraciones, y con hijas empajadas y sin asentaderas.

También hay aquí mucha devoción, mucha cortesanía y muchas bajezas ante el dios de los ejércitos.

"De arriba" caen las estrellitas y los olímpicos salivazos; hacia arriba van los deseos de todos los pechos sin estrellas.

La luna tiene su corte, y la corte sus satélites; pero el pueblo pordiosero y las hábiles virtudes pordioseras imploran a todo lo que viene de la corte.

"Yo sirvo, tú sirves, nosotros servimos". Así rezan al soberano todas las virtudes hábiles, para que la estrella merecida se cuelgue al fin del pecho escuálido.

Mas la luna gira alrededor de todo lo terrestre, como gira el soberano alrededor de lo más terrestre, es decir, del oro de los tenderos.

El dios de los ejércitos no es el dios de las barras de oro: el soberano propone, pero el tendero dispone.

¡En nombre de todo lo claro, fuerte y bueno que hay en ti, Zaratustra, escupe a esta ciudad de tenderos y vuelve sobre tus pasos!

Aquí corre sangre viciada, pobre y espumosa por todas las venas; escupe a la gran ciudad que es el gran vertedero en el que se acumula toda la escoria.

Escupe a la ciudad de las almas deprimidas y de los pechos estrechos; de los ojos puntiagudos y de los dedos pegajosos;

de los importunos y de los impertinentes, de los escritorzuelos y de los vocingleros, de los ambiciosos exasperados.

A la ciudad donde se reúne todo lo carcomido, desacreditado, sensual, sombrío, podrido, ulcerado y conjurado. ¡Escupe a la gran ciudad y vuelve sobre tus pasos!"

En este momento Zaratustra interrumpió al loco furioso tapándole la boca. "¡Cállate ya! –exclamó–. Ya hace tiempo que tu lenguaje y tus modales me están fastidiando.

¿Cómo has vivido tanto tiempo a orillas del pantano hasta el punto de convertirte tú mismo en rana y sapo?

¿No corre ahora por tus propias venas una sangre pantanosa, viciada, para que hayas aprendido a blasfemar así?

¿Por qué no te has ido al bosque? ¿Por qué no has labrado la tierra? ¿No está el mar cuajado de verdes islas?

Yo desdeño tu desdén; y ya que me previenes, ¿por qué no te has prevenido a ti mismo?

Sólo del amor ha de surgir el vuelo de mi desdén y de mi ave anunciadora, ¡no del pantano!

Te llaman mi mono, loco furioso; peor yo te llamo mi cerdo gruñón; tu gruñido acabará por desacreditar mi elogio de la locura.

¿Qué fué lo que te hizo gruñir en un principio? Que nadie te adulara bastante. Por eso te sentaste al lado de esas inmundicias: para tener razones para gruñir.

Para tener diversas razones de venganza, porque la venganza, loco vanidoso, es toda tu espuma: ¡te he conocido perfectamente!

Pero tu lengua de loco me perjudica a mí, aun en aquello que tienes razón. Y así tuviesen mil veces razón las palabras de Zaratustra, *tú* me quitarías siempre la razón con mis propias palabras".

Así hablaba Zaratustra; y mirando a la gran ciudad, suspiró y quedó callado largo rato. Por último, dijo:

"También yo estoy disgustado de esta gran ciudad; no sólo es este loco el que me disgusta. Aquí y allí, nada hay que mejorar ni que empeorar.

¡Desdichada esta gran ciudad! ¡Ya quisiera ver la pira de fuego en que ha de consumirse!

Porque es preciso que tales piras de fuego precedan al gran mediodía. Pero esto tiene su tiempo y su propio destino.

A ti, loco, te doy esta enseñanza como despedida: ¡cuando ya no se puede amar se debe *pasar!*"

Así hablaba Zaratustra, y pasó por delante del loco y por delante de la gran ciudad.

DE LOS TRANSFUGAS

I

¡Ay! ¿Cómo está ya mustio y gris en este prado todo lo que no hace mucho estaba verde y lleno de color? ¡Y cuánta miel de esperanza llevé de aquí a mi colmena!

Todos estos corazones jóvenes se han hecho ya viejos: ¡y ni viejos siquiera! simplemente cansados, vulgares y cómodos. Lo explican diciendo: "Hemos vuelto a ser piadosos".

No hace mucho los vi andar briosamente a primera hora, pero se les han fatigado las piernas del conocimiento y ahora calumnian hasta su valentía de la mañana.

En verdad, más de uno levantaba antes las piernas como un bailarín, la risa le hacía señas en mi sabiduría, pero después reflexionó y acabo de verle encorvado arrastrándose hacia la cruz.

Revoloteaban antes alrededor de la luz y de la libertad, como mosquitos y jóvenes poetas. Pero ahora, un poco más viejos, un poco más fríos, ya están sentados junto al fuego como santurrones.

¿Han desfallecido porque me ha tragado la soledad como una ballena? ¿Han prestado oído, *vanamente*, durante largo tiempo, a mis trompetas y a mis llamamientos de heraldo?

¡Ay! Siempre son muy pocos los que tienen un corazón que albergue el valor por mucho tiempo y que albergue su impetuosidad: y estos pocos son los únicos de espíritu perseverante. Todos los demás son *cobardes*.

Y todos los demás forman la gran masa, lo vulgar, los que están de más. ¡Todos esos son cobardes!

El que tenga un temple como el mío tropezará en su camino con aventuras como las mías; de suerte que sus primeros compañeros deberán ser cadáveres y acróbatas. Mas sus segundos compañeros se llamarán sus *creyentes;* un enjambre humano, mucho amor, mucha locura, mucha veneración infantil.

A estos creyentes no deberá ligar su corazón el que sea de mi especie entre los hombres; en esas primaveras y en esos prados de colores variados no debe creer el que conoce la débil y fugitiva condición humana.

Si esos creyentes *pudiesen* de otra manera, también *querrían* de otro modo. Las cosas a medias perjudican al todo. Cuando las hojas se marchitan, ¡por qué quejarse!

¡Déjalas caer, Zaratustra, y no te quejes! Bárrelas con el soplo de tus vientos: ¡barre esas hojas, Zaratustra! ¡que se aleje de ti cuanto antes todo lo *marchito!*

II

"Hemos vuelto a ser piadosos". Así confiesan los tránsfugas; y muchos de ellos son aún demasiado cobardes para tal confesión. Les miro a los ojos, y les digo en su cara sonrojada: ¡Vosotros sois de los que *rezan* de nuevo!

¡Sin embargo, es una vergüenza rezar! No para todo el mundo, pero sí para ti y para mí y para todos los que tienen su conciencia en la cabeza. ¡Para *ti,* es una vergüenza rezar!

Bien lo sabes tú: el demonio cobarde que se complace dentro de ti en juntar las manos y cruzar los brazos, y que desearía tener una vida más fácil, ese demonio cobarde te ha dicho: "¡Hay un Dios!"

Así formas parte de los que huyen de la luz, de aquellos a quienes la luz no deja descansar; ahora tienes que hundir a diario la cabeza más profundamente en la noche y en las tinieblas.

Y, en verdad, has elegido bien tu hora: porque ya las aves nocturnas han vuelto a emprender el vuelo. Ha llegado la hora del reposo en que no se *reposa.*

Lo oigo y lo huelo: ha llegado la hora de su caza, no de una caza salvaje, sino mansa, suave, husmeando por los rincones sin hacer más ruido que el murmullo de los rezos. Caza de santurrones llenos de alma: ¡ya están preparadas de nuevo todas las ratoneras de los corazones! Y donde quiera que levante una cortina se precipita fuera una mariposa nocturna.

¿Estaba oculta allí con otra mariposa nocturna? Porque en todas partes presiento pequeñas comunidades escondidas; y donde quiera que hay escondites hay nuevos beatos y olor de beatos.

Durante noches enteras se sientan en compañía y se dicen: "¡Volvamos a ser como los niños e invoquemos al Señor!" Los piadosos confiteros les han echado a perder la boca y el estómago.

Contemplan durante largas noches alguna astuta araña en acecho, que predica la astucia a las arañas mismas, diciendo: "¡Bueno es tejer debajo de las cruces!"

O permanecen sentados días enteros, provistos de cañas de pescar, a orillas de los pantanos y creen que eso es ser *profundo;* pero el que pesca donde no hay peces me parece que ni siquiera es superficial.

O aprenden a tocar el arpa con un coplista que desearía insinuarse en el corazón de las jovencitas, porque ya está cansado de las viejas y de sus alabanzas.

O aprenden a asustarse con un sabio medio trastornado que aguarda en cuartos oscuros a que aparezcan los espíritus ¡mientras su espíritu desaparece por completo!

O escuchan a un viejo charlatán, músico ambulante, a quien la tristeza ha enseñado entonaciones quejumbrosas.

Ahora silba como el viento y predica la tristeza en tono compungido.

Algunos hasta se han hecho serenos, y ahora tocan el cuerno, rondan la noche y despiertan cosas antiguas que hace mucho tiempo habían quedado dormidas.

Oí ayer noche, junto a las viejas tapias de un jardín, algunas palabras acerca de estas cosas antiguas; procedían de esos viejos serenos tristes y secos.

"Como padre, no vela bastante por sus hijos; los padres humanos lo hacen mejor que él". "Es demasiado viejo. Ya no se ocupa de sus hijos". Así respondió el otro sereno.

"¿Pero *tiene* hijos? ¡Nadie puede probarlo, si él mismo no

lo prueba! Hace mucho tiempo querría yo que lo probase una vez seriamente".

"¿Probar? ¿Ha probado *ese* jamás alguna cosa? Le son difíciles las pruebas y por lo mismo tiene mucho empeño en que se *crea* en él".

"¡Sí, sí! La fe le salva: la fe en sí mismo. ¡Es la costumbre de los viejos! ¡A nosotros nos sucede lo propio!"

Se hablaron así los dos serenos, enemigos de la luz; después tocaron tristemente los cuernos. Esto fué lo que pasó ayer noche junto a las viejas tapias de un jardín.

En cuanto a mí, mi corazón se retorcía de risa; quería estallar, pero no sabía cómo, y me desternillaba.

Indudablemente, mi muerte será ahogarme de risa, contemplando asnos borrachos y oyendo a los serenos dudar de Dios así.

¿No pasó el tiempo hace *mucho tiempo*, aun para semejantes dudas? ¿Quién tendría el derecho de despertar todavía de su sueño a cosas tan antiguas enemigas de tal luz?

Ya hace mucho que se acabaron los dioses viejos; ¡y, verdaderamente, tuvieron un buen fin alegre y divino!

No pasaron por el "crepúsculo" para ir hacia la muerte: ¡es una mentira decirlo! Al contrario: se mataron ellos mismos a fuerza de reír.

Esto sucedió cuando Dios mismo pronunció las palabras más impías; estas palabras: "¡No hay más que un Dios! ¡Tú no tendrás otros dioses frente a mí!

Un Dios barbudo, colérico y celoso, se propasó hasta ese punto.

Entonces todos los dioses se echaron a reír, y gritaron removiéndose en sus asientos: "¿No está precisamente la divinidad en que haya dioses, pero no Dios?"

Que el que tenga oídos para oír, oiga".

Así hablaba Zaratustra en la ciudad que amaba, y que se llama "La Vaca Pinta". Porque de allí no había ya más que dos días de camino para llegar a su cueva, al lado de sus animales, y siempre se le alegraba el alma al aproximarse su regreso.

EL REGRESO

"¡Oh, soledad! ¡Patria mía! ¡Mucho tiempo he vivido salvaje, en salvajes países extraños, para no volver a ti con lágrimas.

Ahora, amenázame con la mano como una madre, sonríeme, como sonríe una madre, y dime tan sólo: "¿Quién era el que en otro tiempo se escapó de mi lado como un torbellino?

¿El que, al marcharse, exclamó: "Demasiado tiempo hice compañía a la soledad; entonces olvidé el silencio"? ¿Es *eso*, sin duda, lo que has aprendido ahora?

¡Oh, Zaratustra! Lo sé todo; sé que tú te sentías más abandonado entre la multitud que lo estuviste jamás conmigo.

Una cosa es el abandono y otra la soledad; *¡eso* es lo que has aprendido ahora! Y que entre los hombres serás siempre salvaje y extraño, aun cuando te amen: ¡porque ante todo quieren que se les *guarden consideraciones!*

Pero ya estás en tu patria y en tu casa; puedes decirlo todo y desahogarte completamente; aquí nadie se avergüenza de sentimientos ocultos y tenaces.

Aquí todas las cosas se acercan a tu palabra, te miman y te prodigan sus caricias: porque quieren subir a tus espaldas. Montado en todos los símbolos, cabalgas aquí hacia todas las verdades.

Aquí puedes hablar a todas las cosas recta y francamente; y en verdad, todas las cosas, cuando se les habla con rectitud creen recibir alabanzas.

Otra cosa es el abandono. Porque, ¿recuerdas, Zaratustra, cuando tu águila se puso a gritar por encima de ti, estando tú en el bosque indeciso, sin saber hacia donde ir, cerca de un cadáver?

Cuando decías: "¡Que mis animales me guíen! He encontrado más peligro entre los hombres que entre los animales!" *¡Aquello* era abandono!

¿Y te acuerdas, Zaratustra? cuando estabas sentado en tu isla, fuente de vino entre cubos vacíos, dando de beber sin tasa a los sedientos, hasta que al fin fuiste tú el único sediento entre beodos, y dijiste, lamentándote por la noche: "¿No es mayor dicha tomar que dar? ¿No es mayor dicha aún robar que tomar?" *¡Aquello era abandono!*

¿Y te acuerdas, Zaratustra? ¿Cuando llegó tu hora más silenciosa y te sacó de ti mismo, cuando te susurró con maldad "Habla y suicídate"?

Cuando te disgustó de tu espera y de tu silencio y desalentó tu decaído ánimo. ¡Aquello era abandono!"

¡Oh soledad! ¡Tú eres mi patria! ¡Qué celestial y tiernamente me habla tu voz!

Nosotros no nos interrogamos; nosotros no nos quejamos el uno del otro: abiertamente pasamos juntos por las puertas abiertas.

Porque todo está abierto en ti e iluminado; y las mismas horas pasan así más ligeras, ya que en la oscuridad el tiempo os parece más pesado que la luz.

Aquí se me revela la esencia y la expresión de todas las cosas: todo lo que existe quiere expresarse aquí, y todo lo que está en vías de existir quiere aprender a hablar de mí.

¡Allá todo discurso es vano! La mejor sabiduría es olvidar y pasar: ¡Eso es lo que he aprendido!

El que quisiera comprenderlo todo entre los hombres, tendría que cogerlo todo; pero para eso, tengo yo las manos demasiado limpias.

No me agrada ya respirar tu aliento. ¡Ay! ¡Que haya yo vivido tanto tiempo entre su ruido y su mal aliento!

¡Oh, bendita soledad! ¡Oh, puros aromas que me envolvéis! ¡Cómo me hace este silencio aspirar el aire a pleno pulmón! ¡Cómo escucha este bendito silencio!

Allá, en cambio, todo habla y nada se oye. Aunque uno anuncie su sabiduría a son de campanas, los tenderos en la plaza pública apagarán el sonido con el ruido de sus monedas.

Entre ellos todo habla, pero nadie sabe ya comprender. Todo cae al agua y nada cae ya en fuentes profundas.

Entre ellos todo habla: nada se logra ni concluye. Todo cacarea; pero ¿quién quiere aún permanecer en el nido empollando los huevos?

Entre ellos todo habla, todo se diluye. Y lo que hasta ayer era demasiado duro para el tiempo mismo y para sus dientes hoy cuelga, despedazado y roído, de la boca de los hombres del día.

Entre ellos todo habla, todo se divulga. Y lo que en el pasado se llamaba secreto y misterio de las almas profundas, pertenece hoy a las trompetas de la calle.

¡Oh, singular naturaleza humana! ¡Bullicio en las calles oscuras! Quedas detrás de mí; ¡mi mayor peligro queda detrás de mí!

Las contemplaciones y la compasión fueron siempre mi mayor peligro, y todos los seres humanos quieren ser contemplados y compadecidos.

Con verdades disimuladas, con manos locas y alocado corazón, rico en mentirillas piadosas: así vivís siempre entre los hombres.

Estaba entre ellos disfrazado, dispuesto a desconocerme para soportarlos, complaciéndome en decirme para convencerme: "¡Loco, tú no conoces a los hombres!"

Cuando se vive entre los hombres se olvida lo que éstos son. Hay demasiado primer término en todos ellos.

Y si ellos me desconocían, yo, en mi locura, los trataba aún con más indulgencia que a mí mismo, habituado como estaba a ser duro para conmigo, y hasta me vengaba en mí frecuentemente de esa indulgencia.

Picado de moscas venenosas y roído como la piedra por las numerosas gotas de la maldad, así estaba yo entre ellos, y aún me decía: "¡Todo lo que es pequeño es inocente de su pequeñez!".

Especialmente los que se llaman los "buenos" son los que me han parecido las moscas más venenosas, pues pican y mienten con toda inocencia.

¡Cómo podrían ser justos para conmigo!

La piedad enseña a mentir a los que viven entre los hombres. La piedad carga la atmósfera para todas las almas libres. Porque la necedad de los buenos es insondable.

Ocultarme de mí mismo y ocultar mi riqueza, *Eso* es lo que he aprendido allá. Porque vi que todos eran pobres de espíritu. La mentira de mi compasión fué mirar cómo era cada uno. Ver y averiguar en cada uno lo que era *bastante* espíritu y lo que era *demasiado* espíritu para él.

A sus rígidos sabios, yo los he llamado sabios, no rígidos: así he aprendido a tragar palabras. A sus sepultureros los he llamado investigadores y eruditos. Así he aprendido a trocar las palabras.

Los sepultureros adquieren las enfermedades a fuerza de cavar fosas. Bajo viejos escombros duermen exhalaciones y gusanos. No hay que remover los pantanos. Hay que vivir en las montañas.

¡De nuevo respiro la libertad de las montañas! ¡Por fin se libró mi olfato del olor de todos los seres humanos! Cosquilleada por el aire vivo, como por vinos espumosos, *estornuda* mi alma, y exclama gozosa: "¡A tu salud!"

Así hablaba Zaratustra.

DE LOS TRES MALES

I

"En mi último sueño de la mañana, me encontraba hoy en un promontorio más allá del mundo; tenía una balanza en la mano y *pesaba* el mundo. ¡Ay! ¿Por qué vino la aurora tan pronto para mí? Me despertó su ardor de celosa. Siempre está celosa del ardor de mis sueños matinales.

Mensurable para el que tiene tiempo, pesable para un buen pesador, asequible para los vigorosos y adivinable para adivinos aficionados a los problemas: así vió mi sueño el mundo.

Mi sueño, atrevido navegante, medio navío, medio ráfaga de viento, silencioso como la mariposa, impaciente como el halcón, ¡qué paciencia y qué sosiego ha tenido hoy para pesar el mundo!

¿Le habría hablado en secreto mi sabiduría, mi sabiduría del día, risueña y despierta, que se mofa de todos los "mundos infinitos"? Porque ella dice: "donde hay fuerza, el *número* acaba por ser señor, puesto que es el que tiene más fuerza".

¡Con qué certidumbre miró mi sueño este mundo infinito! No era curiosidad, ni indiscreción, ni temor, ni súplica.

Como si se ofreciese a mi mano una gran manzana; una

manzana de oro, madura, de fresca y suave piel; así se me ofreció el mundo.

Como si me hiciese señas un árbol; un árbol de largas ramas, de voluntad firme, inclinado como para brindar apoyo al viajero fatigado: así se hallaba el mundo sobre mi promontorio.

Como si manos graciosas me alargasen un cofrecillo abierto para deleite de los ojos púdicos y reverentes: así salió el mundo a mi encuentro.

Sin ser bastante enigma para atraer el amor de los hombres; sin ser bastante inteligible para aborrecer la sabiduría de los hombres; una cosa humanamente buena: así me pareció hoy el mundo que tanto se calumnia.

¡Qué agradecido estoy a mi sueño matinal por haber pasado así el mundo a primera hora! ¡Ha venido a mí, como una cosa humanamente buena este sueño y este consolador del corazón!

El que enseñó a bendecir, enseñó también a maldecir. ¿Cuáles son las tres cosas más maldecidas sobre la tierra? Esas son las que quiero poner en la balanza.

La voluptuosidad, el deseo de dominación, el egoísmo: esas tres cosas han sido las más maldecidas y calumniadas hasta el presente; esas tres cosas son las que quiero pesar humanamente bien.

¡Pues bien! hé aquí mi promontorio, y hé ahí el mar; con mil caricias viene corriendo hacia mí el rizoso mar, ese perro viejo y fiero, ese monstruo de mil cabezas a quien yo amo.

Pues aquí quiero tener la balanza, sobre el mar agitado; y elijo también un testigo que mira: eres tú, árbol solitario de fuerte perfume y ancha cúpula; ¡tú, mi árbol querido!

¿Por qué puente va el presente hacia el porvenir? ¿Cuál es la fuerza que obliga a lo alto a descender hacia lo bajo? ¿Y qué es lo que obligó a la cosa más alta a crecer aún más?

Ahora la balanza está inmóvil y en equilibrio: he echado en ella tres pesadas preguntas; el otro platillo sostiene tres pesadas respuestas.

II

"La voluptuosidad es para todos los penitentes que ciñen el cilicio, despreciadores del cuerpo, su aguijón y mortificación, y "mundo" maldito para todos los que creen en otro mundo: porque la voluptuosidad se burla y desembaraza de todos los hieréticos.

Voluptuosidad es, para la canalla, el fuego lento en que se abrasa; el gran horno ardiente para toda la madera apolillada y todos los guiñapos hediondos.

Voluptuosidad es, para los corazones superiores, algo inocente y libre; las delicias del jardín de la tierra, la rebosante gratitud del porvenir por el presente.

Voluptuosidad no es un veneno dulce más que para los decaídos; pero para aquellos que tienen voluntad de león, es el mayor cordial, el vino de los vinos, que se economiza religiosamente.

Voluptuosidad es la mayor felicidad simbólica para la dicha y la esperanza superior. Porque hay muchas cosas que tienen derecho a la unión y más que a la unión:

Muchas cosas que son más extrañas para sí mismas que el hombre para la mujer; ¿y quién ha comprendido nunca, enteramente, hasta qué punto son *extraños*, uno para el otro, el hombre y la mujer?

Voluptuosidad —pero tendré que poner coto a mis palabras, para que los cochinos y los exaltados no invadan mis jardines.

El azote abrazador de los más duros de todos los corazones endurecidos, el espantoso martirio que se reserva más cruel, la llama sombría de las hogueras más vivas: ese es el deseo de dominar.

El freno ruín puesto a los pueblos más vanos, el que se burla de todas las virtudes dudosas, cabalgando sobre todos los orgullos: ese es el deseo de dominar.

El terremoto que derrumba y disgrega todo lo que es caduco y vacío, el irritado destructor de todos los sepulcros blanqueados, que reprende y castiga, el signo de interrogación que surge al lado de respuestas prematuras: ese es el deseo de dominar.

Deseo de dominar. Ante cuya mirada se arrastra y humilla el hombre y desciende por debajo de la serpiente y del cochino; hasta que, al fin, clama en él el gran desprecio.

Deseo de dominar es el terrible maestro que enseña el gran menosprecio, que predica a la cara de las ciudades y de los imperios: "¡Quita allá!", hasta que, al fin, exclaman ellos mismos: "¡Afuera yo!"

Deseo de dominar. También sube hacia los puros y solitarios para atraerlos; sube hacia las alturas de la satisfacción de sí, ardiente como un amor que pinta en el cielo seductoras visiones purpúreas.

Deseo de dominar, pero, cuando es hacia abajo, hacia donde la altura aspira al poder, ¡cómo podría llamarse a eso un deseo! ¡verdaderamente, nada hay de febril y enfermizo en semejantes deseos y descensos!

¡Que la altura solitaria no se abandone eternamente y esté contenta de sí! ¡Bajen las montañas hacia los valles y los vientos de las montañas hacia los llanos!

¡Oh! ¡Quién encontraría el nombre adecuado para bautizar y honrar semejante deseo! "¡Virtud dadivosa!" Así llamó Zaratustra, en otros tiempos, a ese algo inexpresable.

Y entonces también —¡por vez primera, ciertamente!— fué cuando su palabra elogió el *egoísmo*, el egoísmo sano y bueno que brota de un alma poderosa. De un alma poderosa, única a quien corresponde el cuerpo elevado, bello, victorioso y confortante, a cuyo alrededor todo se trueca en espejo. El cuerpo flexible y persuasivo del danzarín, cuyo símbolo y expresión es el alma contenta de sí misma. El júbilo egoísta de tales cuerpos y tales almas se llama "virtud".

Con sus afirmaciones sobre el bien y el mal, este júbilo se acoraza a sí mismo como si se rodease de bosques sagrados; con los nombres de su ventura, destierra lejos de sí todo lo que es despreciable.

Destierra lejos de sí todo lo que es cobarde. Dice: *¡malo es lo que es cobarde!* Le parece despreciable lo que pena, suspira y se lamenta siempre y recoge hasta las utilidades más pequeñas.

Asimismo desprecia toda sabiduría lamentable: porque, indudablemente, también hay una sabiduría de sombra nocturna, como la que suspira siempre: "¡Todo es vano!"

No tiene estimación por la desconfianza temerosa, ni por aquellos que exigen juramentos en lugar de miradas y manos tendidas, y menos aún por la sabiduría demasiado desconfiada: porque sólo eso es propio de almas cobardes.

Aún le parece más bajo el obsequioso, el perro que se tumba en seguida de espaldas, el humilde; y también hay sabiduría humilde, rastrera, piadosa y obsequiosa.

Pero odia y siente asco por el que nunca quiere defenderse, al que se traga los escupitajos venenosos y las malas miradas, al paciente demasiado paciente que todo lo aguanta y que con todo se contenta: por que eso es propio de lacayos.

Si alguno es servil ante los dioses y ante los puntapiés divinos, o ante los hombres y ante sus estúpidas opiniones, ¡a *todo* servilismo escupe a la cara ese bendito egoísmo!

Malo: así se llama a todo lo que es bajo, ruín y servil, a los ojos entornados y sumisos, a los corazones contritos, y a esas falsas criaturas que besan con labios tímidos.

Y llama falsa sabiduría a las insulseces de los lacayos, de los viejos y de los agotados, y sobre todo, a la absurda locura pedante de los sacerdotes.

Los falsos sabios, todos los sacerdotes, todos los hastiados del mundo, la gente de alma afeminada y servil, ¡oh, cómo han perseguido siempre al egoísmo con sus intrigas!

Y, precisamente, debía ser virtud y llamarse virtud: ¡el perseguir al egoísmo! ¡Y todos esos cobardes cansados de vivir se apegan a su existencia con buenas razones!

Mas para todos ellos llega ahora la luz, el cambio, la espada de la justicia, el *Gran Mediodía:* ¡allí se pondrán de manifiesto muchas cosas!

Y el que glorifica al Yo y santifica al egoísmo, ese, el adivino, dice lo que sabe: "¡Ved; viene, ya se acerca el Gran Mediodía!"

Así hablaba Zaratustra.

DEL ESPIRITU DE LA PESADEZ

I

"Mi voz es la del pueblo": hablo demasiado grosera y llanamente para los remilgados, pero aún parece más extraña mi palabra a los escritorzuelos y a los picapleitos.

Mi mano es una mano de loco: ¡Pobre de todas las mesas y de todas las paredes y de todo lo que ofrezca espacio para los adornos y garrapatos de loco!

Mi pie es casco de caballo; con él troto y galopo por montes y valles de acá para allá; y en el transcurso de toda rápida carrera, soy de la piel del diablo.

Mi estómago es quizá estómago de águila. Porque prefiere a todo la carne de cordero. Indudablemente, es estómago de ave.

Sustentado con cosas inocentes y frugales, pronto a volar e impaciente por emprender el vuelo: así soy. ¡Cómo no he de tener algo de ave!

Y soy como un ave, sobre todo, porque soy enemigo del espíritu de la pesadez: ¡verdadero enemigo a muerte, enemigo jurado, enemigo nato!

¿Dónde no ha volado ya mi enemistad?

Sobre esto podría entonar un canto, y quiero entonarlo: aunque esté solo en una casa deshabitada y haya que cantárselo a mis propios oídos.

Hay otros cantores que no tienen ágil la garganta, elocuente la mano, expresiva la mirada y despierto el corazón, mas que cuando la casa está llena: no me parezco a ellos.

II

El que llegue a enseñar a volar a los hombres, habrá cambiado todos los límites; para él, los mismos límites volarán por los aires, y bautizará de nuevo a la tierra; la llamará "ligera".

El avestruz corre más de prisa que el corcel más veloz, pero también hunde pesadamente su cabeza en la pesada tierra: lo mismo hace el hombre que no sabe aún volar.

Tanto la tierra como la vida le parecen pesadas, ¡y eso es lo que quiere el espíritu de la pesadez! Mas el que desee llegar a ser ligero como un ave debe amarse a sí mismo: así enseño *yo*.

No a amarse, desde luego, con amor de enfermos y de calenturientos: porque en esos hasta el amor propio huele mal.

Hay que aprender a amarse a sí mismo con un amor sano, para aprender a soportarse a sí mismo y no echarse a rondar fuera de sí: así enseño *yo*.

Tal ronda se llama "amor al prójimo", expresión con la que se ha mentido y fingido, especialmente por aquellos a quienes todo el mundo soporta mal.

Y *aprender* a amar no es un mandamiento para hoy y para mañana. Es, al contrario, la más sutil, la más astuta, la última y la más paciente de todas las artes.

Porque para el poseedor toda propiedad está bien oculta, y de todos los tesoros el que más os pertenece es el que se descubre más tarde: esa es la obra del espíritu de la pesadez.

Casi desde la cuna se nos dota ya de palabras pesadas y de valores pesados: "bien" y "mal". Así se llama ese patrimonio. Por él se nos perdona que vivamos.

Y si los hombres dejan venir hacia sí a los niños es para impedir a tiempo que se amen a sí mismos: tal es la obra del espíritu de la pesadez.

Y nosotros arrastramos fielmente aquello con que se nos carga, sobre fuertes hombros y por áridos montes. Y si nos quejamos del calor se nos dice "Sí; la vida es una carga pesada!"

¡Pero la única carga pesada para el hombre es el hombre mismo! Porque él arrastra sobre sus hombros demasiadas cosas extrañas. Semejante al camello, se arrodilla y se deja cargar bien.

Sobre todo, el hombre vigoroso y resistente, lleno de veneración, echa sobre sus hombros demasiadas palabras y valores *extraños* y pesados; ¡entonces la vida me parece un desierto!

¡Y, realmente, muchas cosas que le son *propias*, son también una carga pesada! Y el interior del hombre se parece mucho a la ostra: es repugnante, escurridizo y difícil de asir, de manera que una noble concha de nobles adornos se ve obligada a interceder por el resto. Pero también hay que aprender este arte: *¡poseer* concha, una bella apariencia y una sabia ceguedad!

También se engaña uno acerca del hombre por haber mucha concha pobre y de excesivo espesor en él. Mucha fuerza y bondad ocultas que nunca se adivinan; los manjares más exquisitos no encuentran aficionados.

Las mujeres, más delicadas, lo saben. Un poco más o un poco menos de carne: ¡oh, cuánto destino hay en tan poca cosa!

El hombre es difícil de descubrir, y mucho más para él mismo; la inteligencia respecto al alma. Esa es la obra del espíritu de la pesadez.

Pero se ha descubierto a sí mismo el que dice: Este es *mi* bien y *mi* mal. Con esas palabras hace callar al topo y al enano que dicen: "Bien para todos, mal para todos".

Tampoco me gustan aquellos para quienes todas las cosas son buenas, y que llaman a este mundo el mejor de los mundos. A éstos les llamo los satisfechos.

No es el mejor de todos los gustos el que guste todo. Me gustan la lengua y el paladar delicados y difíciles que han aprendido a decir: "Yo" y "Sí" y "No".

Porque mascarlo y digerirlo todo es asemejarse a los cochinos. Y decir siempre *Sí* lo saben los asnos y los de su especie.

Lo que mi gusto desea es el amarillo intenso y el rojo cálido –mezcla de sangre con todos colores–. Pero el que revoca su casa de blanco, revela con ello que también su alma está revocada de blanco.

Enamorados de momias y enamorados de los fantasmas, todos ellos igualmente enemigos de la carne y de la sangre. ¡Qué contrarios todos ellos a mi gusto! Porque a mí me gusta la sangre.

Y no quiero estar donde todo el mundo escupe. Ese es ahora mi gusto: preferiría vivir entre ladrones y perjuros. Nadie tiene oro en la boca.

Pero me repugnan aún más los lamedores de escupitajos; y he llamado parásito al animal más repugnante que he encontrado entre los hombres; no quería amar y quería vivir del amor.

Llamo desgraciados a todos los que no tienen más que elegir entre dos cosas: volverse animales feroces o feroces domadores de animales; no quisiera yo levantar mi tienda cerca de ellos.

También llamo desgraciados a los que tienen siempre que estar de *espera;* son contrarios a mí todos esos aduaneros y tenderos y monarcas y demás guardadores de países y de tiendas.

Yo también he aprendido a esperar profundamente, pero a esperarme a *mí.* Y sobre todo, he aprendido a tenerme en pie, a andar, a correr, a trepar y a bailar.

Porque hé aquí mi doctrina: el que aspire a volar un día, debe aprender primero a tenerse en pie, a andar, a correr, a saltar, a trepar y a bailar. ¡No puede aprenderse a volar en un primer intento!

He aprendido a escalar con escalas de cuerda más de una ventana; y con piernas ágiles subí hasta lo alto de los mástiles. No me parecía poca felicidad estar subido en los altos mástiles del conocimiento, oscilando como un fuego de San Telmo; una lucecilla tan sólo, pero un gran consuelo para las naves encalladas y para los náufragos.

Yo he llegado a mi verdad por muchos caminos y en muchas formas; no he subido por una sola escala a la altura donde mis ojos pudieran contemplar la lejanía.

Y jamás pregunté por el camino sin violentarme: ¡siempre preferí interrogar y probar a los mismos caminos.

Probando e interrogando caminé y, naturalmente, hay que *aprender* también a responder a tales preguntas. Ese es mi gusto; no es ni bueno ni malo, pero es el *mío,* y no tengo que ocultarlo ni avergonzarme de él.

"Ese es ahora *mi* camino ¿dónde está el *vuestro?*" Eso es lo que contestaba a los que me preguntaban por "el camino". Porque *el* camino no existe".

Así hablaba Zaratustra.

DE LAS VIEJAS Y LAS NUEVAS TABLAS

I

"Aquí estoy sentado, rodeado de antiguas tablas rotas, y también de nuevas tablas a medio escribir. ¿Cuándo llegará mi hora? La hora de mi descenso, la hora de mi declinación, porque yo deseo volver otra vez al lado de los hombres.

Eso es lo que espero ahora: han de venir los signos que indiquen que ha llegado *mi* hora; el león risueño con el enjambre de palomas.

Entre tanto, espero, como quien tiene tiempo, hablándome a mí mismo. Como nadie me cuenta cosas nuevas, me cuento yo a mí mismo".

II

"Cuando yo vine al lado de los hombres, los hallé aferrados a una antigua presunción; todos creían conocer desde hacía mucho tiempo lo que es bien y mal para el hombre.

Toda controversia sobre la virtud les parecía cosa vieja y cansada, y el que quería dormir apaciblemente, hablaba aún del "bien" y del "mal" antes de ir a acostarse.

Yo sacudí la torpeza de ese sueño cuando dije: *Nadie sabe aún* lo que es bien y mal, sino el que es creador.

El creador es el que crea el fin de los hombres y el que da su sentido y su porvenir a la tierra; solamente él es el que *crea* el bien y el mal de todas las cosas.

Y yo les he ordenado que derriben sus viejas cátedras, y dondequiera que existía esa vieja presunción, les he ordenado que se rían de sus grandes maestros de virtud, de sus santos, de sus poetas y de sus salvadores del mundo.

Les he ordenado que se rían de sus sabios austeros, y les ponía en guardia contra los negros espantajos plantados en el árbol de la vida.

Me he sentado a la orilla de su gran paseo de tumbas, entre la carroña y aun entre los buitres, y me he reído de todo su pasado y del mustio esplendor de ese pasado ruinoso.

A semejanza de los predicadores de cuaresma y de los locos, he lanzado anatemas contra sus grandezas y sus pequeñeces. ¡Qué pequeño es lo mejor de ello! ¡qué pequeño igualmente lo peor! Así me reía.

Y frecuentemente me ha llevado muy lejos mi deseo, más allá, hacia lo alto; entonces volaba estremeciéndome como una flecha a través de los éxtasis ebrios de sol.

Volaba hacia remotos futuros que ningún sueño ha visto, a mediodías más cálidos que los que jamás pudo soñar la fantasía: allá donde los dioses bailarines se avergüenzan de todos los vestidos.

Para hablar en parábolas y balbucir y cojear como los poetas; ¡y, ciertamente, me avergüenzo de tener que ser aún poeta!

Volaba a donde todo cambio me parecía danzas y juegos divinos, donde el mundo desencadenado y desenfrenado se refugiaba en sí mismo; como un eterno huir de sí mismo y una eterna búsqueda de muchos dioses, como el bendito contradecirse, reírse y volver hacia sí de muchos dioses.

Donde todo tiempo me parecía una deliciosa burla de los instantes; donde la necesidad era la libertad misma, que se burlaba alegremente del aguijón de la libertad.

Donde he vuelto a encontrar también mi antiguo demonio y enemigo nato, el espíritu de la pesadez y todo lo que él creó: la coacción, la ley, la necesidad, la consecuencia, el fin, la voluntad, el bien y el mal.

Porque ¿no es preciso que haya cosas sobre las cuales se pueda bailar y pasar? ¿No es preciso que haya a causa de los ligeros y de los más ligeros, topos y *pesados* enanos?"

III

"También recogí en mi camino la palabra "Superhombre" y esta doctrina: el hombre es algo que debe ser superado.

El hombre es un puente y no un fin; gozoso de su mediodía y de su tarde, una vía hacia nuevas auroras: la palabra de Zaratustra sobre el gran Mediodía, y todo lo que he suspendido por encima de los hombres, como un segundo ocaso de púrpura.

También les hice ver nuevas estrellas y nuevas noches, y sobre las nubes, el día y la noche, extendí la risa como tela multicolor.

Les he enseñado todos *mis* pensamientos y todas *mis* aspiraciones: a concentrar y unir todo lo que en el hombre no es más que fragmento y enigma y pavoroso azar.

Como poeta, como adivinador de enigmas, como redentor del azar, les he enseñado a ser creadores del porvenir y a salvar, creando, todo lo que *fué*.

Salvar el pasado en el hombre y transformar todo "lo que fué" hasta que la voluntad diga: "¡Así quería yo que fuese! ¡Así he de quererlo!"

A esto he llamado su salvación; sólo a eso les he enseñado a llamar salvación.

Ahora yo espero *mi* salvación, para poder volver por última vez junto a ellos.

Porque quiero volver *una* vez más al lado de los hombres; quiero desaparecer *entre ellos*, y ofrecerles, cuando muera, el más preciado de mis dones.

Esto es lo que he aprendido del sol, de ese magnífico sol, de inagotable riqueza, que, al ponerse, derrama su oro en el mar; y así, ¡aun los más pobres pescadores reman con remos dorados! Esto lo vi una vez y al verlo mis lágrimas corrían sin cesar.

Como el sol, quiere también desaparecer Zaratustra: ahora se sienta aquí a esperar rodeado de viejas tablas rotas y de nuevas tablas a medio escribir".

IV

"Mirad: esta es una tabla nueva; pero ¿dónde están mis hermanos para llevarla conmigo al valle y a los corazones de carne?

Así lo exige mi gran amor a los más lejanos: *no te ocupes de tu prójimo*. El hombre es algo que debe ser superado.

Puede uno llegar a superarse por numerosos medios y caminos: ¡eso depende de ti! Pero sólo un bufón piensa: "También se puede *saltar* por encima del hombre".

¡Supérate a ti mismo, aun en tu prójimo, y no permitas que te den un derecho que tú seas capaz de conseguir!

Lo que tú haces nadie puede hacértelo a ti y devolvértelo: no hay recompensa.

El que no puede mandarse a sí mismo debe obedecer. Y hay quienes *saben* mandarse, pero que les falta mucho aún para saber también obedecerse".

V

"Así son las almas nobles: no quieren tener nada gratuitamente, y menos que todo la vida.

El que forma parte del populacho quiere vivir gratuitamente; pero nosotros, a quienes se ha dado la vida, reflexionamos siempre qué sería lo mejor que podríamos dar *a cambio*.

Y, ciertamente, es noble lenguaje el que dice: "¡lo que la vida nos ha prometido a *nosotros*, queremos *nosotros* cumplírselo a la vida!"

No se debe querer gozar cuando no se hace gozar. ¡Y no se debe *querer* gozar!

Porque el goce y la inocencia son las dos cosas más púdicas: ninguna de las dos debe ser buscada. Es preciso *poseerlas*; pero vale más aún *buscar* la falta y el dolor.

VI

"¡Hermanos míos, el precursor es siempre sacrificado! Y nosotros somos precursores.

Todos sangramos en el altar secreto de los sacrificios, todos nos quemamos y asamos en honor de los viejos ídolos.

Lo mejor que hay en nosotros es todavía joven: esto es lo que excita a los paladares viejos. Nuestra carne es tierna, nuestra piel no es más que una piel de cordero: ¡cómo no hemos de tentar a viejos sacerdotes idólatras!

Aún alienta en *nosotros mismos* el viejo sacerdote idólatra que se prepara a celebrar un festín con lo mejor que hay en nosotros. ¡Ay, hermanos míos! ¡Cómo no han de ser sacrificados los precursores!

Pero así lo exige nuestro modo de ser, y yo amo a los que no quieren conservarse. Amo con todo mi corazón a los que desaparecen porque pasan al otro lado".

VII

"Muy pocos *saben* ser verídicos ¡y el que lo sabe no quiere serlo! Menos que nadie los buenos.

Los buenos. Los hombres buenos no dicen jamás la verdad; ser bueno así es una enfermedad para el espíritu.

Esos buenos ceden, se rinden, su memoria repite como un eco y su razón obedece; ¡pero es que el que obedece *no se oye a sí mismo!*

Debe reunirse todo lo que llaman malo los buenos para que nazca una verdad. ¡Oh, hermanos míos! ¿Sois suficientemente malos para esa verdad?

La audacia temeraria, la desconfianza prolongada, el cruel no, la repugnancia, la incisión en lo vivo, ¡qué raro es que se reúna todo eso! Sin embargo, nace la verdad de tales semillas.

¡Al *lado* de la conciencia turbada nació, hasta el presente, todo saber! Romped, rompedme las viejas tablas, los que buscáis el conocimiento".

VIII

"Cuando sobre el agua hay tendidas tablas, cuando hay puentecillos y parapetos que crucen el río, no se dará crédito al que diga que "todo corre".

Al contrario: los imbéciles mismos le contradicen. "¡Cómo!

—exclaman—, ¿todo corre? ¡Pues las tablas y los parapetos, están por encima del río!

Por encima del río todo es sólido; todos los valores de las cosas, los puentes, los conceptos, todo lo que es "bien" y "mal", todo eso es *sólido.*

Y cuando llega el invierno, que es el domador de los ríos, los más maliciosos aprenden a desconfiar; y no son sólo los imbéciles los que preguntan entonces: "¿no estaría todo *inmóvil?*"

En el fondo todo permanece inmóvil. Esa es una verdadera enseñanza del invierno, una buena cosa para los tiempos estériles, un buen consuelo para el sueño invernal y los sedentarios.

En el fondo todo permanece inmóvil; pero el viento del deshielo alza su protesta *contra* esa palabra.

El viento del deshielo, un toro que no ladra, un toro furioso y destructor que rompe el hielo con cuernos coléricos.

El hielo, entre tanto, *¡rompe los puentecillos!*

¡Oh, hermanos míos! ¿No *corre todo* ahora? ¿No han caído al agua todos los parapetos y todos los puentecillos? ¿Quién se atendría aún al "bien" y al "mal"?

"¡Desgraciados de nosotros! ¡Gloria a nosotros! ¡El viento del deshielo sopla! Predicad así, hermanos míos, a través de todas las calles".

IX

"Hay una vieja locura que se llama bien y mal. La rueda de esa locura ha girado hasta el presente alrededor de los adivinos y de los astrólogos.

En otro tiempo se creía en los adivinos y en los astrólogos, *y por eso* se creía que todo era fatalidad: "¡Tú debes, porque es necesario!"

Más tarde se desconfió de todos los adivinos y de todos los astrólogos y *por eso* se creyó que todo era libertad: "¡tú puedes, porque quieres!"

¡Oh, hermanos míos! Sobre las estrellas y sobre el porvenir no se ha hecho hasta el presente más que conjeturas, sin saber nada cierto; y *por eso* no se han hecho más que suposiciones sobre el bien y el mal, sin saber nunca nada".

X

"¡No robarás! ¡No matarás!" Esas palabras se llamaban santas en otro tiempo; ante ellas doblaba la gente las rodillas, inclinaba la cabeza, y hasta se descalzaba.

Pero yo os pregunto: ¿dónde hubo jamás en el mundo mejores bandidos y mejores asesinos que los provocados por esas santas palabras?

¿No hay en la misma vida robo y asesinato? Y, al santificar esas palabras ¿no se ha asesinado a la vida misma?

¿O era predicar la muerte santificar todo lo que contradecía y les aconsejaba la vida? ¡Oh, hermanos míos! Romped, rompedme las viejas tablas".

XI

"Siento compasión por todo lo pasado cuando veo su abandono a merced de la voluntad, de las disposiciones, de los desvaríos de cada generación que viene y mira todo lo que fué como puente de sí misma.

Podría llegar un gran déspota, un demonio maligno que forzase arbitrariamente todo lo pasado, hasta que llegara a ser para él un puente, un heraldo y un canto de gallo.

Pero hé aquí el otro peligro y mi otra compasión: los pensamientos del que forma parte del populacho se remontan hasta el abuelo; mas con el abuelo se acaba el tiempo.

Así queda abandonado todo el pasado; porque podría suceder un día que se hiciese amo el populacho y que se ahogase todo el tiempo en aguas poco profundas.

Por eso, hermanos míos, hace falta una nueva *nobleza,* adversaria de toda populachería y de todo despotismo, una nobleza que escriba de nuevo, en tablas nuevas, la palabra "noble".

¡Porque es preciso que haya muchos nobles *para que haya nobleza!* O como dije en otro tiempo en parábola: "¡La divinidad consiste, precisamente, en que haya muchos dioses, pero no un Dios!"

XII

"¡Oh, hermanos míos! Os he investido de una nueva nobleza al revelaros que debéis ser para mí creadores y educadores, sembradores del porvenir. No, ciertamente, de una nobleza que podáis adquirir como tenderos y con oro de tenderos: porque todo lo que tiene precio tiene poco valor.

¡No será vuestro origen lo que os honre en adelante, sino el fin a que os dirigís! Vuestra voluntad y vuestro paso que quiere ir más allá de vosotros mismos: ¡ese debe ser vuestro nuevo honor!

No debe ser vuestro honor que hayáis servido a un príncipe: ¡qué importan ya los príncipes! Tampoco es que hayáis venido a ser muralla de lo que existe, para que lo que existe sea más sólido.

No está en que vuestro linaje se haya hecho cortesano en la corte y en que hayáis aprendido, como el flamenco, a estar de pie durante muchas horas en las orillas del estanque. Porque *saber* estar de pie es un mérito en los cortesanos, y todos los cortesanos creen que tener el *permiso* de sentarse será una de las felicidades de que disfrutarán después de la muerte.

Ni tampoco consiste en que un espíritu que llaman santo condujese a vuestros antecesores a tierras prometidas, que *yo* no alabo; pues en el país donde surgió el peor de todos los árboles, la cruz, ¡no hay nada que alabar!

Y, ciertamente, cualquiera que fuese el país al que ese "Espíritu Santo" condujese a sus caballeros, tales cortejos iban siempre *precedidos* de cabras, gansos, locos y chiflados.

¡Oh, hermanos míos! ¡No es hacia atrás hacia donde debe mirar vuestra nobleza, sino hacia *afuera!* ¡Debéis ser expulsados de todas las patrias y de todos los países de vuestros ascendientes.

Vosotros debéis amar el país de vuestros *hijos:* este amor

debe ser vuestro amor a la nobleza. El país inexplorado en medio de mares lejanos, ¡ése es el que digo a vuestras velas que busquen y vuelvan a buscar!

Debéis *redimiros* en vuestros hijos de ser hijos de vuestros padres: *¡Así* libertaréis todo el pasado! ¡Yo pongo por encima de vosotros esta nueva tabla!"

XIII

"¿Por qué vivir? ¡Todo es vano! Vivir es trillar paja. Vivir es quemarse sin llegar a calentarse".

Esas viejas habladurías pasan aún por "sabiduría". Como son viejas huelen a rancias y, *por eso,* se las honra más. También la podredumbre ennoblece.

Así podrían hablar los niños que *temen* al fuego porque les ha quemado. Verdaderamente, hay mucha puerilidad en los antiguos libros de la sabiduría.

Y el que trilla siempre paja, ¿cómo tendría el derecho de burlarse cuando se trilla trigo? ¡Se debería amordazar a tales locos!

Esos se sientan a la mesa sin llevar nada, ni siquiera un buen apetito; y ahora blasfeman: "¡Todo es vano!"

Pero comer y beber bien, hermanos míos, no es ciertamente un arte vano. ¡Romped, rompedme las tablas de los eternamente descontentos!

XIV

"Para los puros, todo es puro". Así habla el pueblo. Pero yo os digo: ¡para los puros, todo es puerco!

Por eso los exaltados y los que se humillan, que también tienen caído el corazón, predican de este modo: "El mundo mismo es un monstruo fangoso".

Porque todos esos tienen sucio el espíritu; especialmente los que no se dan paz ni reposo mientras no hayan visto el mundo *por detrás*: ¡esos creyentes en el mundo posterior!

A *ellos* les digo en plena cara, aunque ofenda a la decencia: el mundo se parece al hombre en que tiene su parte trasera; *¡eso* es verdad!

En el mundo hay mucho fango: *¡eso* es verdad! ¡Pero no por eso el mundo es un monstruo fangoso!

Es sabido que hay en el mundo muchas cosas que huelen mal: ¡el asco mismo crea alas y fuerzas que presienten manantiales!

Aun en los mejores hay algo que repugna; ¡y el mejor mismo es algo que debe superarse!

¡Oh, hermanos míos! ¡Es sabido que haya mucho fango en el mundo!"

XV

"He oído a piadosos creyentes en otro mundo, decir a sus conciencias palabras como éstas, y en realidad, sin malicia ni burla, aunque no haya nada más falso en la tierra ni nada peor:

"¡Dejad al mundo ser el mundo! ¡No mováis ni un dedo contra él!

"¡Dejad que se estrangule, golpee, desuelle y degüelle a las gentes; no mováis ni un dedo para oponeros a ello. Eso les enseñará a renunciar al mundo!

"Y a tu propia razón deberías abatirla y ahogarla, porque esa razón es la de este mundo: así aprenderíais tú mismo a renunciar al mundo.

¡Romped, rompedme, hermanos míos, esas viejas tablas de los devotos! ¡Romped las palabras de los calumniadores del mundo!"

XVI

"El que mucho aprende, olvida todos los deseos violentos". así se murmura ahora en todas las calles oscuras.

"La sabiduría fatiga. Nada vale la pena. No debes codiciar". Esta nueva tabla la he visto suspendida hasta en las plazas públicas.

¡Romped, romped también esa *nueva tabla*, hermanos míos!

La han suspendido los cansados del mundo, los predicadores de la muerte y los lacayos; porque es también un llamamiento al servilismo.

No han aprendido las mejores cosas, y lo que han aprendido lo aprendieron mal, con demasiada rapidez: han *comido* mal, y se les ha revuelto el estómago. Y un estómago revuelto es ese espíritu que les aconseja la muerte. Porque el espíritu, hermanos míos, *es* un verdadero estómago.

La vida es un manantial de alegría, pero todos los manantiales están corrompidos para el que deja hablar a su estómago indispuesto, padre de la tristeza.

Conocer es un goce para el que tiene voluntad de león. Pero el que se ha fatigado está bajo el influjo de una voluntad extraña: todas las olas juegan con él.

Y así hacen todos los débiles: se pierden en su camino. Y su cansancio acaba por interrogar: ¿Por qué hemos seguido este camino? ¡Todo es igual!"

A *ellos* es a quienes gusta oír predicar: "¡Nada vale la pena! ¡No debéis querer!" Eso, sin embargo, es un llamamiento al servilismo.

¡Zaratustra llega, oh, hermanos míos, como una ráfaga de viento fresco para todos los que están fatigados de su camino! ¡Todavía ha de hacer estornudar a muchas narices!

¡Mi hálito libre sopla también a través de las paredes de las prisiones y penetra en los espíritus prisioneros!

La voluntad liberta, porque la libertad es creadora: eso es lo que yo enseño. ¡Y solamente para crear necesitáis aprender!

¡Y sólo de mí necesitáis *aprender;* aprender bien! Que el que tenga oídos oiga.

XVII

"La barca está dispuesta; voga allá, a la otra parte, quizá hacia la gran nada. ¿Pero quién quiere embarcarse hacia ese "quizá"?

¡Ninguno de vosotros quiere embarcarse en la barca de la muerte! ¿Cómo queréis, entonces, estar *cansados del mundo?*

¡Cansados del mundo! ¡Si aún no os habéis desprendido

de la tierra! ¡Yo os he visto siempre deseosos de la tierra, enamorados de vuestro propio cansancio de la tierra!

No en vano tenéis el labio pendiente: ¡aún le pesa un pequeño deseo terrestre! Y ¿no flota en vuestra mirada una nubecilla de alegría terrena que todavía no habéis olvidado?

En la tierra hay muchas buenas invenciones, unas útiles, otras agradables, por eso es preciso amar a la tierra.

Y algunas invenciones son tan buenas, que son como el seno de la mujer, útiles y agradables a un tiempo.

¡Pero a vosotros, que estáis cansados del mundo y que sois perezosos, hay que sacudiros con varas! ¡Hay que avivar vuestras piernas a varazos!

Porque si no sois seres enfermos y gastados, de quienes está cansada la tierra, sois perezosos ladinos o gatos golosos y cazurros que sólo buscáis el placer. ¡Y si no queréis volver a *correr* alegremente, debéis desaparecer!

No hay que empeñarse en ser médico de los incurables: así enseña Zaratustra. ¡Desapareced, pues!

Pero es preciso más *valor* para precipitar el término de una vida que para hacer un verso nuevo: eso lo saben todos los médicos y todos los poetas".

XVIII

"¡Oh, hermanos míos! Hay tablas creadas por la fatiga y tablas creadas por la pereza que aunque hablan de la misma manera, quieren ser oídas de maneras diferentes.

¡Ved ese alicaído! No está más que a un paso de su término; pero a causa de su fatiga, el valiente se ha tumbado en la arena.

Bosteza de cansancio a la vista de su camino, de la tierra, de su fin y de sí propio: no quiere dar un paso más ese valiente.

Ahora le hiere el sol con sus rayos, y los perros querrían lamerle el sudor; pero allí se está tendido tercamente y prefiere consumirse.

¡Consumirse a un paso de su fin! ¡En verdad, a tal héroe será necesario que le arrastréis por los cabellos hasta su cielo!

Pero, más vale que le dejéis donde se ha tumbado, para que le venga el sueño, el sueño consolador con un rumor de lluvia refrigerante.

Dejadle acostado hasta que despierte él mismo, hasta que él mismo rechace toda fatiga y todo lo que en él mostraba la fatiga.

Lo único que habéis de hacer, hermanos míos, es echar lejos de él los perros, los perezosos cazurros y toda esa plaga invasora.

¡Toda la plaga invasora de las gentes "cultas" que se nutren del sudor de los héroes!"

XIX

"Yo trazo círculos y santas fronteras alrededor de mí; cada vez son menos los que suben conmigo por montañas cada vez más altas: yo levanto una cadena de montañas cada vez más altas.

Pero a dondequiera que deseéis subir conmigo, hermanos míos, ¡cuidad de que no haya *parásitos* que suban con vosotros!

Un parásito es un gusano rastrero e insinuante que quiere engordar con todas vuestras intimidades enfermas y heridas. Y *ese* es su arte: adivinar donde están cansadas las almas que suben. Construye su repugante nido en vuestra aflicción y en vuestro descontento.

Allí donde el fuerte es débil, donde el noble es demasiado indulgente, construye su nido repugnante: el parásito habita donde el grande tiene sus rinconcillos enfermos.

¿Cuál es la especie de seres más alta y cuál es la más baja? El parásito es de la especie más baja, pero el que es de especie más alta alimenta más parásitos.

Porque ¿cómo no llevaría sobre sí el mayor número de parásitos el alma que tiene la escala más larga y puede descender más bajo?

El alma más vasta, que puede correr, extraviarse y errar más lejos de sí misma; el alma más necesaria, que se precipita por placer en el azar. El alma que se huye a sí misma y que se alcanza a sí misma en el más extenso círculo: el alma más prudente, a que la locura invita con mayor dulzura.

El alma que *es* y se sumerge en lo que transforma; el alma que posee y *quiere* el querer y el deseo.

El alma que se ama más a sí misma y en quien las cosas tienen su ascenso y su descenso, su flujo y su reflujo. ¡Oh! ¿Cómo el *alma más alta no tendría los peores parásitos?*

XX

"¡Oh, hermanos míos! ¿Es que soy cruel? Pero yo os digo: ¡lo que cae es necesario empujarlo!

Todo lo actual cae y se descompone: ¿quién, pues, querría detenerlo? ¡Yo, quiero empujarlo más!

¿Conocéis la voluptuosidad que precipita las piedras en profundidades a pico? ¡Mirad cómo ruedan a esas profundidades los hombres de hoy!

¡Yo soy un preludio para mejores tañedores, hermanos míos! ¿Un ejemplo? *¡Obrad* según mi ejemplo!

¡Y al que no enseñéis a volar, enseñadle al menos *a caer más de prisa!*

XXI

"Me gustan los valientes, pero no basta manejar bien la espada; ¡también hay que saber *a quién* se hiere!

Y muchas veces hay más valor en abstenerse y seguir adelante, *a fin* de reservarse para un enemigo más digno.

Y vosotros no debéis tener más que enemigos dignos de odio, pero no enemigos dignos de desprecio; es preciso que estéis orgullosos de vuestros enemigos; ya os lo enseñé una vez.

Es preciso que os reservéis para el enemigo más digno, amigos míos; por eso hay muchos ante los cuales debéis pasar, especialmente ante la canalla numerosa que os martiriza los oídos hablándoos del pueblo y de las naciones.

¡Guardad vuestros ojos de su "pro" y de su "contra"! Hay ahí mucha justicia e injusticia, y ver tal cosa subleva.

Verla y embestir es todo uno. ¡Marchaos, pues, a los bosques y dad reposo a vuestra espada!

¡Seguid *vuestros* caminos ! ¡Y dejad a los pueblos y a las naciones que sigan los suyos! ¡Caminos en verdad oscuros, donde ya no brilla ninguna esperanza!

¡Reine el tendero allí donde todo lo que reluce no es más que oro de tendero! Ya no es tiempo de reyes; lo que hoy se llama pueblo no merece rey.

Mirad, si no, cómo imitan las mismas naciones a los tenderos: ¡recogen los más pequeños beneficios en todas las barreduras.

Se espían, se imitan; a eso es lo que llaman "buena vecindad". ¡Dichosos aquellos tiempos en que un pueblo se decía: "¡Quiero ser *señor* sobre otros pueblos!"

Porque, hermanos míos, debe reinar lo mejor y lo mejor quiere también reinar. Y donde hay otra doctrina, es que *falta* lo mejor.

XXII

"Si *éstos* tuviesen el pan de balde, ¡desgraciados de ellos! ¿Por qué gritarían entonces? ¿En qué se ocuparían aparte de su existencia? ¡Y es preciso que tengan una vida dura!

Son animales rapaces y en su "trabajo" también hay rapto; en sus "ganancias" también hay astucia. ¡Por eso es preciso que tengan una vida dura!

Sin embargo, es necesario que se hagan mejores animales rapaces, más finos y más astutos; más *semejantes al hombre*, porque el hombre es el mejor animal rapaz.

El hombre ha arrebatado ya sus virtudes a todos los animales, y, por eso, el hombre es el que ha tenido una vida más dura.

Sólo las aves están aún por encima de él. Y si el hombre aprendiese a volar, ¡desgraciado de él!, *¡a qué altura* volaría su rapacidad!

XXIII

"Así quiero yo al hombre y a la mujer. El uno apto para la guerra, la otra apta para concebir; pero los dos aptos para bailar con la cabeza y con las piernas.

¡Y que el día que no se haya bailado sea un día perdido para nosotros! ¡Y que toda verdad que no nos produzca al menos una alegría nos parezca falsa!

XXIV

"Así ved en qué forma atáis vuestros matrimonios; que no sea un mal *atadero*. Si los atáis precipitadamente ***vendrá*** el rompimiento, el adulterio.

¡Y más vale romper un vínculo que bajar la cabeza y mentir! Hé aquí lo que me ha dicho una mujer: "Verdad es que he roto los lazos del matrimonio, pero los lazos del matrimonio me habían roto antes a mí".

Siempre vi que los que no se avenían estaban sedientos de la peor venganza: se vengan en todo el mundo de no poder andar ya separadamente.

Por eso quiero que los que tienen buena fe digan: "Nosotros nos amamos: *¡procuremos* guardarnos afecto! ¡Cualquier otra promesa sería una equivocación!

Dadnos un plazo, una breve unión, para que veamos si somos capaces de una larga unión. ¡Es una cosa grave ser siempre dos!"

Así aconsejo yo a todos los que són de buena fe; y ¡qué sería mi amor al Superhombre y a todo lo que debe venir, si aconsejase y hablase de otro modo!

Y no debéis solamente multiplicaros, sino *elevaros*. ¡Oh, hermanos míos! Que os ayude para eso el jardín del matrimonio".

XXV

"El que ha adquirido el conocimiento de los antiguos orígenes, acabará por buscar las fuentes del porvenir y nuevos orígenes.

No pasará mucho tiempo, hermanos míos, sin que aparezcan nuevos pueblos, sin que nuevos manantiales suenen en las profundidades.

Porque el terremoto hunde muchas fuentes y crea mucha sed: eleva también a la luz fuerzas interiores y secretas. El terremoto descubre manantiales nuevos. En el cataclismo de los pueblos antiguos surgen manantiales nuevos.

Y si uno exclama: "Mirad: aquí tenéis *una* fuente para muchos sedientos, *un* corazón para muchos desmayados, *una* voluntad para muchos instrumentos", en torno suyo se reúne un *pueblo*, es decir, muchos hombres que hacen la prueba. *Lo que allí se prueba* es quién sabe mandar y quién debe obedecer.

La sociedad humana es una tentativa, una larga pesquisa, ¡pero busca al que manda! Eso es lo que yo enseño.

¡Una tentativa, hermanos míos, *y no* un "contrato". ¡Romped, rompedme tales palabras, que son palabras de corazones cobardes y de medias tintas!"

XXVI

"¡Oh, hermanos míos! ¿en quién se encuentra el mayor peligro de todo porvenir humano? ¿No es en los buenos y los justos?

En los que dicen y sienten en su corazón: "Nosotros sabemos ya lo que es bueno y justo, y también lo poseemos: ¡Desgraciados de los que quieran aún buscar en ese dominio!"

¡Y por mucho mal que puedan hacer los malos, el que hacen los buenos es el más perjudicial de todos!

¡Y por mucho mal que puedan hacer los calumniadores del mundo, el que hacen los buenos es el más perjudicial de todos!

Alguien miró una vez el corazón de los buenos y de los justos, y dijo: "Son los fariseos". Pero no se le comprendió.

Los buenos y los justos mismos no debían comprenderme: su espíritu es un prisionero de su conciencia.

Pero la verdad es esta: *es preciso* que los buenos sean fariseos: ¡no tienen elección!

¡Es preciso que los buenos crucifiquen al que se invente su propia virtud! ¡Esa es la verdad!

Otro que descubrió su país, el país, el corazón y terreno de los buenos y de los justos, fué el que preguntó: "¿a quién odian más?"

A quien más odian es al *creador:* al que rompe tablas y viejos valores, al destructor, a ese al que llaman criminal.

Porque los buenos no *pueden crear*: son siempre el principio del fin.

Crucifican al que escribe nuevos valores en tablas nuevas; sacrifican el porvenir para *ellos* mismos ¡crucifican todo el porvenir de los hombres!

Los buenos fueron siempre el principio del fin.

XXVII

¿Habéis comprendido, también, estas palabras, hermanos míos? ¿Y lo que un día dije del "último hombre?"

¿En quién se encuentran los mayores peligros para el porvenir de los hombres? ¿No es en los buenos y los justos?

¡Acabad, acabad con los buenos y los justos! ¿Habéis comprendido también esta palabra, hermanos míos?"

XXVIII

¿Huís de mí? ¿Os asustáis? ¿Tembláis ante estas palabras?

Hermanos míos, hasta que os he dicho que acabéis con los buenos y las tablas de los buenos, no he embarcado al hombre en su plena mar.

Y sólo es ahora cuando le asalta el gran terror, la gran mirada inquieta, la gran enfermedad, el gran mareo.

Los buenos os han enseñado cosas engañadoras y falsas seguridades: habíais nacido entre las mentiras de los buenos y os habíais refugiado en ellas. Los buenos han falseado y desnaturalizado radicalmente todas las cosas.

Pero el que descubrió el país "hombre", descubrió al mismo tiempo el país "porvenir de los hombres". ¡Ahora debéis ser para mí valientes y pacientes marineros!

¡Marchad derechos a tiempo, hermanos míos! ¡Aprended a marchar derechos! El mar está agitado; hay muchos que necesitan de nosotros para enderezarse.

El mar está agitado; todo está en el mar. ¡Andando, viejos corazones de marineros!

¡Qué importa la patria! Nosotros queremos gobernar *allá abajo*, donde está el *país de nuestros hijos!* ¡Allá abajo, más fogoso que el mar, hierve nuestro gran deseo".

XXIX

"Un día dijo el carbón común al diamante: "¿por qué tan duro? ¿No somos parientes próximos?"

Yo, hermanos míos, os pregunto: ¿Por qué tan blandos? ¿Es que no somos hermanos?

¿Por qué tan blandos, tan dúctiles, tan flojos? ¿Por qué hay tanto renunciamiento, tanta abdicación en vuestros corazones, y tan poco destino en vuestra mirada?

Y si no queréis ser destino, ni queréis ser inexorables, ¿cómo podríais un día *vencer* conmigo?

Y si vuestra dureza no quiere centellear, y cortar y tajar, ¿cómo podríais un día pelear conmigo?

Porque los creadores son duros. Y debe pareceros beatitud imprimir vuestra mano sobre siglos como sobre blanda cera.

Y escribir sobre la voluntad del milenario, como sobre bronce; más duros que el bronce, más nobles que el bronce. Sólo el más duro es el más noble.

¡Yo coloco sobre vosotros esta nueva tabla, hermanos míos! ¡HACEOS DUROS!"

"¡Oh, tú, voluntad mía, necesidad *mía*, tregua de toda miseria! ¡Evítame todas las pequeñas victorias!

¡Azar de mi alma, al que llamo destino! ¡Tú que estás en mí y por encima de mí, guárdame y resérvame para *un* gran destino!

Y tu última grandeza, voluntad mía, consérvala para el fin, ¡para que sea implacable en su victoria! ¡Ay!, ¡quién no sucumbe a su victoria! ¡Ay! ¿Qué ojos no se han oscurecido en esta embriaguez del crepúsculo? ¿Qué pie no ha tropezado y perdido su firmeza en la victoria?

Para que yo esté preparado y maduro cuando llegue el gran mediodía: preparado y maduro como el bronce candente, como la nube preñada de relámpagos y el seno henchido de leche.

Preparado para mí mismo y para mi voluntad más oculta: un arco anhelante de su flecha, una flecha anhelante de su estrella.

Una estrella preparada y madura en su mediodía, ardiente y traspasada, dichosa de la flecha celeste que la destruye.

¡Sol e implacable voluntad de sol ella misma, pronta a destruir en la victoria! ¡Oh, voluntad mía, necesidad *mía*, tregua de toda miseria! ¡Resérvame para *una* gran voctoria!"

Así hablaba Zaratustra.

EL CONVALECIENTE

I

Poco tiempo después de haber vuelto a su cabaña, se arrojó Zaratustra de su lecho una mañana como un loco, y empezó a gritar con voz terrible, gesticulando como si estuviese acostada otra persona que no quisiera levantarse. Retumbaba la voz de Zaratustra en forma tan extraordinaria que sus animales, asustados, se acercaron a él, y de todas las grutas, y de todos los escondrijos cercanos a la cueva de Zaratustra, huían todos los animales, volando, arrastrándose y saltando, según tenían patas o alas, pero Zaratustra pronunció estas palabras:

"¡Sube, pensamiento vertiginoso, surge de mi profundidad! ¡Yo soy tu gallo y tu alborada matutina, dormido gusano! ¡levántate! ¡Mi voz acabará por despertarte! ¡Destápate los oídos! ¡Escucha! ¡Porque yo quiero oírte! ¡Levántate! ¡Hay aquí bastante estruendo para que aprendan a oír hasta las tumbas!

¡Frótate los ojos y echa fuera el sueño, toda miopía y toda ceguera! Y escúchame también con tus ojos: ¡mi voz es un remedio aún para los ciegos de nacimiento!

Y cuando llegues a estar bien despierto, lo estarás para siempre. No es *mi* costumbre despertar a tatarabuelos para decirles que se vuelvan a dormir.

¿Te remueves, te estiras e hipeas? ¡Arriba! No has de hipear, ¡has de hablarme! ¡Te llama Zaratustra, Zaratustra el impío!

Yo, Zaratustra, el afirmador de la vida, el afirmador del dolor, el afirmador del círculo eterno, te llama a ti, ¡al más profundo de mis pensamientos!

¡Qué alegría! ¡Ya vienes; te oigo! Mi abismo *habla.* ¡He vuelto hacia la luz mi última profundidad!

¡Qué alegría! ¡Ven! Dame la mano. ¡Ah! ¡Deja! ¡Horror! ¡Horror! ¡Desdichado de mí!"

II

Cayó al suelo Zaratustra al terminar de decir estas palabras quedando como un muerto, y como muerto permaneció largo rato. Cuando recuperó el conocimiento estaba pálido y tembloroso y continuó tendido sin querer comer ni beber en mucho tiempo. Siete días pasó en ese estado, pero sus animales no le abandonaron ni de día ni de noche, salvo el águila en aquellos momentos en que se elevaba en busca del sustento, y al regresar, depositaba sobre el lecho de Zaratustra todo lo que había cogido; de manera que Zaratustra acabó por estar acostado, sobre bayas amarillas y rojas, racimos, manzanas, yerbas aromáticas y piñas, pero a sus pies estaban dos ovejas que el águila, con grandes trabajos, había robado a sus pastores.

Por fin, al cabo de siete días se incorporó Zaratustra en el lecho, tomó una manzana, se puso a olerla y le agradó el olor. Entonces los animales creyeron que había llegado la hora de hablarle.

"Zaratustra —dijeron—, hace siete días que estás tendido, con los ojos embotados: ¿no quieres, al fin, ponerte en pie?

Sal de la cueva; te espera el mundo como un jardín. El viento juguetea con los pesados perfumes que quieren venir a tu encuentro, y todos los arroyuelos quisieran venir hacia ti.

Suspiran por ti todas las cosas, viendo que te has quedado solo durante siete días. ¡Sal de la cueva! ¡Todas las cosas quieren ser tus médicos! ¿Te ha sorprendido alguna nueva certidumbre, amarga y pesada? Te has tendido ahí como una masa que fermenta: tu alma se hinchaba y rebosaba por todas partes". "Animales míos, respondió Zaratustra; seguid hablando así y dejadme escuchar. Vuestra conversación me reconforta: donde se charla me parece que el mundo se extiende ante mí como un jardín.

¡Qué agradable es que haya palabras y sonidos! ¿No son las palabras y los sonidos los arco-iris y puentes ilusorios entre las cosas eternamente separadas?

A cada alma pertenece otro mundo; para cada alma, toda otra alma es otro mundo.

Entre las cosas que más se asemejan es entre las que se producen los más de los espejismos: porque sobre el abismo más pequeño es donde es más difícil lanzar un puente.

Para mí, ¿cómo habría algo fuera de mí? ¡no hay afuera! ¡Pero todos los sonidos nos hacen olvidar eso! ¡Qué agradable es que podamos olvidar!

¿No se han dado a las cosas los nombres y los sonidos para que el hombre se recree? ¿No es una bella locura el lenguaje? Hablando, el hombre baila sobre todas las cosas.

¡Qué dulce es toda palabra! ¡Qué dulces parecen todas las mentiras de los sonidos! Los sonidos hacen bailar nuestro amor en variados arco-iris".

Entonces dijeron los animales: "Para los que piensan como nosotros, Zaratustra, todas las cosas bailan; van, se alargan la mano, ríen, huyen y vuelven.

Todo va, todo vuelve; la rueda de la existencia gira eternamente. Todo muere, todo vuelve a florecer: las estaciones de la existencia corren eternamente.

Todo se destruye, todo se reconstruye; se edifica eternamente la misma casa de la existencia. Todo se separa, todo se saluda de nuevo; el círculo de la existencia se conserva eternamente fiel a sí mismo.

A cada momento comienza la existencia; alrededor de cada *aquí* gira la bola *allá*. El centro está en todas partes. La senda de la eternidad es tortuosa".

"¡Ah, pícaros organillos! –respondió Zaratustra sonriendo nuevamente–. ¡Qué bien sabéis lo que debía cumplirse en siete días!

¡Y cómo se deslizó aquel monstruo al fondo de mi garganta para ahogarme! Pero de una dentellada le corté la cabeza y la escupí lejos de mí.

¡Y vosotros habéis sacado ya de esto un estribillo! Mas ahora yo estoy aquí cansado de haber mordido y escupido, enfermo todavía de mi propia liberación.

¡Y vosotros habéis sido espactadores de todo eso! ¡Oh, animales míos! ¿Es que también vosotros sois crueles? ¿Habéis querido contemplar mi gran dolor como hacen los hombres? Porque el hombre es el más cruel de los animales. Hasta ahora se ha sentido más a gusto sobre la tierra, asistiendo a tragedias, lidias de toros y a crucifixiones; y cuando inventó el infierno, fué ese su paraíso en la tierra.

Cuando clama el gran hombre, en seguida acude el pequeño con la lengua afuera de ansia. Pero llama a eso su "compasión".

Ved al hombre pequeño, al poeta sobre todo: ¡Con qué ardor acusan sus palabras a la vida! Escuchadle, mas no olvidéis el placer que hay en toda acusación.

La vida confunde a esos acusadores de la vida en un abrir y cerrar de ojos. "¿Me amas? –dice la impertinente–, espera un poco; aún no tengo tiempo para ti".

El hombre es el animal más cruel para consigo mismo; y en todos los que se llaman "pecadores", "penitentes", o los que hablan de "su cruz", ¡no os olvidéis de oír la voluptuosidad de que van mezcladas sus quejas y sus acusaciones!

Y en cuanto a mí mismo, ¿es que quiero ser con esto el acusador del hombre? ¡Ay, animales míos! Es necesario el mal más grande para el bien más grande del hombre: eso es lo único que he aprendido hasta ahora.

El mal más grande es la mejor *fuerza* del hombre, la piedra más dura para el creador supremo: es menester que el hombre se haga mejor y más malo.

Yo no he sido clavado a *esa* cruz: saber que el hombre es malo; sino que he gritado como nadie ha gritado todavía: "¡Ah, qué pequeña es su maldad! ¡Ah, qué pequeña es su mejor bondad!"

Me ahogaba y se me había atravesado en la garganta el gran hastío del hombre; y también lo que predecía el adivino: "Todo es igual; nada vale la pena; el saber ahoga".

Se arrastraba un largo crepúsculo ante mí, una tristeza mortal, cansada y ebria, que decía bostezando:

"Eternamente vuelve el hombre de que estás cansado, el hombre pequeño". Así bostezaba mi tristeza arrastrando los pies sin poder dormir.

La tierra humana se transformaba para mí en caverna; se vaciaba su seno; todo lo viviente se volvía podredumbre, huesos humanos y pasado en ruinas.

Reposaban mis suspiros sobre todas las tumbas humanas y no podían ya abandonarlas; croaban mis suspiros y mis preguntas se ahogaban, roían y se quejaban noche y día.

"¡Ay, el hombre vuelve eternamente! ¡El hombre pequeño vuelve eternamente!"

Yo los vi en otro tiempo desnudos, al más grande y al más pequeño de los hombres: ¡demasiado parecidos el uno al otro; demasiado humanos, aun el más grande!

¡Demasiado pequeño el más grande: ese fué mi disgusto del hombre! ¡Y el eterno retornar del más pequeño: ese fué mi disgusto de toda existencia!

¡Ay! ¡Qué hastío! ¡Qué hastío ¡Qué hastío! Así hablaba Zaratustra, suspirando y tembloroso, acordándose de su enfermedad. Pero sus animales no le dejaron continuar.

"Cesa ya de hablar, convaleciente –le dijeron sus animales–, y sal de aquí. Ve a donde te espera el mundo, semejante a un jardín.

¡Ve al lado de los rosales, de las abejas y de los enjambres de palomas, pero sobre todo al lado de las aves canoras, para aprender su *canto!*

Porque a los convalecientes les conviene el canto: que hable el que goce de salud. Y si el que disfruta de salud quiere cantos, han de ser distintos de los del convaleciente". "¡Ah, pícaros organillos, callaos! —respondió Zaratustra, riéndose de sus animales—. ¡Qué bien sabéis el consuelo que me he inventado para mí en siete días!

Tener que cantar nuevamente: *ese* es el consuelo que he inventado para mí; *esa* es la curación. ¿Queréis sacar también de eso un estribillo?"

"Cesa ya de hablar —volvieron a decirle sus animales—: ¡prepárate una lira, una lira nueva!

Porque mira, Zaratustra: para tus cantos nuevos, es necesaria una lira nueva.

Canta Zaratustra; cura tu alma con cantos nuevos para que puedas sustentar tu gran destino que no ha sido aún el destino de nadie.

Porque tus animales saben bien quién eres, Zaratustra, y lo que debes llegar a ser: *tú eres el profeta del eterno retorno de las cosas:* ¡ese es ahora *tu* destino!

Tú has de ser el primero que enseñe esta doctrina: ¡cómo ese gran destino no será también tu mayor peligro y tu peor enfermedad!

Nosotros sabemos lo que tú enseñas: que todas las cosas vuelven eternamente y que nosotros mismos volvemos con ellas; que nosotros hemos existido ya infinidad de veces y que todas las cosas han existido con nosotros.

Tú enseñas que hay un gran año del venir a ser, un prodidioso año, que, como reloj de arena, tiene siempre que volverse de nuevo para correr y vaciarse de nuevo.

De manera que todos esos años se parecen a sí mismos, en grande y en pequeño; de manera que nosotros, en ese gran año somos semejantes a nosotros mismos en grande y en pequeño.

Y si tú quisieses morir ahora, Zaratustra, sabemos también cómo te hablarías a ti mismo; pero ¡tus animales te suplican que no mueras aún!

Hablarías sin temblar; más bien suspirarías de alegría, porque tú, que eres el más paciente, te verías libre de una gran angustia".

"Ahora muero y desaparezco, dirías y dentro de un instante no seré ya nada. Las almas son también mortales como los cuerpos.

Pero el nudo de las causas en que me veo cogido ¡volverá a crearme! Yo mismo formo parte de las causas del eterno retorno de las cosas.

Volveré con este sol, con esta tierra, con esta águila, con esta serpiente, *no* para una vida nueva ni para una vida mejor o semejante. Volveré eternamente para esta misma vida, idéntica en grande y en pequeño, a fin de enseñar otra vez el eterno retorno de las cosas, a fin de repetir otra vez las palabras del gran mediodía de la tierra y de los hombres; a fin de aleccionar otra vez a los hombres sobre la llegada del Superhombre.

He dicho mi palabra y por ella sucumbo. Así lo quiere mi destino eterno: ¡desaparezco como anunciador!

Ha llegado la hora: la hora en la que el que desaparece se bendice a sí mismo. Así acaba el ocaso de Zaratustra".

Pronunciadas estas palabras, quedaron callados los animales esperando que Zaratustra les dijese alguna cosa, pero Zaratustra no se dió cuenta de que callaban. Estaba tendido tranquilamente, con los ojos cerrados como si durmiera, aunque no dormía: porque conversaba con su alma. Pero el águila y la serpiente, al verle tan silencioso, respetaron el gran silencio que le rodeaba y se retiraron con precaución.

DEL GRAN DESEO

"Alma mía, te he enseñado a decir "hoy" como "un día" y "en otro tiempo", y a pasar bailando por encima de todo aquí y allá.

Alma mía, te he librado de todos los escondrijos, y he alejado de ti el polvo, las arañas y la media luz.

Alma mía, te he lavado de todo pequeño pudor y de la virtud meticulosa, y te he persuadido para que estés desnuda ante los ojos del sol.

Con esa tempestad que se llama "espíritu" soplé sobre tu

mar revuelto, y expulsé de él todas las nubes, y hasta estrangulé al asesino que se llama "pecado".

Alma mía, te he dado el derecho de decir "no", como la tempestad, y de decir "sí", como el cielo despejado; ahora estás tranquila como la luz y pasas a través de las tempestades negadoras.

Alma mía, te he enseñado el desprecio que no viene como la carcoma, el gran desprecio amante, que ama más donde más desprecia.

Alma mía, te he enseñado a persuadir de tal manera, que las causas mismas se te rinden: así como el sol que persuade al mismo mar para que suba a su altura.

Alma mía, te he apartado de ti toda obediencia, toda genuflexión y todo servilismo; yo mismo te he dado el nombre de "tregua de miseria" y de "destino".

Alma mía, te he dado nombres nuevos y juguetes multicolores, te he llamado "destino", y "circunferencia de las circunferencias, y "ombligo del tiempo", y "bóveda cerúlea".

Alma mía, he dado a beber a tu dominio terrestre toda la sabiduría, todos los vinos nuevos y también todos los vinos añejos de la sabiduría: los vinos de tiempo inmemorial.

Alma mía, he vertido sobre ti todo el sol y toda la noche, todos los silencios y todos los deseos: entonces has crecido para mí como una viña.

Alma mía, ahora estás ahí, plena y pesada como vid de racimos exhuberantes, abrumada de dicha y avergonzada de tu expectación.

¡Alma mía, no hay ya en ninguna parte alma que sea más amante, más acogedora y más amplia! ¿Dónde estarían el porvenir y el pasado más cerca el uno del otro que en ti?

Alma mía, te lo he dado todo y por ti he quedado con las manos vacías. Y ahora me dices sonriendo, llena de melancolía: "¿Quién de nosotros debe dar las gracias?"

¿No es el que da quien debe estar agradecido al que ha tenido a bien tomar? ¿No es una necesidad dar? ¿No es lástima tomar?

Alma mía, comprendo la sonrisa de tu melancolía: ¡tu abundancia tiene ahora las manos llenas de deseos!

Tu plenitud dirige sus miradas a los mares rugientes; busca y espera: ¡el deseo infinito de la plenitud lanza una mirada a través del cielo sonriente de tus ojos!

Y, ciertamente, alma mía, ¿quién contemplaría tu sonrisa sin deshacerse en lágrimas? Hasta los ángeles se deshacen en lágrimas viendo la excesiva bondad de tu sonrisa.

Tu bondad, tu bondad demasiado grande, no quiere lamentarse ni llorar; y, sin embargo, alma mía, tu sonrisa desea las lágrimas y tu temblorosa boca los sollozos.

¿No es todo llanto una queja, y toda queja una acusación?" Así te hablas a ti misma, y por eso prefieres sonreír a derramar tu pena.

A derramar en torrentes de lágrimas toda la pena que te causa tu plenitud y toda la ansiedad que hace suspirar a la viña por el viñador y su podadera.

Mas, si no quieres llorar, llorar hasta el fin tu tristeza, será preciso, alma mía, que *cantes*. Ya ves: yo me predije esto, también sonrío.

Será necesario que cantes con voz rugiente hasta que los mismos mares queden en silencio, para escuchar tu gran deseo.

Hasta que en anhelantes y silenciosos mares se balancee la barca, dorada maravilla, alrededor de cuyo oro bullen todas las cosas buenas, malas y singulares. Y muchos animales, grandes y pequeños, y cuanto posee piernas ligeras y maravillosas, para poder correr por senderos de violetas hacia la barca voluntaria y hacia su dueño.

Pero él es el viñador que aguarda con su podadera de diamante, tu gran libertador, alma mía, el inefable para quien sólo los cantos del porvenir sabrán hallar nombres.

¡Y, verdaderamente, ya tiene tu aliento el perfume de los cantos del porvenir!

Ya te abrasas y sueñas, ya bebe en todos los pozos consoladores tu sed; ya reposa tu melacolía en la beatitud de los cantos del porvenir.

Todo lo he dado, alma mía, todo hasta lo que era mi último bien, y por ti han quedado mis manos vacías; *haberte dicho que cantes* fué mi último don.

Yo te he dicho que cantes. Habla, pues, habla: *¿quién* de

nosotros debe dar las gracias? Pero no: ¡canta para mí, canta alma mía! ¡Y déjame darte las gracias!"

Así hablaba Zaratustra.

EL OTRO CANTO DEL BAILE

I

"Acabo de mirarte a los ojos, vida; he visto en tus ojos nocturnos brillo de oro, y me ha paralizado el corazón esa voluptuosidad.

¡He visto brillar una barca de oro en aguas nocturnas, una barquilla que se hundía y reaparecía haciendo señas!

Tú dirigías una mirada hacia mis pies, locos por bailar, una mirada arrulladora, fundente, risueña e interrogadora.

Sólo dos veces agitaste con tus pequeñas manos las castañuelas, y ya mis pies bailaban ebrios.

Se arqueaban mis talones y los dedos de mis pies escuchaban para comprenderte: ¿no lleva el bailarín los oídos en los dedos de sus pies?

¡Salté a tu encuentro, y retrocediste ante mi impulso; y serpenteaba hacia mí tu fugitiva y voladora cabellera!

Me alejé de ti con un brinco; me alejé de tus serpientes y tú te erguías ya, medio vuelta, con los ojos llenos de deseo.

Con torcidas miradas, me enseñas torcidas sendas; pero en las sendas torcidas, saben ser astutos mis pies.

Te temo cuando estás cerca de mí; te amo cuando estás lejos; me atrae tu huída; me detienen tus pesquisas. Sufro, pero ¡qué no sufriría yo por ti!

¡Por ti, cuya frialdad aviva el fuego, cuyo odio seduce, cuya huída ata, cuyas burlas conmueven!

¡Quién no te odiaría, gran atadora, enredadora, seductora y descubridora! ¡Quién no te amaría, inocente, impaciente, pecadora precoz de ojos infantiles!

¿Dónde me arrastras ahora, niño prodigio? ¡Y ya vuelves a esquivarte, joven ingrata!

Bailando sigo hasta tus más pequeñas huellas. ¿Dónde estás? ¡Dame la mano, o aunque sólo sea un dedo!

Hay por ahí cuevas y bosques; ¡nos vamos a extraviar! ¡Detente! ¿No ves cómo revolotean los buhos y los murciélagos?

¡Tú, buho! ¡Murciélago! ¿Te quieres burlar de mí? ¿Dónde estamos? Has aprendido de los perros tu aullar y gruñir. Me enseñabas graciosamente tus dientecillos; tus malvados ojos me traspasaban a través de tu melena rizada.

¡Qué danza por montes y valles! Yo soy el cazador: ¿quieres tú ser mi perro?

¡Ahora, a mi lado! ¡Y de prisa! ¡Arriba ahora! ¡Desgraciado de mí! ¡Caí al saltar!

¡Mira cómo estoy tendido aquí! ¡Mira, altanera, cómo imploro tu gracia! ¡Quisiera seguir contigo sendas más agradables!

¡Las sendas del amor, a través de matorrales multicolores! ¡O las que siguen costeando el lago en que nadan y bailan peces dorados!

¿Estás cansada ahora? Allá abajo hay ovejas y arreboles vespertinos. ¿No es agradable dormir cuando tañen la flauta los pastores?

¿Tan cansada estás? Voy a llevarte allí; deja sólamente caer los brazos. ¿Es que tienes sed? Te podría dar algo, pero tu boca no quiere beberlo.

¡Maldita serpiente esta! ¡Escurridiza, veloz y ágil! ¿Dónde te has metido? ¡Siento en mi rostro dos marcas de tu mano, dos manchas rojas! ¡Ya estoy harto de veras de perseguirte como un cándido! ¡Hechicera; yo he cantado para ti hasta ahora ¡ahora debes tú gritar para *mí!*

¡Debes bailar y gritar al compás de mi látigo! ¿No he olvidado el látigo? ¡No!"

II

Hé aquí lo que respondió entonces la vida, tapándose sus delicados oídos:

"¡Oh, Zaratustra! ¡No hagas chasquear tan espantosamente el látigo! Tú lo sabes bien: el ruido mata los pensamientos. ¡Precisamente ahora me asaltan tiernos pensamientos!

Nosotros no somos buenos ni malos para nada. Más allá del bien y del mal, hemos encontrado nuestra isla y nuestra verde pradera: ¡la hemos encontrado nosotros dos solos! ¡Por eso nos debemos amar el uno al otro!

Y aunque no nos amemos con toda el alma, ¿es cosa de enojarse, cuando no se aman las personas con toda el alma?

Y sabes de sobra que te amo muchas veces con exceso; y la razón es que estoy celosa de tu sabiduría. ¡Ah, esa vieja loca: la sabiduría!

Si alguna vez te dejase tu sabiduría, ¡ay!, también mi amor te dejaría al punto".

Entonces la vida miró meditabunda detrás y alrededor de sí, y dijo en voz baja: "¡Oh, Zaratustra, no me eres bastante fiel!

Falta mucho para que me ames tanto como dices; sé que piensas abandonarme pronto.

Hay una vieja campana, pesada, pesadísima, que resuena por la noche allá arriba hasta tu cueva: cuando oyes a esa campana dar las horas a media noche, piensas en abandonarme".

"Sí; —respondí titubeando—; pero tú sabes también..." Y le dije una cosa al oído, a través de sus cabellos enmarañados, de sus mechones dorados y revueltos.

"¿Tú *sabes* eso, Zaratustra? Nadie sabe eso".

Y nos miramos, y dirigimos nuestras miradas a la verde pradera, por donde pasaba la frescura del atardecer, y lloramos juntos. Pero entonces quería yo más a la vida que nunca he querido a toda mi sabiduría".

Así hablaba Zaratustra.

III

¡Una!

¡Cuidado, hombre!

¡Dos!

¿Qué dice la media noche profunda?

¡Tres!

He dormido, he dormido.

¡Cuatro!

He despertado de un profundo sueño.

¡Cinco!

El mundo es profundo.

¡Seis!

Y más profundo de lo que pensaba el día.

¡Siete!

Profundo su dolor.

¡Ocho!

La alegría es más profunda que la pena.

¡Nueve!

El dolor dice: ¡pasa!

¡Diez!

Pero toda alegría quiere la eternidad.

¡Once!

¡Quiere la profunda eternidad!"

¡Doce!

Los siete sellos
(o el canto del alfa y omega).

1

"Si yo soy un adivino, lleno de ese espíritu adivinatorio que camina por una alta cúspide entre dos mares, entre el pasado y el porvenir, como una densa nube, enemiga de todas las sofocantes hondonadas, de todo lo que está cansado y no puede morir ni vivir.

Preparada para que el relámpago desgarre su oscuro seno, preparada para fulminar el rayo de claridad redentora, henchida de relámpagos afirmadores que se ríen de su afirmación, pronta para fulminar rayos adivinadores.

(Y dichoso el que así está henchido, pues, en verdad, ¡es preciso que se cierna largo tiempo sobre la cumbre, como pesada tormenta, el que un día debe encender la luz del porvenir!)

¿Cómo no he de arder en la pasión o la eternidad, por el nupcial anillo de los anillos, por el anillo del retorno de las cosas?

Jamás he encontrado aún a la mujer de quien quisiera tener hijos, si no es esta mujer a quien amo: ¡porque yo te amo, eternidad!

¡PORQUE YO TE AMO, ETERNIDAD!

II

Si mi cólera ha profanado a veces las tumbas, echado abajo las lindes y arrojado viejas tablas rotas a profundidades escarpadas.

Si mi burla ha barrido alguna vez las palabras caducas; si ha venido a ser como una escoba para las arañas, y como un viento purificador para las cavernas sepulcrales, viejas y enmohecidas.

Si estuve sentado alguna vez, lleno de alegría, en el sitio donde yacen los dioses antiguos, bendiciendo y amando al mundo al lado de los monumentos de los antiguos calumniadores del mundo –porque yo amo hasta las iglesias y las tumbas de los dioses, con tal de que el cielo mire serenamente a través de sus rotas bóvedas, y gozo con reposar sobre las iglesias destruídas, como la hierba y las amapolas–, ¿cómo no he de estar apasionado por la eternidad, por el nupcial anillo de los anillos, por el anillo del retorno?

Jamás he encontrado aún a la mujer de quien yo quisiera tener hijos, si no es esta mujer a quien amo: ¡porque yo te amo, eternidad!

¡PORQUE YO TE AMO, ETERNIDAD!

III

Si alguna vez llegó hacia mí un soplo del soplo creador y de esa necesidad divina que obliga a los mismos azares a bailar la danza de las estrellas.

Si me reí alguna vez con la risa del relámpago creador, al cual sigue murmurando, pero obediente, el prolongado trueno de la acción.

Si jugué alguna vez a los dados con los dioses, en la divina mesa de la tierra, haciendo que la tierra temblase y se quebrara, lanzando al aire ríos de llamas —porque la tierra es una mesa divina, que tiembla con nuevas palabras creadoras y con un ruido de dados divinos—, ¿cómo no he de estar apasionado por la eternidad, por el nupcial anillo de los anillos, por el anillo del retorno?

Jamás he encontrado aún a la mujer de quien yo quisiera tener hijos, si no es esta mujer a quien amo: ¡porque yo te amo, eternidad!

¡PORQUE YO TE AMO, ETERNIDAD!

IV

Si alguna vez he bebido un largo trago de ese cántaro espumoso de especias y mixturas, donde todas las cosas están bien mezcladas.

Si mi mano ha mezclado alguna vez lo más remoto con lo más próximo, el fuego con el espíritu, la alegría con la pena, y las peores cosas con las mejores.

Si yo mismo soy un grano de sal redentora, que hace que todas las cosas se mezclen bien en el cántaro de las mezclas —porque existe una sal que liga el bien con el mal, y hasta el mal es digno de servir de especia y de hacer que se desborde la espuma del cántaro— ¿cómo no he de estar apasionado por la eternidad, por el nupcial anillo de los anillos, por el anillo del retorno?

Jamás he encontrado aún a la mujer de quien yo quisiera

tener hijos, si no es esta mujer a quien amo: ¡porque yo te amo, eternidad!

¡PORQUE YO TE AMO, ETERNIDAD!

V

Si yo amo el mar y todo lo que se parece al mar, y más todavía cuando me contradice fogoso.

Si existe en mí la pasión del investigador que impulsa la vela hacia lo desconocido. Si hay en mi pasión algo de la pasión del navegante. Si alguna vez mi alegría ha exclamado: ¡Han desaparecido las costas; ahora ha caído mi última cadena! Bulle en torno mío la inmensidad sin límites; lejos de mí centellean el tiempo y el espacio; ¡vamos, en marcha, viejo corazón!

¿Cómo no he de estar apasionado por la eternidad, por el nupcial anillo de los anillos, por el anillo del retorno?

Jamás he encontrado aún a la mujer de quien yo quisiera tener hijos, si no es esta mujer a quien amo: ¡porque yo te amo, eternidad!

¡PORQUE YO TE AMO, ETERNIDAD!

VI

Si mi virtud es una virtud de bailarín; si con frecuencia he saltado en medio de arrobamientos de oro y de esmeraldas.

Si mi maldad es una maldad risueña que se encuentra en su centro entre enramadas de rosas y setos de azucenas, porque en la risa todo lo que es malo se encuentra junto, pero santificado y libertado por su propia beatitud.

Y si es mi alfa y omega que todo lo pesado se haga ligero, todo cuerpo danzarín, todo espíritu ave: ¡y, ciertamente, tal es mi alfa y omega!

¿Cómo no he de estar apasionado por la eternidad, por el nupcial anillo de los anillos, por el anillo del retorno?

Jamás he encontrado aún a la mujer de quien yo quisiera tener hijos, si no es esta mujer a quien amo: ¡porque yo te amo, eternidad!

PORQUE YO TE AMO, ETERNIDAD.

VII

Si alguna vez he desplegado cielos tranquilos sobre mí, volando con mis propias alas en mi propio cielo. Si he nadado jugando, en profundas lontananzas de luz; si la sabiduría alada de mi libertad ha venido a decirme: "¡Mira! ¡No hay arriba ni abajo! ¡Lánzate hacia aquí y hacia allá, hacia adelante y hacia atrás, tú que eres ligero! ¡Canta! ¡No hables más!

¿No están hechas todas las palabras para los que son pesados? ¿No mienten todas las palabras al que es ligero? ¡Canta! ¡No hables más!"

¿Cómo no he de estar apasionado por la eternidad, por el nupcial anillo de los anillos, por el anillo del retorno?

Jamás he encontrado aún a la mujer de quien yo quisiera tener hijos, si no es esta mujer a quien amo: ¡porque yo te amo, eternidad!

¡PORQUE YO TE AMO, ETERNIDAD!

CUARTA Y ULTIMA PARTE

> ¡Ay! ¿Dónde se hicieron sobre la tierra más locuras que entre los misericordiosos, y qué hizo más daño a la tierra que la locura de los misericordiosos?
>
> ¡Pobres todos los que aman sin tener una altura que esté por encima de su piedad!
>
> El diablo me dijo un día: "Dios también tiene su infierno: es su amor a los hombres".
>
> Y últimamente le oí decir estas palabras: "Dios ha muerto; su piedad por los hombres es lo que le ha matado".
>
> *Zaratustra.*
>
> De los misericordiosos, pág. 78.

LA OFRENDA DE LA MIEL

Y volvieron a transcurrir meses y años por el alma de Zaratustra sin que él se diese cuenta; pero sus cabellos blanqueaban. Un día que estaba sentado en una piedra delante de su cueva, mirando en silencio hacia la lejanía, porque desde aquel punto se veía el mar, allá a lo lejos, al otro lado de los abismos profundos, sus animales, pensativos, daban vueltas a su alrededor y acabaron por ponerse delante de él.

"Zaratustra –le dijeron– ¿es que buscas tu felicidad con los ojos?"

"Qué importa la felicidad –respondió Zaratustra–. Hace mucho tiempo que no aspiro a la felicidad; aspiro a mi obra".

"Zaratustra —replicaron los animales—, dices eso como quien está saturado de bien. ¿No estás tendido en un lago azulado de felicidad?" "¡Burlones! —contestó sonriendo Zaratustra—. ¡Qué bien habéis elegido la parábola! Mas también sabéis que mi felicidad es pesada y que no es como una onda líquida: me empuja y no quiere abandonarme, adhiriéndose como pez derretida".

Volvieron los animales a dar vueltas a su alrededor, pensativos, y se colocaron nuevamente delante de él. "Zaratustra —dijeron—. ¿Entonces, es esa la causa de que estés cada vez más amarillo y más oscuro, aunque tus cabellos aparentan ser blancos? ¡Es que te consumes en tu pez y en tu desgracia!" "¿Qué decís? —exclamó Zaratustra riendo—. Verdaderamente, he blasfemado al hablar de pez. Lo que me sucede les ocurre a todos los frutos que maduran. Lo que hace a mi sangre más espesa y a mi alma más silenciosa es la *miel* que corre por mis venas". "Eso debe ser, Zaratustra, —dijeron los animales, aproximándose a él; —pero, ¿no quieres subir hoy a una montaña alta? Hoy el aire está puro: Puedes vivir en el mundo mejor que nunca". "Sí, animales míos —contestó Zaratustra—; tenéis consejos encantadores y en completo acuerdo con mi deseo. ¡Hoy quiero subir a una alta montaña! Pero procurad que halle miel a mi alcance, miel de doradas colmenas, miel amarilla, blanca, buena, y de una frescura glacial. Porque sabed que allá arriba quiero hacer la ofrenda de la miel".

Al llegar a la cumbre, despidió Zaratustra a los animales que hasta allí le habían acompañado, y al darse cuenta de que estaba solo, rió con toda el alma, miró en derredor suyo, y dijo:

"He hablado de ofrendas y de ofrendas de miel; pero no era todo ello más que un ardid de mi discurso, una útil locura. Aquí arriba ya puedo hablar con más libertad que ante los refugios de los ermitaños y de los animales domésticos de los ermitaños.

¿Qué hablaba yo de sacrificios y de ofrendas? Yo, que derrocho cuanto se me da; yo, el derrochador de las mil manos, ¡cómo me atrevería a llamar a eso sacrificio!

Y cuando pedí miel, lo que pedía era un cebo, colmenas doradas, de que son golosos los osos gruñones y las aves prodigiosas.

Pedía el mejor cebo, como lo necesitan cazadores y pescadores, porque si el mundo es como un sombrío bosque poblado de animales, jardín de delicias de todos los cazadores valientes, aún me parece que se asemeja más a un mar sin fondo, a un mar lleno de peces y de cangrejos codiciados por los mismos dioses hasta el punto de hacerse pescadores y echar sus redes: ¡tan rico es el mundo en prodigios grandes y pequeños!

Sobre todo, el mundo de los hombres, el mar de los hombres: hacia *él* lanzo yo mi dorado sedal diciendo: "¡Abrete, abismo humano!

¡Abrete y arrójame tus peces y tus relucientes cangrejos! ¡Pesco hoy con mi mejor cebo, para mí, los peces humanos más prodigiosos!"

Lanzo mi misma felicidad a lo lejos; la lanzo a todas las lejanías, entre el Oriente, el Mediodía y el Occidente, para ver si habrá muchos peces humanos que se resistan y no aprendan a morder en ese cebo.

Hasta que al morder mi agudo y oculto anzuelo tengan que subir a mi altura, hacia el más perverso de los pescadores de hombres, los más vistosos gobios de las profundidades.

Porque yo soy, esencialmente, y hasta el fondo de mi alma, fuerza que tira, que atrae, que eleva: un maestro, un adiestrador, un educador que no en balde se dijo a sí mismo en otro tiempo: "¡Hazte quién eres!"

Así, pues, que *suban* los hombres a mi lado: porque yo espero todavía los signos que me digan que ha llegado el momento de mi descenso; yo no me hundo aún entre los hombres.

Por eso espero aquí, astuto y burlón, en las altas montañas, ni impaciente ni paciente, sino más bien como quien ha olvidado la paciencia, puesto que no "padece" ya.

Porque mi destino me deja tiempo. ¿Me habrá olvidado? ¿O estará tras de una gran piedra, sentado a la sombra, cazando moscas?

En verdad, estoy reconocido a mi destino eterno, que no me persigue ni me hostiga y que me deja tiempo para llevar a cabo bromas y farsas; por eso he trepado hoy a esta alta montaña para coger peces.

¿Se vió jamás un hombre pescando en altas montañas? Pero si lo que yo persigo allá arriba es una locura, más vale hacer una locura que no volverse solemne y ponerse verde y amarillo a fuerza de esperar.

Henchido de cólera de tanto esperar, como una santa tempestad rugiente que viene de la montaña, como un impaciente que grita hacia los valles: "¡escuchad, o si no os sacudiré con el azote de Dios!"

No es que me irriten semejantes coléricos; nada más me hacen reír. ¡Comprendo que estén impacientes esos tambores ruidosos que tendrán la palabra hoy o nunca!

Pero yo y mi destino no hablamos al "hoy", ni tampoco hablamos al "nunca"; tenemos paciencia para hablar, y tiempo, mucho tiempo, para ello. Porque *él* vendrá forzosamente un día, y no de pasada.

¿Quién deberá venir un día, y no de pasada? Nuestro gran azar, es decir, nuestro grande y lejano Reinado del Hombre; el reinado de Zaratustra, que dura mil años.

Si esa "lejanía" está aún lejana, ¡qué me importa! No por eso es menos sólida para mí. Me afirmo lleno de confianza con los dos pies sobre estos antiguos montes, los más altos y duros, a los que todos los vientos se acercan como a un límite meteorológico, para informarse de los puntos de origen y destino.

¡Ríete, pues, ríe, luminosa y sana maldad mía! ¡Lanza desde las altas montañas tu centelleante risa burlona! ¡Atrae con tu centelleo a los más hermosos peces humanos!

Y todo lo que me pertenece a mí en todos los mares, lo que es mío en todas las cosas, *eso* péscalo para mí, tráemelo aquí arriba: es lo que espera el más malo de todos los pescadores.

¡Lejos, lejos, anzuelo mío! ¡Desciende, vete al fondo, cebo de mi felicidad! ¡Escurre tu más dulce rocío, miel de mi corazón! ¡Muerde, anzuelo, en el vientre, a todas las negras penas!

¡Lejos, lejos mi mirada! ¡Cuántos mares alrededor de mí, cuánto porvenir humano nace con la aurora! Y por encima de mí ¡qué sonrosado silencio! ¡qué silencio sin nubes!"

EL GRITO DE ANGUSTIA

Al día siguiente, Zaratustra estaba sentado otra vez en su piedra delante de la cueva, mientras sus animales andaban por el mundo en busca de alimentos, y también de nueva miel: ¡porque Zaratustra había derrochado y disipado hasta el último resto de la miel vieja! Mas, estando sentado allí, con un palo en la mano, siguiendo el contorno que la sombra de su cuerpo proyectaba en el suelo, ensimismado en profunda meditación —y no, ciertamente, sobre sí mismo ni sobre su sombra—, se estremeció de súbito y quedó sobrecogido de pavor: había visto otra sombra al lado de la suya. Y levantándose y volviéndose rápidamente, vió a su lado, en pie, al adivino, al mismo a quien una vez había dado de comer y de beber en su mesa: al proclamador de la gran laxitud, que enseñaba: "Todo es igual; nada vale la pena; el mundo no tiene sentido; el saber ahoga". Pero su rostro se había transformado desde entonces; y Zaratustra se sobrecogió de nuevo al mirarle a los ojos: tantas predicciones funestas se leían en aquel semblante.

El adivino, comprendiendo lo que agitaba el alma de Zaratustra, se pasó la mano por la cara, como si hubiese querido borrar lo que en ella había. Zaratustra, por su parte, hizo lo mismo. Cuando de esta manera se serenaron y cobraron ánimo los dos, se dieron las manos en prueba de que querían reconocerse.

"Bien venido seas, adivino de la gran laxitud —dijo Zaratustra—. No en vano fuiste huésped mío en otro tiempo, y comensal. Come y bebe también hoy en mi morada, y perdona que se siente contigo a la mesa un viejo alegre" "¿Un viejo alegre? —respondió el adivino moviendo la cabeza—. Quienquiera que seas o desees ser, no lo serás ya por mucho tiempo, Zaratustra; dentro de poco tu barca no estará ya al abrigo". "¿Pero es que yo estoy al abrigo?" —preguntó Zaratustra sonriendo. El adivino contestó: "Alrededor de tu montaña suben continuamente las olas, esas olas de la inmensa miseria y de la aflicción; no tardarán éstas en levantar tu barca y arrastrarte con ella". Zaratustra quedó asombrado. "¿Todavía no oyes nada?" —continuó el adivino—. "¿No llega del abismo un sordo rumor?" Zaratustra seguía callado, escuchando. Entonces oyó un prolongado grito que los abismos se lanzaban y devolvían, pues ninguno de ellos quería retenerle; tan lúgubre era su son.

"Siniestro adivino —dijo al fin Zaratustra—; ese es un grito de hombre: probablemente sale de un mar negro. Más ¡qué me importa a mí la angustia de los hombres! ¿Sabes cuál es el nombre del último pecado que me está reservado?"

"*¡Compasión!* —respondió el adivino, cuyo corazón se desbordaba, alzando las manos—. ¡Oh, Zaratustra! ¡Yo vengo a hacerte cometer tu último pecado!"

Pronunciadas estas palabras volvió a oírse el grito, más prolongado y angustioso que antes, y mucho más próximo. "¿Oyes, oyes Zaratustra?" —exclamó el adivino—. Ese grito se dirige a ti, a ti es a quien llama: ¡Ven, ven, ven! ¡Ya es la hora; no hay momento que perder!"

Pero Zaratustra seguía callado, lleno de turbación. Al fin preguntó como quien duda interiormente "¿Y quién es quien me llama desde allá abajo?"

"Demasiado lo sabes —contestó rápidamente el adivino—. ¿Por qué lo ocultas? ¡El *hombre superior* es el que te llama en su socorro!"

"¡El hombre superior! —gritaba espantado Zaratustra—. ¿Y qué quiere? ¿Qué es lo que quiere el hombre superior? ¿Qué quiere *él* aquí?" Y su cuerpo se cubrió de sudor.

El adivino no respondió a la angustia de Zaratustra: escuchaba y volvía a escuchar, inclinado sobre el abismo; pero como se prolongase demasiado el silencio, volvió hacia atrás su mirada, y vió a Zaratustra de pie y tembloroso.

"Zaratustra —comenzó a decir con voz triste—, no tienes traza en verdad de saltar de alegría. Y aunque pudieses bailar delante de mí y dar todos los saltos y respingos, nadie podría decirme: "¡Mira: ese es el baile del último hombre alegre!"

Si alguien buscara aquí a *ese* hombre, llegaría en vano a estas alturas; encontraría cuevas, grutas, escondites propicios para los que se ocultan; pero no pozos de felicidad, ni tesoros, ni nuevos filones de ventura.

"¡Ventura! ¿Cómo la encontraría en semejantes tumbas y en tales ermitas? ¿Es que he de buscar aún la última felicidad en las Islas Bienaventuradas, y allá a lo lejos, entre mares olvidados?"

Así suspiró el adivino, pero al oír su último suspiro, Zaratustra recobró la serenidad y el ánimo, como quien vuelve a la luz desde una sima profunda. "¡No! ¡No! ¡No! ¡Tres veces no! –exclamó con voz firme acariciándose la barba–. *¡Eso* lo sé yo mucho mejor que tú! ¡Aún existen Islas Bienaventuradas! ¡No digas una palabra, saco de tristezas!

¡Acaba ya de chillar, nube lluviosa de la mañana! ¿No me ves ya mojado por tu tristeza y rociado como un perro?

Pero me sacudo y huyo lejos de ti para secarme. ¡No te asombres! ¿Te parezco descortés? Mi *corte* está aquí.

Y por lo que se refiere a tu hombre superior, ¡voy corriendo a buscarle en esos bosques!, de allí salió su grito. Quizá le amenace una fiera.

Está en *mi* dominio y no quiero que le suceda alguna desgracia. Y, ciertamente, ¡hay muchas fieras en mi dominio!"

Al pronunciar estas palabras, se dispuso Zaratustra a partir. Entonces exclamó el adivino: "¡Eres un pícaro, Zaratustra!

Lo sé muy bien; lo que quieres es librarte de mí. ¡Prefieres escaparte a los bosques para perseguir a las fieras!

Pero, ¿te servirá eso de algo? Volverás a la noche y volverás a encontrarme. Estaré sentado en tu propia cueva, con la paciencia y la pesadez de un leño. ¡Allí estaré sentado esperándote!"

"¡Así sea! –contestó Zaratustra marchándose–. ¡Y lo que haya en la cueva también te pertenece a ti por ser mi huésped!

Pero si aún encontrases miel, gústala hasta lo último, oso gruñón, y dulcifica tu alma. Porque esta noche vamos a estar alegres los dos.

¡Alegres y contentos de que haya acabado este día! Y tú mismo acompañarás mis cantos con tus bailes, como si fueses mi oso amaestrado.

¿No lo crees? ¿Mueves la cabeza? Para que lo sepas, oso viejo: Yo también soy un adivino".

Así hablaba Zaratustra.

CONVERSACION CON LOS REYES

I

"Habría transcurrido una hora escasa desde que Zaratustra estaba caminando por sus montañas y bosques, cuando de pronto vió un singular cortejo. Por el centro del camino que él quería seguir, avanzaban dos reyes adornados de coronas y púrpuras, vistosos como flamencos; delante de ellos iba un asno cargado. "¿Qué querrán esos reyes en mi reino?" dijo Zaratustra a su corazón, ocultándose en seguida en un matorral. Pero cuando los reyes estuvieron muy cerca de él, agregó a media voz, como quien se habla a sí mismo: "¡Cosa rarísima! ¿Cómo compaginar esto? ¡Veo dos reyes, y solamente un asno!"

En este momento se pararon los dos reyes, sonrieron, y dirigieron la vista hacia el lugar en donde se oía la voz; se miraron el uno al otro, y el rey de la derecha dijo: "también se piensan esas cosas entre nosotros, pero no se dicen". El rey de la izquierda, encogiéndose de hombros contestó: "Debe ser un pastor o un ermitaño, que ha vivido demasiado tiempo entre peñascos y árboles. Porque la falta de toda sociedad, perjudica también a las buenas costumbres".

"¡Las buenas costumbres! –repuso el otro rey con enojo y amargura–. Pues ¿de qué queremos libertarnos nosotros sino de las "buenas costumbres", de nuestra "buena sociedad"?

Preferible sería vivir entre ermitaños y cabreros que con nuestra chusma dorada, falsa y acicalada, aunque se llame la "buena sociedad".

Aunque se llame "nobleza". Allí todo es falso y todo está podrido, empezando por la sangre, gracias a viejas y malas enfermedades y a peores curanderos.

El mejor para mí, y el que aun hoy prefiero es el campesino sano, rudo, astuto, terco y endurecido: es, hoy, la especie más noble.

El campesino es hoy el mejor; y la especie campesina debería ser soberana. Pero vivimos en el reinado del populacho. Yo no me dejo ya engañar. Populacho quiere decir revoltijo.

Revoltijo populachero, donde todo está mezclado con todo: el santo y el ratero, el hidalgo y el judío y todos los animales del arca de Noé.

¡Las buenas costumbres! Entre nosotros todo es falso y todo está podrido. Nadie sabe ya venerar. De *eso*, precisamente, es de lo que debemos librarnos. Son perros golosos e importunos que doran las palmas.

¡Lo que me repugna hasta sofocarme es que nosotros mismos, los reyes, nos hayamos vuelto falsos y nos cubramos y disfracemos con el fausto envejecido de nuestros ascendientes: que seamos medalla para los más tontos y los más audaces, y para todos los que trafican hoy con el poder!

No *somos* los primeros, y, sin embargo, debemos aparentar que lo somos: hemos terminado por cansarnos y hartarnos de este engaño.

Nos hemos apartado del populacho, de todos los vocingleros y de todos esos moscones que garrapatean, del olor de los tenderos, del esfuerzo, de la ambición, y del aliento fétido. ¡Bah! ¡nada de vivir entre el populacho! ¡nada de aparentar ser los primeros entre el populacho! ¡qué repugnancia! ¡qué repugnancia! ¡qué repugnancia! ¿Qué importamos ya nosotros los reyes?"

En este momento el rey de la izquierda dijo: "Ya vuelve a molestarte tu vieja dolencia; vuelven tus repugnancias, pobre hermano mío. Pero, ya lo sabes: hay alguien que nos escucha".

Entonces, Zaratustra, que había sido todo ojos y oídos, salió de su escondite, se dirigió hacia los reyes, y empezó a decir:

"El que os escucha, el que disfruta escuchándoos, a vosotros los reyes, se llama Zaratustra.

Yo soy Zaratustra, el que dijo un día: "¿Qué importan ya los reyes? Perdonadme si me he regocijado cuando os habéis dicho el uno al otro: "¿Qué importamos ya nosotros los reyes?" Pero aquí estáis en *mi* reino y bajo mi dominio: ¿Qué podéis buscar en mi reino? Quizá hayáis *encontrado* en el camino lo que *yo* busco: yo busco al hombre superior".

Se golpearon el pecho los reyes al oír esto y dijeron a la vez: "¡Nos has conocido!"

Con el filo de esa palabra cortas la más profunda oscuridad de nuestros corazones. Has descubierto nuestra angustia. Porque, efectivamente, ¡vamos de camino para buscar al hombre superior! Para él, para ese hombre superior a nosotros, aunque somos reyes, traemos este asno. Porque el hombre más alto debe ser también en la tierra el señor más alto.

No hay calamidad tan dura en todos los destinos humanos como la de que los poderosos de la tierra no sean al mismo tiempo los primeros hombres. Entonces todo se vuelve falso y mostruoso, todo marcha al revés.

Y cuando son los últimos, y más animales que hombres, entonces sube y sube el valor del populacho, y a la postre la virtud populachera acaba por decir: "Lo véis: ¡yo sola soy la virtud!"

"¿Qué estoy oyendo? —respondió Zaratustra—. ¡Qué sabiduría en reyes! Estoy maravillado y, ciertamente, siento deseos de hacer unos versos que, quizá, no serán propios para los oídos de todo el mundo.

Hace mucho tiempo que he olvidado tener consideraciones con las orejas largas. ¡Vamos! ¡Adelante!"

(También el asno tomó en este momento la palabra y claramente, y con mala intención dijo: IA).

En otro tiempo, creo que en el año 1 —dijo la sibila ebria sin haber bebido vino:

"¡Ay! ¡Esto va mal!

"¡Decadencia! ¡decadencia! ¡jamás el mundo cayó tan bajo!

"¡Roma ha degenerado en ramera y en casa de rameras.

"¡El César de Roma ha degenerado en bestia; Dios mismo se ha hecho judío!"

II

Se deleitaron los reyes con estos versos de Zaratustra, y el de la derecha dijo: "¡Qué bien hemos hecho, Zaratustra, en ponernos en camino para verte!

Porque tus enemigos nos han mostrado tu imagen en su

espejo: allí tenías el gesto de un demonio de risa sarcástica: así, pues, nos diste miedo.

Pero, ¿qué importaba esto? Siempre volvías a penetrar con tus máquinas en nuestros oídos y en nuestros corazones. De modo que acabamos por decir: ¡qué importa la cara que tiene!

Es preciso que nosotros oigamos al que enseña: "Debéis amar la paz como un medio de guerras nuevas, y la paz corta más que la larga".

Jamás pronunció nadie palabras tan guerreras: "¿Qué es lo que está bien? Ser bravos: eso es lo que está bien. La buena guerra santifica toda causa".

¡Oh, Zaratustra! Al oír esas palabras volvió a nuestros cuerpos la sangre de nuestros padres; fueron como las palabras de la primavera a viejos toneles de vino.

Cuando entrechocaban las espadas como serpientes manchadas de sangre, nuestros padres se sentían inclinados a la vida; les parecía blando y tibio el sol de la paz y la paz prolongada les avergonzaba.

¡Cómo suspiraban nuestros padres cuando veían en la pared espadas limpias y secas! Como esas espadas, tenían sed de guerra. Porque una espada desea beber sangre y centellea con este deseo".

Mientras los reyes hablaban así, encendidamente, de la ventura de sus padres, sintió Zaratustra grandes deseos de burlarse de su ardor, porque, evidentemente, eran reyes muy pacíficos los que tenía delante, con sus viejos y finos semblantes. Pero se dominó, "¡Vamos! ¡En marcha! —dijo—. Estáis en el camino. Allá arriba se encuentra la cueva de Zaratustra y este día debe tener una larga tarde. Pero ahora me llama lejos de vosotros un grito de angustia.

Se verá honrada mi cueva si en ella se sientan y esperan reyes: ¡verdad es que tendréis que esperar mucho tiempo!

Mas, ¡qué importa! ¿Dónde se aprende mejor a esperar, hoy, que en las cortes? Y de todas las virtudes de los reyes la única que les ha quedado, ¿no se llama, hoy, *saber* esperar?"

Así hablaba Zaratustra.

LA SANGUIJUELA

Continuó Zaratustra su camino, descendiendo más cada vez, atravesando los bosques y pasando por delante de los pantanos; pero, como sucede a todos los que meditan sobre cosas difíciles, pisó inadvertidamente a un hombre. Y de pronto resonaron en sus oídos un grito de dolor, dos juramentos y veinte terribles injurias. Se asustó de tal manera que alzó su bastón y golpeó nuevamente a la persona que había pisoteado. Mas recobró inmediatamente el juicio, y su corazón se regocijó de la locura que acababa de cometer.

"Perdóname —dijo al hombre a quien había pisado, que ya se había levantado colérico para volver a sentarse en seguida—. Perdóname, y escucha, ante todo, una parábola.

Como el viajero que sueña en cosas lejanas por un camino solitario, tropieza por descuido con un perro que dormita, con un perro echado al sol, y uno y otro se levantan y se enfrentan bruscamente, igual que dos enemigos mortales, los dos enemigos mortales, los dos asustados mortalmente, así nos ha pasado a nosotros.

Y no obstante ¡qué poco ha faltado para que se acaricien ese solitario y ese perro! ¿No están solitarios los dos?"

"Quienquiera que seas —contestó con enojo el pisoteado—, aún te acercas demasiado a mí, no solamente por los pies, sino con tu parábola.

Mírame: ¿acaso soy un perro?" Y al decir esto, se levantó y sacó del pantano su brazo desnudo. Porque desde un principio estaba tumbado cuan largo era oculto e imposible de reconocer, como quien acecha caza en los pantanos.

"Pero, ¿qué es lo que haces —gritó Zaratustra alarmado, pues veía correr mucha sangre por el brazo desnudo—. ¿Qué te ha sucedido? ¿Te ha mordido un mal bicho, infeliz?"

El que sangraba se reía lleno aún de cólera. "¿Qué te importa a ti eso? —exclamó, disponiéndose a proseguir su camino—. Aquí estoy en mis dominios. Pregúnteme quienquiera: yo no contestaré a un zote".

"Te engañas —dijo Zaratustra, reteniéndole lleno de compasión—; te engañas: no estás aquí en tu reino, sino en el mío, y aquí no debe ocurrir a nadie ninguna desgracia.

Llámame siempre como quieras: yo soy el que debe ser. Me llamo a mí mismo Zaratustra.

¡Vamos! ¡Allá arriba está el camino que llega hasta la cueva de Zaratustra! No muy lejos. ¿No quieres venir a mi albergue para curarte las heridas?

No has sido muy feliz en este mundo, desgraciado: ¡primero te mordió el bicho; después, te pisó el hombre"!

Pero cuando el hombre oyó el nombre de Zaratustra, se transformó. "¿Qué me sucede? –exclamó–. ¿Qué otra preocupación tengo yo aún en la vida sino este hombre único, Zaratustra, y ese animal único que bebe sangre, la sanguijuela?

A causa de la sanguijuela estaba yo tendido ahí, a la orilla del pantano, como un pescador; y ya había sido mordido mi brazo diez veces, cuando se puso a chupar mi sangre una sanguijuela más hermosa, el mismo Zaratustra.

¡Oh, felicidad! ¡Oh, milagro! ¡Bendito sea este día que me trajo a este pantano! ¡Bendita sea la mejor ventosa, la más viva de las que viven hoy! ¡Bendita sea la gran sanguijuela de las conciencias: Zaratustra!

Así habló aquel con quien Zaratustra había tropezado, y Zaratustra se regocijó de sus palabras y de su porte fino y respetuoso. Y tendiéndole la mano le preguntó: "¿Quién eres? Quedan muchas cosas por aclarar y despejar entre nosotros; pero ya me parece que nace el día puro y luminoso".

"*Yo soy el espíritu concienzudo* –respondió el interpelado–; y, en las cosas del espíritu, es difícil que haya quien se conduzca de una manera más severa, más estrecha y más dura que yo, excepto aquél de quien la he aprendido: el mismo Zaratustra.

¡Antes no saber nada que saber muchas cosas a medias! ¡Antes ser uno loco por su propia razón que sabio en opinión de los demás! Yo voy al fondo.

¿Qué importa que sea pequeño o grande, que se llame pantano o cielo? Un trozo de tierra como la mano le basta, ¡siempre que sea verdaderamente tierra y suelo!

En un trozo de tierra como la mano puede uno tenerse de pie. En el verdadero saber concienzudo no hay nada grande ni pequeño".

"¿Entonces, eres tú, quizá, el que trata de conocer la sanguijuela? –preguntó Zaratustra–. ¿Eres tú, el concienzudo, quien busca la sanguijuela para resolver sus causas más profundas?"

"Oh, Zaratustra –respondió el pisoteado–. ¡Eso sería monstruoso! ¿Cómo me atrevería yo a pensar tal cosa?

Lo que yo conozco y domino es el *cerebro* de la sanguijuela: ¡ese es *mi* universo!

¡Y es también un universo. Pero perdona que se manifieste mi orgullo, porque en ese dominio no tengo semejante. Por eso dije: "ese es mi dominio".

¡Cuanto tiempo hace que voy tras de esa cosa única –el cerebro de la sanguijuela–, para que se me escape más la verdad sutil! Aquí está mi reino.

Por eso he echado a un lado todo lo demás; por eso todo lo demás ha llegado a serme indiferente; y junto a mi saber se extiende mi gran ignorancia.

Mi conciencia intelectual me *exige* que sepa una cosa y que ignore todo lo restante; estoy cansado de todos los espíritus a medias, de todos aquellos que tienen el espíritu nebuloso, flotante y exaltado.

Donde cesa mi probidad comienza mi ceguera y quiero ser ciego. Donde quiero saber, sin embargo, quiero también ser probo, es decir, duro, severo, estrecho, cruel, implacable.

Lo que tú dijiste un día, Zaratustra: "que el espíritu es la vida que saja a la vida misma"; eso es lo que me ha conducido y atraído a tu doctrina. Y en verdad, con mi propia sangre he aumentado mi propia ciencia".

"Como salta a la vista" –interrumpió Zaratustra; y seguía corriendo la sangre del brazo desnudo del concienzudo, porque se habían adherido a él diez sanguijuelas.

"Extraño personaje, ¡cuánto me enseña este espectáculo, es decir, tú mismo! Yo no me atrevería, quizá, a volcar todas estas enseñanzas en tus oídos severos.

¡Bueno! ¡Separémonos aquí! Pero me gustaría volver a encontrarte. Allá arriba está el camino que conduce a mi cueva. Allí serás esta noche bien venido entre mis huéspedes.

También quisiera reparar en tu cuerpo el ultraje que te

hizo Zaratustra al pisotearte; pienso en eso. Mas ahora me llama un grito desesperado lejos de ti".

Así hablaba Zaratustra.

EL ENCANTADOR

I

Al dar la vuelta a una peña, vió Zaratustra, no lejos de él, y en la parte baja del mismo camino, un hombre que accionaba como un loco furioso y que acabó por precipitarse de bruces en el suelo. "¡Alto! —dijo entonces Zaratustra a su corazón—. Ese debe ser el hombre superior. De él procedía aquel terrible grito de angustia. Quiero ver si puedo socorrerle". Mas cuando llegó al lugar donde estaba tendido el hombre, encontró un viejo tembloroso, con la mirada fija; y a pesar de todos los esfuerzos que hizo Zaratustra por levantarle, no lo logró. El desgraciado no pareció darse cuenta de que hubiera alguien al lado de él; al contrario, no cesaba de mirar a una y otra parte haciendo gestos conmovedores, como quien se ve abandonado y aislado del mundo entero. Pero, al fin, después de muchos temblores, sobresaltos y estremecimientos, comenzó a lamentarse de este modo:

¿Quién me da calor? ¿Quién me ama todavía?
¡Venid, manos calientes! ¡Venid, corazones calurosos!
Tendido, temblando, como moribundo a quien se calientan los pies, estremecido, ¡ay!, por fiebres desconocidas,
tiritando bajo las punzantes flechas de la escarcha,
acosado por ti ¡pensamiento! ¡inefable! ¡velado! ¡espantoso!
¡cazador oculto tras las nubes!
¡herido por ti, ojo burlón que en la oscuridad me miras!
así yazgo aquí, me encorvo, y me retuerzo,
atormentado por todos los eternos martirios, herido por ti,
cruel cazador,
Dios desconocido.

¡Hiere más fuertemente! ¡Hiere otra vez!
¡Traspasa, desgarra este corazón!

¿Por qué este martirio con flechas despuntadas?
¿Qué miras aún, tú a quien no fatiga el dolor humano,
con un fuego divino en tus ojos astutos?
¿No quieres matar, sino martirizar, sólo martirizar?
¿Por qué martirizarme a *mí*,
astuto Dios desconocido?

¡Ah! ¿Te acercas arrastrándote en semejante noche?
¿Qué quieres? ¡Habla! Me acosas y me estrechas.
¡Ah! ¡ya estás demasiado cerca!
Me oyes respirar, espías mi corazón, ¡celoso!
Pero ¿de qué tienes celos?
¡Quita allá! ¡Quita allá!
¿Para qué esa escala? ¿Quieres entrar, introducirte en mi corazón, introducirte en mis más secretos pensamientos?
¡Insolente! ¡Desconocido! ¡Ladrón!
¿Qué quieres robar? ¿Qué quieres oír?
¿Qué te propones arrancar con tus torturas, Dios verdugo?
¿O he de arrastrarme en tu presencia como un perro, entregándote mi amor ebrio y enajenado?
¡En vano! ¡Hiere de nuevo, cruel aguijón!
Yo no soy un perro; no soy más que tu caza, ¡cazador cruel entre los crueles!
Tu más noble prisionero, ¡salteador oculto tras las nubes!
¡Habla, al fin, tú que te escondes tras los relámpagos!
¡Habla, desconocido! ¿Qué quieres tú de mí?
¡Cómo! ¿un rescate? ¿qué quieres como rescate?
Pide mucho —¡mi orgullo te lo aconseja!—
Y habla poco —¡te lo aconseja mi otro orgullo!
¡Ah! ¿Soy yo mismo lo que tú quieres? ¿Yo? ¿Todo yo?
¡Ah! ¿y me martirizas, loco, y torturas mi orgullo?
Dame amor—¿Quién me calienta aún? ¿Quién me ama todavía?
—Dame manos calientes, dame corazones calurosos,
Date tú, cruelísimo enemigo, sí, entrégate a mí,
al más solitario a quien el hielo, ¡ay! hace
suspirar siete veces por sus enemigos,
por los mismos enemigos.

¡Se fué! ¡Hasta mi único compañero huyó!
Mi gran enemigo, mi desconocido,

Mi Dios verdugo.
¡No! ¡Vuelve con todos tus suplicios!
¡Oh! ¡Vuelve al último de los solitarios!
¡Todas mis lágrimas corren en tu busca!
¡Y la postrera llama de mi corazón se despierta por ti!
¡Oh! ¡Vuelve, mi Dios desconocido, mi dolor, mi última ventura!

II

No pudo contenerse por más tiempo Zaratustra, cogió el bastón y dió con todas sus fuerzas al que se lamentaba. "Detente, —le gritó con risa airada—, ¡detente histrión!, ¡monedero falso!, ¡embustero inveterado! ¡Te conozco bien!

Prenderé fuego a tus piernas; siniestro encantador; ¡yo sé asar muy bien a los de tu especie!"

"¡Basta! —dijo el viejo levantándose de un brinco— ¡No me pegues más, Zaratustra! ¡Todo eso no ha sido más que una broma!

Esas cosas forman parte de mi arte: he querido ponerte a prueba al darte esa prueba. ¡Y, ciertamente, has comprendido bien mis pensamientos!

Pero tampoco es pequeña la prueba que has dado de ti mismo. ¡Eres *duro,* sabio Zaratustra. Golpeas duramente con tus "verdades"; tu bastón nudoso me obliga a confesar *esta* verdad!"

"No me adules, histrión" —respondió Zaratustra, irritado aún y con el rostro sombrío—. Si eres falso, ¿por qué hablas de verdad?

Pavo real, mar de vanidad, siniestro encantador, *¿qué es lo que* representabas delante de mí? *¿En quién* debía yo creer cuando así te lamentabas?"

"Lo que yo representaba es *el expiador del espíritu* —contestó el viejo—; tú mismo inventaste esa expresión en otro tiempo: el poeta, el encantador, que acaba por volver su espíritu contra sí mismo, el transformado, aquél a quien hielan su mala ciencia y su mala conciencia.

Y confiésalo francamente: ¡te has tomado tiempo, Zaratustra, para descubrir mis artificios y mentiras! Tú *creías* en mi miseria, cuando me tenías la cabeza con las manos. Te he oído gemir: "¡Has sido poco amado, demasiado poco amado!" El haberte engañado hasta tal punto es lo que alegraba íntimamente a mi maldad".

Zaratustra contestó con dureza: "Debes haber engañado a otros más finos que yo. Yo no estoy en guardia contra los engañadores; yo no *debo* tomar precauciones: así lo quiere mi suerte.

Pero tú, *debes* engañar: ¡te conozco lo suficiente para saberlo! Tus palabras han de tener siempre un sentido doble, triple, cuádruple. ¡Aun lo que me has confesado ahora no es bastante verdadero ni bastante falso para mí!

¡Vil monedero falso, qué otra cosa habías de hacer! Hasta tu misma enfermedad acicalarías si te presentases desnudo delante del médico.

Así acabas de dorar tu mentira delante de mí, cuando decías: "¡No lo he hecho *más que* por broma!" También había *seriedad* en eso de: ¡tú eres algo como un expiador del espíritu!

Te conozco perfectamente: te has hecho el encantador de todo el mundo; pero respecto de ti mismo, no te queda ya mentira ni astucia: por lo que se refiere a ti estás desencantado.

Has cosechado el hastío como tu única verdad. Ninguna palabra es ya verdadera en ti, salvo el hastío pegado a tu boca".

"¡Quién eres tú! –exclamó el encantador con voz altanera–. ¿Quién tiene el derecho de hablarme a *mí* que soy el más grande de los que hoy viven?" Y clavó una mirada penetrante en Zaratustra. Pero se transformó inmediatamente y dijo con tristeza:

"¡Oh, Zaratustra! ¡Estoy cansado de todo eso; mis artes me fastidian; yo no soy *grande!* ¿A qué fingir? Pero bien lo sabes tú: ¡yo he buscado la grandeza!

Yo quería representar un gran hombre, y convencí a muchos: pero esa mentira ha sido superior a mis fuerzas. Contra ella me estrello.

¡Oh, Zaratustra! En mí todo es mentira; pero lo verdadero es que sucumbo".

"Te honra el haber buscado la grandeza, pero te vende también –dijo Zaratustra–. Tú no eres grande, viejo encantador; lo mejor que hay en ti, y lo que yo considero más honroso en ti, es que te hayas cansado de ti mismo y que hayas dicho: "yo no soy grande".

Por *eso* es por lo que te honro como a un expiador del espíritu: aunque sólo lo hayas sido por un instante, en ese instante has sido sincero.

Pero dime: ¿qué buscas tú aquí en *mis* peñascos? Y si tendido en mi camino *me* acechabas, ¿qué prueba tenías de mí?

¿En qué querías tentarme?" Así hablaba Zaratustra y sus ojos centelleaban. Hizo una pausa el viejo encantador, y después dijo: "¿Es que yo te he tentado? Yo no hago más que buscar.

¡Zaratustra, yo busco alguien que sea sincero, recto, sencillo; alguien ajeno al fingimiento; un hombre enteramente probo, un vaso de sabiduría, un santo de conocimiento, un gran hombre!

¿Acaso no lo sabes, Zaratustra? *¡Busco a Zaratustra!*"

Medió un largo silencio entre los dos, y Zaratustra, cayendo en profundo ensimismamiento, cerró los ojos; luego, volviéndose hacia el encantador, le cogió la mano y le dijo cortés, astutamente:

"¡Está bien! Allá arriba se encuentra el camino que conduce a la cueva de Zaratustra. Puedes buscar en mi cueva al que desearías encontrar.

Y pide consejo a mis animales: a mi águila y a mi serpiente; ellos te ayudarán a buscar, pues mi cueva es grande.

Verdad es que yo mismo no he visto todavía ningún gran hombre.

Para lo grande, el ojo del más lince es aún demasiado imperfecto. Este es el reinado del populacho.

¡He visto ya a tantos que se estiraban e hinchaban mientras el pueblo gritaba: "¡Ahí tenéis un gran hombre!" Pero ¿de qué sirven todos los fuelles? De ellos no sale más que viento.

La rana que se hincha demasiado acaba por estallar: entonces sale el viento. Yo llamo una sabia diversión pinchar el vientre de un hinchado. ¡Escuchad esto, hijos míos!

Nuestro hoy pertenece al populacho: ¿Quién puede *saber* aún lo que es grande o pequeño? ¿Quién buscaría aún la grandeza con éxito? Solamente un loco: y los locos aciertan.

¡Tú buscas los grandes hombres, loco singular! ¿Quién te ha *enseñado* a buscarlos? ¿Es hoy tiempo oportuno para eso? ¡Oh, buscador maligno! ¿Por qué me tientas?"

Así hablaba Zaratustra, con el corazón reconfortado; y, riendo, prosiguió su camino.

FUERA DEL SERVICIO

A poco de haberse libertado del encantador, Zaratustra vió a otra persona que estaba sentada a la orilla del camino que él seguía; a un hombre alto y negro, de rostro flaco y pálido. Le contrarió enormemente el aspecto de este hombre. "¡Mal va esto! –dijo a su corazón–: veo aflicción enmascarada, que parece cosa de sacerdotes. ¿Qué quieren éstos en mi reino?

¿Apenas he escapado de ese encantador, y ya pasa por mi camino otro nigromante, un mago que impone las manos, un milagrero por la gracia de Dios, un compungido difamador del mundo? ¡Que el diablo le lleve!

Mas el diablo jamás está donde es necesario: ¡siempre llega demasiado tarde ese maldito enano, ese maldito poeta".

Así juraba Zaratustra, agitado, pensando en la manera de pasar por delante del hombre negro mirando a otra parte; mas todo sucedió en otra forma, pues en el mismo momento le vió el que estaba sentado, y como quien tiene una suerte inesperada, se puso en pie de un brinco y se dirigió hacia Zaratustra.

"¡Quienquiera que seas viajero errante, ayuda a un extraviado –dijo–, a un viejo a quien podría acaecer por aquí alguna desgracia!

Verdaderamente es extraño y lejano para mí este mundo; he oído también rugidos de fieras; y el que hubiera podido darme asilo, ha desaparecido ya.

He buscado al último hombre piadoso. Un santo y un ermitaño, único que no había oído decir aún lo que todo el mundo sabe hoy".

"¿Qué es *lo* que todo el mundo sabe hoy? —preguntó Zaratustra—. ¿Quizá que ya no vive el Dios antiguo, el Dios en que creía todo el mundo en otro tiempo?"

"Tú lo dijiste —contestó tristemente el viejo—. Y yo serví a ese Dios antiguo hasta su última hora.

Pero ya estoy fuera de servicio; no tengo amo, y a pesar de ello no soy libre; tampoco tengo ya alegría, si no es en mis recuerdos.

Por eso he subido a estas montañas, para volver a celebrar en ellas una fiesta como corresponde a un antiguo Papa y a un padre de la Iglesia; porque sábelo: ¡Yo soy el último Papa!, una fiesta de recuerdo piadoso y de culto divino.

Pero ya ha muerto el más piadoso de los hombres, ese santo del bosque, que alababa sin cesar a su Dios con sus cantos y sus murmullos.

Ya no lo encontré cuando descubrí su choza; pero vi allí dos lobos que aullaban a causa de su muerte. Porque todos los animales le querían. Entonces huí.

¿He venido, pues, en vano a estos bosques y a estas montañas? No. Mi corazón se ha decidido a buscar a otro: al más piadoso de todos los que no creen en Dios; ¡a Zaratustra!"

Así habló el viejo fijando su mirada penetrante en el que estaba de pie delante de él. Zaratustra asió la mano del antiguo Papa, y la contempló largo rato con admiración.

"¡Mira, venerable —dijo después—, qué mano tan afilada y tan bella! Es la mano de quien siempre ha dado bendiciones. Pero ahora la tiene entre las suyas el que tú buscas, yo, Zaratustra.

Yo soy Zaratustra, el impío, que dijo: "¿Quién es más impío que yo, para regocijarme con su enseñanza?"

Así hablaba Zaratustra, adentrándose con su mirada en los pensamientos más recónditos del antiguo Papa. Por último éste habló: "El que más le amaba y más le poseía, es también el que más le ha perdido.

Mira: creo que ahora el más impío de nosotros dos soy yo. Pero, ¡quién podría alegrarse de eso!"

"¿Tú le has servido hasta el fin? —preguntó Zaratustra,

pensativo, tras de un largo y profundo silencio—. ¿Sabes *cómo* murió? ¿Es cierto que le ahogó la piedad, como me han relatado? ¿El ver al *hombre* clavado en la cruz y el no poder soportar nuestro amor por los hombres llegó a ser su infierno y su muerte al fin?"

El anciano Papa no contestó, pero miró de través con gesto doloroso y sombrío.

"Dejadle ir, agregó Zaratustra después de larga meditación, sin dejar de mirar al viejo.

Dejadle ir; ha concluído. Y aunque te honre no decir más que bien del muerto, tú sabes lo mismo que yo, *quién* era, y que seguía caminos singulares".

"Aquí, entre tres ojos —dijo tranquilizado el Papa, que era ciego de un ojo— estoy yo más al corriente de las cosas de Dios que el mismo Zaratustra, y tengo derecho de estarlo.

Por largos años le ha servido mi amor; mi voluntad seguía a la suya en todas partes, pero un buen servidor lo sabe todo, y hasta algunas cosas que su amo se oculta a sí mismo.

Era un Dios oculto, lleno de misterios. En verdad, ni su mismo hijo llegó por caminos normales. A las puertas de su creencia se halla el adulterio.

El que le alaba como al Dios del amor, no tiene una idea bastante elevada del amor mismo. Este Dios, ¿no quería también ser juez? Pues el que ama, ama por encima del castigo y de la recompensa.

Cuando joven ese Dios de Oriente era duro y estaba sediento de venganza; se creó un infierno para diversión de sus favoritos.

Pero llegó a hacerse viejo y blando, tierno y compasivo, asemejándose más a un abuelo que a un padre, y más todavía a una abuela decrépita.

Allá estaba sentado al amor de la lumbre, inquieto por la debilidad de sus piernas, cansado del mundo, cansado de querer, y un día acabó por ahogarle su excesiva piedad".

"Anciano Papa, —interrumpió Zaratustra—, ¿Has visto tú eso con tus propios ojos? Bien puede haber sucedido así: así, y también de otra manera. Cuando mueren los dioses, siempre mueren de varias clases de muerte.

Pero de una o de otra manera, ¡ya no existe! Disgustaba a mis ojos y a mis oídos; y no quiero reprocharle nada peor.

Me gusta todo lo que tiene la mirada límpida y habla con franqueza. Pero él, bien lo sabes tú, viejo sacerdote, tenía algo de tu especie, de la especie de los sacerdotes; era equívoco.

También era confuso. ¡Qué no nos ha echado ese colérico en cara por haberle comprendido mal! Pero ¿por qué no hablaba con más claridad?

Y si la culpa era de nuestros oídos, ¿por qué nos dotó de unos oídos que le oían mal? Si había cieno en nuestros oídos, ¿quién lo había puesto?

Demasiadas cosas le salieron mal a ese alfarero, que no había terminado su aprendizaje, pero eso de vengarse en sus cacharros y en sus criaturas, porque le habían salido mal, fué un pecado contra el *buen gusto*.

También hay un buen gusto en la piedad, y ese *buen gusto* termina por decir: "¡Quitadnos *semejante* Dios!" ¡Es preferible no tener ninguno; es preferible crear los destinos a capricho; es preferible ser loco; es preferible ser Dios uno mismo!"

"¿Qué estoy oyendo? –dijo en este punto el Papa, aguzando el oído–. Zaratustra, con tal incredulidad eres más piadoso de lo que crees. Ha debido ser algún Dios el que te ha convertido a tu impiedad.

¿No es tu piedad misma la que te impide creer en un Dios? ¡Y tu enorme lealtad te conducirá aún más allá del bien y del mal!

¿Ves, entonces, lo que te está reservado? Tienes dos ojos, una mano y una boca, que están predestinados a bendecir de toda eternidad. No solamente se bendice con la mano.

Junto a ti, aunque quieras ser el más impío, percibo un olor secreto de dilatadas bendiciones: un olor benéfico a la vez que doloroso para mí.

Déjame ser tu huésped por una sola noche, ¡Zaratustra! ¡En parte alguna de la tierra me sentiré mejor que junto a ti!"

"¡Amén! ¡Así sea! –exclamó Zaratustra asombrado–. Allá arriba está el camino que conduce a la cueva de Zaratustra.

En verdad, venerable, me gustaría mucho llevarte yo mismo, pues amo a todos los hombres piadosos. Pero ahora me llama con apremio, lejos de ti, un grito de angustia.

En mis dominios no debe suceder ninguna desgracia a nadie: mi cueva es un buen puerto. Y yo desearía, principalmente, poner en tierra firme y sobre piernas firmes a todos los tristes.

Pero ¿quién podrá arrancarte de los hombros tu melancolía? Yo soy demasiado débil para eso. Ciertamente, podríamos esperar mucho tiempo hasta que alguien resucitase a tu Dios.

Porque ese Dios antiguo no vive ya: está muerto, completamente muerto".

Así hablaba Zaratustra.

EL HOMBRE MAS FEO

Continuó corriendo Zaratustra por los bosques y las montañas, indagando sus ojos sin cesar; pero en parte alguna veía al que quería ver, al que pedía socorro, atormentado por profunda angustia. Sin embargo, caminaba feliz y lleno de gratitud. "¡Cuántas cosas buenas —dijo— me ha deparado este día, para resarcirme de haberle comenzado tan mal! ¡Qué singulares interlocutores he encontrado!

Ahora tendré que rumiar por mucho tiempo sus palabras como si fuesen buenos granos; mis dientes las molerán y volverán a moler; hasta que me corran como leche por el alma".

Pero al dar la vuelta a otro peñasco del camino, cambió súbitamente el paisaje y entró Zaratustra en el reino de la Muerte. Se veían por allí muchas peñas negras y rojas; no había hierba, árboles, ni cantos de pájaros. Porque era un valle del que huían todos los animales: hasta las fieras. Sólo cierta especie de serpientes gruesas y verdes iban a morir allí cuando envejecían. Por eso los pastores llamaban a este valle "Muerte de la Serpiente".

Se abismó Zaratustra en negros recuerdos, pues le parecía haber estado ya en aquel valle. Y postraron su espíritu cosas tan pesadas, que fué acortando, acortando el paso, hasta que acabó por detenerse cerrando los ojos. Pero al abrirlos vió algo, algo que tenía figura humana y que, no obstante, no tenía casi nada de humano, sentado a la orilla del camino: algo indescriptible. Y Zaratustra sintió una gran vergüenza por haber visto con sus ojos semejante cosa.

Sonrojándose hasta la raíz del cabello desvió su mirada y se dispuso a alejarse de aquel nefasto lugar. Pero entonces se elevó un sonido en el tétrico desierto; del suelo ascendía a modo del gorgoteo que hace el agua, por la noche, en una cañería tapada: y este ruido terminó por transformarse en voz y palabra humana. Esta voz decía:

"¡Zaratustra! ¡Zaratustra! ¡Adivina mi enigma! ¡Habla! ¡Habla! ¿Cuál es la venganza contra el testigo?

¡Vuelve hacia atrás! ¡Ahí hay hielo resbaladizo! ¡Cuidado, cuidado no se rompa las piernas tu orgullo!

¡Tú te crees sabio, soberbio Zaratustra! ¡Pues acierta el enigma, acierta el enigma que soy yo! Dime, pues: ¿quién soy *yo?*"

¿Qué crees que pasó en el alma de Zaratustra al oír estas palabras? *Le dominó la compasión,* y se desplomó de golpe, como el roble que habiendo resistido mucho tiempo al hacha de los leñadores, cae súbita y pesadamente espantando a los mismos que querían abatirle. Pero a poco se levantó del suelo, y su rostro se había tornado duro.

"Te conozco bien —dijo con voz de bronce—: *tú eres el asesino de Dios.* Déjame marchar.

Tú no has *soportado* al que *te* veía: ¡al que te veía constantemente, y hasta el fondo, a ti, el más feo de los hombres! ¡Te has vengado de ese testigo!"

¡Así habló Zaratustra, y trató de marcharse; pero el indescriptible le asió de la vestidura y empezó nuevamente a gorgotear buscando sus palabras. "¡Quédate! —dijo al fin.

¡Quédate! ¡No te vayas! Yo he adivinado cual fué el hacha que te abatió. ¡Alabado seas, Zaratustra, que estás de nuevo en pie!

Sé perfectamente que has adivinado cuáles eran los sentimientos del que mató a Dios, del asesino de Dios. ¡Quédate!

¡Siéntate aquí, a mi lado! ¡No será en vano!

¿A quién quería yo encontrar, sino a ti? ¡Quédate! ¡Siéntate! ¡Pero no me mires: honra así mi fealdad!

Me persiguen: ahora eres *tú* mi último refugio. No es que

me persigan con su odio o sus esbirros. ¡Ya me burlaría yo de semejantes persecuciones! Estaría orgulloso y satisfecho.

¿No ha sido el éxito hasta ahora para los que fueron más perseguidos? Y el que persigue bien aprende fácilmente a seguir: ¿no va ya detrás? Pero se trata de su *compasión.*

Huyo de su compasión, y contra ella vengo a refugiarme en ti. Protégeme, Zaratustra, supremo refugio mío, único ser que me ha adivinado.

Tú has adivinado los sentimientos del que mató a Dios. ¡Quédate! Y si quieres marcharte, si tu impaciencia te obliga, no vayas por el camino por donde yo vine. *Ese* camino es malo.

¿Me guardas rencor porque desde hace mucho tiempo desuello las palabras? ¿Y porque yo te doy consejos? Pues sabe que yo, el más feo de los hombres, soy también el que tiene los pies más grandes y pesados. Por dondequiera que he pasado, el camino es malo. Yo aplasto y destruyo todos los caminos.

Pero he visto muy bien que querías pasar por delante de mí en silencio y que te sonrojabas: en eso conocí que eras Zaratustra.

Cualquiera otro me habría arrojado su limosna, su compasión, con la mirada y con la palabra. Pero yo no soy bastante mendigo para aceptar la limosna: tú lo has adivinado.

¡Soy demasiado *rico*, rico en cosas grandes y formidables, las más feas y las más inexplicables! ¡Tu vergüenza, Zaratustra, me hace honor!

Con grandes trabajos he escapado de la muchedumbre de los compasivos, para encontrar al único que, entre todos, enseña hoy que "la compasión es inoportuna": ¡a ti, Zaratustra!

La compasión, sea piedad de un Dios o piedad de los hombres, es contraria al pudor. Y el negarse a ayudar puede ser más noble que esa virtud demasiado presurosa para socorrer.

Pero esa virtud es la que las gentes pequeñas tienen hoy por la virtud por excelencia; y no guardan respeto alguno ante la gran desgracia, la gran fealdad y el gran fracaso.

Mi mirada pasa por encima de los pequeños, como la de un perro por encima de los bullentes rebaños de ovejas. Son seres llenos de buena voluntad, grises y lanudos: de espíritu rebañego.

Como la garza real mirando a los pantanos con la cabeza echada hacia atrás, así miro yo el hervidero de las pequeñas ondas, de las pequeñas voluntades y de las pequeñas almas: despreciativamente.

Se ha dado la razón a esas gentecillas por demasiado tiempo, y *así* se ha acabado por darles el poder. Ahora enseñan: "No es bueno más que lo que las gentecillas llaman bueno".

Y lo que hoy se llama "verdad", es lo que enseñaba aquel predicador que salió de las filas de esas gentes, aquel santo extravagante, aquel abogado de las gentecillas que atestiguaba de sí propio: "Yo soy la verdad". Aquel inmodesto, que al decir "yo soy la verdad", enseñaba un grave error, fué la causa de que hace ya mucho tiempo se pavoneen las gentecillas.

¿Se respondió nunca más cortésmente a semejante presuntuoso? Sin embargo, Zaratustra, tú pasaste delante de él diciendo: "¡No! ¡No! ¡Mil veces no!"

Tú pusiste a los hombres en guardia contra su error; tú fuiste el primero que puso en guardia contra la compasión; no hablando para todos, sino para ti y tu especie.

Tú te avergüenzas de la vergüenza de los grandes sentimientos; y cuando dices: "Que de la compasión viene una gran nube, ¡en guardia, humanos!", y cuando enseñas: "Todos los creadores son duros, todo gran amor es superior a su piedad", ¡qué bien me parece que conoces los signos del tiempo, Zaratustra!

Pero tú mismo, ¡guárdate de tu *propia* piedad! Porque hay muchos que están en camino hacia ti, muchos de los que dudan, de los que desesperan y de los que se ahogan.

También te pongo en guardia contra mí mismo. Tú has adivinado mi mejor y mi peor enigma, has adivinado quien soy y lo que he hecho. Conozco el hacha que puede derribarte.

No obstante, fué *menester* que él muriese: veía con dos ojos que lo veían *todo;* veía las profundidades y los abismos del hombre, sus vergüenzas y sus verdades ocultas.

Su compasión no conocía el pudor: registraba los rincones más inmundos. Fué preciso que muriese el más curioso, el más importuno, el más misericordioso.

Siempre me veía; fué menester que me vengara de semejante testigo, o dejara de vivir.

El Dios que lo veía todo, *aún el hombre*, ¡ese Dios debía morir! El hombre no *soporta* que viva semejante testigo." Así habló el más feo de los hombres, pero Zaratustra se levantó dispuesto a marcharse, pues hasta las entrañas se le habían helado.

"Tú, indescriptible, me has disuadido de seguir tu camino —dijo—. Como recompensa, te recomiendo el mío. Mira; allá arriba está la cueva de Zaratustra. Mi cueva es grande y profunda y tiene muchos recovecos: el más escondido encuentra allí su escondrijo. Y cerca hay cien grietas y cien reductos para los animales que se arrastran, que revolotean y que saltan.

Tú, que te destierras a ti mismo, ¿no quieres vivir entre los hombres, y entre la compasión de los hombres? ¡Pues bien! ¡haz como yo! Así aprenderás de mí: sólo el que obra aprende.

¡Comienza a hablar en primer lugar con mis animales! ¡El animal más altivo y el animal más astuto sean para nosotros dos los verdaderos consejeros!"

Así habló Zaratustra, y prosiguió su camino más meditabundo que antes, y más lentamente, porque se preguntaba muchas cosas y no encontraba la respuesta adecuada.

"¡Qué miserable es el hombre! —pensaba en su intimidad—. ¡Qué feo, qué henchido de pena y de vergüenza oculta!

Me dice que el hombre se ama a sí mismo. ¡Ay! ¡Qué grande debe ser ese amor de sí! ¡Cuánto desprecio tiene que vencer!

Ese también se ama despreciándose: es para mí un gran enamorado y un gran despreciador.

Jamás encontré a nadie que se despreciara tan intensamente: *eso* también es altura. ¡Ay! ¿Sería *ese*, acaso, el hombre superior cuyo grito oí?

Yo amo a los grandes despreciadores. Pero el hombre es algo que debe ser superado."

EL MENDIGO VOLUNTARIO

Cuando Zaratustra se alejó del más feo de los hombres, se sintió helado y solitario; pues tantos pensamientos helados y solitarios pasaron por su espíritu, que hasta las extremidades se le quedaron frías. Pero como trepaba y seguía trepando por montes y por valles, ya atravesando verdes prados, ya cruzando barrancas áridas y pedregosas, en las cuales había abierto, probablemente, su lecho, en otras épocas, un impetuoso río, empezó a alegrarse y avivársele el corazón.

"¿Qué es lo que me sucede?" —se preguntó—. "Me anima algo cálido y viviente: debe estar cerca de mí.

Ya estoy menos solo; compañeros y hermanos desconocidos rondan alrededor de mí; es su cálido aliento el que agita mi alma".

Pero como al mirar alrededor de él buscando a los que consolaban su soledad vió que eran vacas que estaban reunidas en una altura, pensó que fueron la proximidad y el olor de tales animales los que habían reanimado su corazón. Pero las vacas parecían seguir con atención un discurso y no hacían caso del que se acercaba.

Cuando Zaratustra estuvo cerca de ellas, oyó claramente una voz de hombre que se elevaba en medio del círculo que formaban; y era visible que todas dirigían la cabeza hacia su interlocutor.

Entonces Zaratustra se lanzó apresuradamente hacia aquella altura, dispersó a los animales, pues temía que hubiese ocurrido alguna desgracia a alguien, cosa que difícilmente hubiera podido evitar la compasión de las vacas. Pero se había engañado; porque lo que vió fué un hombre sentado en el suelo que parecía querer persuadir a las vacas de que no debían tener miedo de él. Era un hombre apacible, un predicador de las montañas, cuyos ojos mismos predicaban la bondad. "¿Qué buscas aquí?" —exclamó Zaratustra asombrado.

"¿Qué buscó aquí? —contestó el hombre—. ¡Lo mismo que tú, aguafiestas, es decir, la felicidad en la tierra!"

"Por eso quería que estas vacas me enseñasen su sabiduría Porque sabrás que hace ya media mañana que les estoy hablando, y ya iban a contestarme. ¿Por qué las alborotas tú?

Si no volvemos hacia atrás y nos hacemos como las vacas, no podemos entrar en el reino de los cielos. Porque hay una cosa que deberíamos aprender de ellas, y es rumiar.

Y verdaderamente, aunque el hombre ganase el mundo entero, si no aprendiese esa cosa única que es rumiar, ¿de qué le serviría? No se libraría de su gran aflicción.

Esa gran aflicción que hoy se llama hastío. ¿*Quién* no tiene hoy llenos de hastío el corazón, la boca y los ojos? ¡Tú también! ¡Pero mira esas vacas!"

Así habló el predicador de la montaña; luego volvió su mirada hacia Zaratustra, pues hasta aquel momento había permanecido fija y amorosa en las vacas. Entonces se transformó súbitamente. "¿Con quién estoy hablando?" exclamó asustado levantándose del suelo.

Este es el hombre sin hastío, Zaratustra mismo, el que ha triunfado del gran hastío; esos son los ojos, esa es la boca, ese es el corazón del mismo Zaratustra.

Y hablando así, besó las manos de aquel a quien se dirigía, con los ojos llenos de lágrimas y conduciéndose en todo como una persona a quien inopinadamente cae del cielo un regalo o tesoro precioso. Las vacas contemplaban todo esto con admiración.

"¡No hables de mí, hombre singular y encantador! –respondió Zaratustra rehuyendo sus caricias–. ¡Primero háblame de ti! ¿No eres tú el mendigo voluntario, que en otro tiempo arrojó lejos de sí una gran riqueza?"

"¡No eres el que, avergonzado de la riqueza y de los ricos, huyó hacia los más pobres, para darles su abundancia y su corazón?"

"No me acogieron –dijo el mendigo voluntario–: bien lo sabes tú. Por eso decidí venirme con los animales y con estas vacas".

"Así has aprendido –interrumpió Zaratustra– que es mucho más difícil dar bien que tomar bien: que dar bien es un *arte* y la última y más ingeniosa maestría de la bondad".

"Particularmente en nuestros días –respondió el mendigo voluntario–, hoy, cuando todo lo que es bajo se levanta, feroz y orgulloso de su especie, de la especie populachera.

Porque ya sabes que ha llegado la hora de la gran insurrección del populacho y de los esclavos, la insurrección funesta, larga y lenta, que crece y crece sin cesar.

Ahora los pequeños se rebelan contra lo que es beneficio y limosna: ¡que los que son demasiado ricos, se pongan en guardia!

Desdichados de los que como frascos panzudos, escurren lentamente por un gollete demasiado estrecho; porque a frascos como esos es a los que hoy se quiere romper el cuello.

Codicia, envidia amarga, venganza reconcentrada, orgullo plebeyo: todo eso me ha saltado al rostro. No es verdad que los pobres sean bienaventurados. El reino de los cielos está entre las vacas".

"¿Y por qué no entre los ricos?" –preguntó Zaratustra, tentadoramente– mientras impedía que las vacas olfatearan familiarmente al hombre apacible.

"¿Por qué me tientas? –respondió éste–. Tú lo sabes mucho mejor que yo. ¿Qué es lo que me ha llevado hacia los más pobres, Zaratustra? ¿No ha sido la repugnancia que sentía de los más ricos?

¿De esos forzados de la riqueza que con ojos calculadores y el corazón devorado por deseos de lucro, sacan provecho de todo montón de inmundicia? ¿De esa chusma cuya ignominia clama al cielo?

¿De ese populacho dorado y falso, cuyos ascendientes tenían largas las uñas como buitres o traperos? ¿De esa gente complaciente con las mujeres lascivas y olvidadizas, y que en nada se diferencian de las prostitutas?

¡Populacho arriba! ¡Populacho abajo! ¡Qué importan ya hoy los "pobres" y los "ricos"! Yo he olvidado esa diferencia y he acabado por huir lejos, cada vez más lejos, hasta que me he venido con estas vacas".

Así habló el hombre apacible, respirando pesadamente, sudoroso, acalorado por su propio discurso. Pero Zaratustra, mientras él pronunciaba sus duras palabras, no dejó de mirarle al rostro, sonriendo y moviendo silenciosamente la cabeza.

"Predicador de la montaña, te estás violentando al emplear expresiones tan duras. Tu boca y tus ojos no han nacido para semejantes durezas. Y tampoco tu estómago, a lo que me parece: se le resiste todo lo que es cólera y efervescencia. Tu estómago tiene necesidad de alimentos más dulces. Tú no eres carnicero. Más bien me pareces herbívoro. Acaso masticas cereales. En todo caso, no estás hecho para los goces carnívoros y te agrada la miel".

"Me has adivinado perfectamente –respondió el mendigo voluntario con el corazón aliviado. Me agrada la miel y también mastico cereales, porque he buscado lo que tiene buen gusto y purifica el aliento. Y también lo que invierte mucho tiempo y sirve de diversión y de golosina a los dulces perezosos y a los holgazanes.

Indudablemente, esas vacas se adelantan a todos en este arte: han inventado el rumiar y tumbarse al sol. También se guardan de todos los pensamientos pesados que sofocan el corazón".

"Entonces –dijo Zaratustra– deberías ver también a *mis* animales, a mi águila y a mi serpiente que no tienen rival en la tierra.

Mira, ese es el camino que lleva a mi cueva. Sé su huésped por esta noche. Y habla con mis animales de la felicidad de los animales hasta que yo vuelva.

Porque ahora me llama un grito de angustia, apremiante, lejos de ti. También encontrarás en mi albergue miel nueva, miel de colmenas doradas y de una frescura glacial.

Ahora despídete rápidamente de tus vacas, hombre singular y encantador, aunque te sea penoso. ¡Porque son tus mejores amigos y maestros de sabiduría!"

"A excepción de uno sólo, a quien prefiero aún –respondió el mendigo voluntario–. ¡Tú, Zaratustra, eres bueno y mejor aún que una vaca!"

"¡Vete, vete, ruin adulador! –exclamó Zaratustra colérico ¿Por qué quieres halagarme con todas esas alabanzas y la miel de esas lisonjas?

¡Vete, vete lejos de mí!" –exclamó otra vez amenazando con su bastón al mendigo zalamero. Pero este se marchó apresuradamente.

LA SOMBRA

Apenas se había marchado el mendigo voluntario, cuando Zaratustra, solo otra vez consigo mismo, oyó detrás de sí una voz desconocida que gritaba: "¡Detente, Zaratustra! ¡Espérame! ¡Soy yo, Zaratustra; yo, tu sombra!" Pero Zaratustra no se detuvo, porque se apoderó de él un gran pesar al ver un enorme gentío que se agolpaba en sus montañas. "¿Qué se ha hecho de mi soledad? –dijo.

Ya esto es demasiado; estas montañas hormiguean; mi reino no es ya de *este* mundo; necesito nuevas montañas.

¿Me llama mi sombra? ¡Qué importa mi sombra! ¿Qué corre tras de mí! ¡Yo corro delante de ella!"

Así hablaba Zaratustra a su corazón, huyendo. Pero el que estaba detrás de él le seguía, de manera que eran tres los que corrían el uno detrás de otro: primero el mendigo voluntario, luego Zaratustra, y en último lugar, su sombra. Mas no hacía mucho tiempo que corrían así, cuando Zaratustra entró en razón, y de un solo movimiento sacudió lejos de sí todo su despecho y todo su disgusto.

"¡Cómo! –exclamó–. ¿No han sucedido en todo tiempo, entre nosotros los viejos santos y los ermitaños, las cosas más extrañas?

¡En verdad que mi locura ha crecido en las montañas! ¡Ahora oigo sonar, una tras otra, seis viejas piernas de locos!

¿Pero tiene Zaratustra el derecho de asustarse de una sombra? Y hasta acabo por creer que ella tiene las piernas más largas que las mías."

Así hablaba Zaratustra, riéndose con los ojos y con el corazón. Se detuvo, se volvió bruscamente, y casi arrojó al suelo a su sombra que le perseguía: tan pegada iba a él y tan débil era. Y al examinarla, mirándola fijamente, se asustó, como si le hubiese aparecido repentinamente un fantasma: tan flaco, negruzco y hueco era su perseguidor, y tan acabado parecía.

"¿Quién eres? –preguntó imperiosamente Zaratustra–. ¿Qué haces aquí? ¿Y por qué te llamas mi sombra? No me agradas".

"Perdóname –respondió la sombra– que sea yo; y si no te agrado, Zaratustra, te felicito por tu buen gusto.

Yo soy un viajero que vengo pisándote los talones hace mucho tiempo: siempre en camino, pero sin objeto y también sin morada; de modo que me falta poco para ser judío errante, salvo que no soy judío, ni eterno.

¡Cómo! ¿He de estar siempre en camino? ¿He de verme arrastrado sin tregua por el remolino de todos los vientos? ¡Oh, tierra, te vuelves demasiado redonda!

Yo me he posado en todas las superficies; semejante al polvo cansado me he adormecido en los espejos y en las vidrieras. Todo toma sustancia de mí; nadie me da nada. Adelgazo; poco me falta para casi no parecer una sombra.

Pero a ti, Zaratustra, es a quien he seguido y perseguido más tiempo, y aunque me he ocultado de ti, he sido siempre tu sombra más fiel: dondequiera que tú parabas, paraba yo también.

Siguiéndote he perdido la fe en las palabras, en los valores, como un fantasma que gusta de correr por los tejados escarchados y por la nieve.

Siguiéndote he aspirado a todo lo prohibido, a todo lo malo y lejano, y si hay alguna virtud en mí, es que no he temido jamás a ninguna prohibición.

Siguiéndote he destrozado lo que alguna vez adoró mi corazón, he derribado todos los límites y todas las imágenes, corriendo tras los deseos más peligrosos: en verdad he pasado una vez por todos los crímenes.

Siguiéndote he perdido la fe en las palabras, en los valores y en los grandes nombres. Cuando el diablo muda de piel, ¿no arroja al mismo tiempo su nombre? Porque ese nombre no es tampoco más que piel. El diablo mismo no es, quizá, más que una piel.

"Nada es verdad; todo es permitido"; me decía eso para estimularme. Me he lanzado de corazón y cabeza a las aguas más frías. ¡Ay! ¡Cuántas veces he salido de tal aventura desnudo y rojo como un cangrejo!

¡Ay! ¿Adónde ha ido todo lo que es bueno, todo pudor, y toda fe en los buenos? ¿Dónde está aquella inocencia engañadora que poseí en otro tiempo, aquella inocencia de los buenos y de sus nobles mentiras?

Con demasiada frecuencia he seguido a la verdad pisándole los talones, y ella me ha saltado a la cara. A veces creía mentir, y sucedía que sólo entonces tocaba la verdad.

Ahora se han aclarado demasiadas cosas para mí; pero ya

no me importan. Nada vive ya de lo que yo amo. ¿Cómo podría amarme aún a mí mismo?

"Vivir como me plazca, o no vivir de ningún modo": eso es lo que quiero; eso es lo que quiere también el más santo. ¿Pero cómo podría yo complacerme aún?

¿Hay aún, para mí, un fin? ¿Un puerto donde desplegar mi vela? ¿Un buen viento? ¡Ay! Sólo el que sabe a dónde va sabe también cuál es el buen viento, el viento propicio.

¿Qué me queda? Un corazón cansado e impertinente; una voluntad inestable; dos alas buenas para revolotear; un espinazo roto.

Ese afán de correr en busca de *mi* morada, ¿sabes tú, Zaratustra? Ese afán ha sido mi obsesión: me devora.

"¿Dónde está mi morada?" Eso es lo que pregunto, lo que busco, lo que he buscado y no he encontrado. ¡Oh, eterno en todas partes! ¡Oh, eterno en ninguna parte! ¡Oh, eterno en vano!" Así habló la sombra, y el rostro de Zaratustra se alargó oyéndola. "¡Tú eres mi sombra! —dijo al fin con tristeza.

¡No es pequeño el peligro que corres, espíritu libre y viajero! Has tenido un mal día: ¡ten cuidado de que no vaya seguido de una noche peor! Los vagabundos como tú acaban por encontrarse bien hasta en una cárcel. ¿Has visto alguna vez como duermen los criminales presos? Duermen tranquilamente; gozan de su nueva seguridad.

¡Guárdate de que no acabe por apoderarse de ti una fe estrecha, una ilusión dura y severa!

Has perdido el fin. ¿Cómo podrías consolarte de esa pérdida? ¿No has perdido también el camino?

¡Pobre vagabundo, espíritu veleidoso, mariposa fatigada! ¿Quieres tener esta noche un descanso y un asilo? ¡Sube a mi cueva!

Allá arriba está el camino que lleva a mi cueva. Y ahora, quiero huir lejos de ti a toda prisa. Ya siento algo como una sombra pasar sobre mí.

Quiero correr solo para que vuelva a clarear a mi alrededor. Por eso es menester que mueva aún alegremente las piernas durante mucho tiempo. Sin embargo, esta noche, ¡se bailará en mi morada!"

Así hablaba Zaratustra.

A MEDIODIA

Volvió Zaratustra a correr y a correr, pero no tropezó ya con nadie. Iba solo, encontrándose siempre consigo mismo, disfrutando de su soledad, saboreándola, y así pensó buenas cosas durante muchas horas. Al mediodía, cuando el sol se hallaba exactamente sobre su cabeza, Zaratustra pasó por delante de un árbol muy viejo, retorcido y nudoso, tan estrechamente abrazado por el rico amor de una parra, que no se le veía el tronco; de ese árbol colgaban en abundancia maduros racimos que tentaban al viajero. Zaratustra sintió deseos de calmar su sed arrancando un racimo de uvas, y ya extendía la mano para hacerlo, cuando se apoderó de él otro deseo más violento aún: el deseo de echarse al pie del árbol, en pleno mediodía, para dormir.

Así lo hizo Zaratustra; y en cuanto estuvo echado en tierra, en medio del silencio y el misterio de la reluciente hierba, olvidó su ser y se adormeció. Porque, como dice el proverbio de Zaratustra, "una cosa es más necesaria que la otra". Sin embargo, sus ojos seguían abiertos, pues no se fatigaban de mirar y de elogiar el árbol y el amor de la parra. Mas, en su adormecimiento, Zaratustra habló así a su corazón:

"¡Silencio! Silencio! ¿No acaba de consumarse el mundo? ¿Qué es lo que me sucede?

Danza el sueño en mí como danza un viento delicioso en la superficie del mar; tan ligero, tan ligero como una pluma.

No me cierra los ojos y deja despierta mi alma. Es ligero, en verdad, ligero como una pluma.

Me persuade no sé cómo; me toca interiormente con mano cariñosa; me domina. Sí, me domina de tal modo, que mi alma se ensancha.

¡Cómo se extiende, cansada, mi alma singular! ¿Ha llegado para ella, en plena mitad del día, la noche de un séptimo día? ¿Ha errado ya feliz demasiado tiempo entre las cosas buenas y maduras?

¡Se extiende, se extiende más a la larga cada vez! Está acostada tranquilamente mi alma singular. Ya ha gustado demasiadas cosas buenas; esta tristeza dorada la oprime; hace muecas.

Como barca que ha entrado en la más tranquila bahía, se arrima ahora a la tierra, cansada de los largos viajes y de los mares inseguros. ¿No es la tierra más fiel que el mar?

Como una de esas barcas se extiende y se apega bien a la tierra; porque basta entonces que una araña tienda su hilo de la tierra hasta ella; no hace falta un cabo más fuerte.

Como una barca, cansada, en la más tranquila bahía, descanso yo también cerca de la tierra fiel, lleno de confianza, y esperando; ligado a la tierra por los hilos más tenues.

¡Oh, ventura! ¡Oh, ventura! ¿Quieres cantar algo, alma mía? Estás echada en la hierba, pero esta es la hora secreta y solemne en que ningún pastor hace sonar su flauta.

¡Cuidado! El calor del mediodía reposa en las praderas. ¡No cantes! ¡Silencio! El mundo se ha consumado.

¡No cantes, ave de las praderas, alma mía! ¡No murmures siquiera! ¡Silencio! El viejo mediodía duerme; mueve la boca: ¿no bebe en este instante una gota de felicidad?

¿Una añeja gota de felicidad dorada, de dorado vino? Su risueña felicidad se desliza por él y se sonríe. Así sonríe un Dios. ¡Silencio!

"¡Cuán poco basta para la felicidad!" Así decía yo en otro tiempo, creyéndome sabio. Pero eso era una blasfemia; lo he aprendido después. Los locos sabios dicen cosas mucho mejores.

Precisamente lo *poco* caracteriza a la *mejor* felicidad; precisamente lo más pequeño, lo más silencioso, lo más ligero; un soplo, un abrir y cerrar de ojos, el roce de un lagarto en la hierba. ¡Silencio!

¿Qué es lo que me ha sucedido? ¡Escucha! ¿Es que me ha herido el tiempo? ¿No caigo yo? ¿No he caído —¡escucha!— en el pozo de la eternidad?

¿Qué es lo que me sucede? ¡Silencio! ¿He recibido un golpe —¡ay!— en el corazón? ¡En el corazón! ¡Desgárrate, desgárrate, corazón mío, después de semejante felicidad, después de semejante golpe!

¡Cómo! ¿No acaba de consumarse el mundo, redondo y maduro? ¡Oh, redonda y dorada madurez! ¿A dónde va a volar? ¡Corro en pos suyo!

¡Silencio! Y en este momento Zaratustra se estiró y se dió cuenta de que dormía.

"¡Levántate, perezoso! –se dijo a sí mismo–. ¡Vamos, viejas piernas! ya es tiempo; aún os queda por andar una buena parte del camino.

Os habéis entregado al sueño. ¿Durante cuánto tiempo? ¡Durante una media eternidad! ¡Vamos, levántate tú también, viejo corazón mío! ¿Cuánto tiempo necesitarás, después de semejante sueño, para despertarte?"

Pero ya se dormía de nuevo, y su alma se resistía y se defendía y volvía a tenderse a la larga. "¡Déjame! ¡Silencio! ¿No acaba de consumarse el mundo? ¡Oh, esa bola redonda y dorada!"

"¡Levántate, ladronzuela! –dijo Zaratustra–. ¡Cómo! ¿Vas a estar siempre estirándote, bostezando, suspirando, cayendo en el fondo de los pozos profundos?

¿Quién eres tú, pues? ¡Oh, alma mía!" Y en este momento se asustó, porque un rayo de sol caía sobre su rostro.

"¡Oh, cielo que estás sobre mí! –dijo suspirando incorporándose–. ¿Me miras? ¿Escuchas a mi alma singular?

¿Cuándo absorberás mi alma en ti, pozo de la eternidad, alegre abismo de mediodía?"

Así hablaba Zaratustra al pie del árbol, y se levantó, como si saliera de una extraña embriaguez; y aún el sol se hallaba exactamente sobre su cabeza. Por lo cual podría suponerse con razón, que Zaratustra no había dormido mucho tiempo.

LA SALUTACION

Ya estaba muy avanzada la tarde cuando Zaratustra, después de muchas correrías estériles, volvió a su cueva. Pero cuando apenas se hallaba a unos veinte pasos de su entrada, sucedió lo más inesperado: volvió a oír el gran *grito de angustia*. Y ¡cosa extraordinaria! En aquel momento el grito salía de su propia cueva. Mas era un grito singular y múltiple, prolongado, y Zaratustra podía distinguir claramente que estaba formado por varias voces, aunque a distancia pareciese salir de una sola boca.

Se precipitó Zaratustra hacia su cueva. ¡Qué espectáculo le esperaba tras de aquel concierto! Porque allí estaban reunidos, sentados unos junto a los otros, todos los que había encontrado durante el día: el rey de la derecha y el rey de la izquierda, el viejo encantador, el Papa, el mendigo voluntario, la sombra, el concienzudo espíritu, el triste adivino y el asno; el hombre más feo se había puesto una corona en la cabeza y se había ceñido dos bandas de púrpura, pues le gustaba engalanarse como a todos los feos. En medio de esta triste reunión, estaba en pie el águila de Zaratustra, inquieta y con las plumas erizadas, porque había de responder a demasiadas cosas para las cuales no tenía respuesta su orgullo, y la astuta serpiente se le había enroscado alrededor del cuello.

Zaratustra miró todo esto con extraordinario asombro. Luego fué examinando uno a uno a sus huéspedes con benévola curiosidad, leyendo en sus almas, y volvió a asombrarse. Mientras tanto, los allí reunidos se habían levantado de sus asientos, y aguardaban respetuosamente a que Zaratustra tomase la palabra. Zaratustra habló así:

"¡Hombres singulares que desesperáis! ¿Es, entonces, vuestro grito de angustia el que yo he oído? Y ahora sé también dónde debo buscar al que hoy he estado buscando en vano. Al *hombre superior.*

¡El hombre superior está sentado en mi propia cueva! Pero, ¿por qué asombrarme? ¿No le he atraído yo mismo hacia mí con ofrendas de miel y con la maligna tentación de mi felicidad?

Sin embargo, me parece que vosotros, los que proferís gritos de angustia, no os entendéis muy bien: vuestros corazones se entristecen unos a otros al veros reunidos aquí. Era menester, ante todo, que viniese alguien que os hiciese reír de nuevo: un gracioso, un bailarín, un veleta, algún viejo loco. ¿Qué os parece?

¡Perdonadme, vosotros que desesperáis, que emplee en vuestra presencia palabras tan frívolas, tan pueriles, indignas en verdad de tales huéspedes! Pero, ¿no adivináis lo que llena de petulancia mi corazón?

¡Perdonadme! Sois vosotros mismos y el espectáculo que me ofrecéis, porque todo el que mira a un desesperado cobra alientos. Cualquiera se cree bastante fuerte para consolar a un desesperado.

A mí mismo me habéis dado vosotros esa fuerza, un don precioso, huéspedes ilustres, ¡un verdadero regalo de huéspedes!

Pues bien; no os enfadéis si yo os ofrezco, por mi parte, el mío.

Este es mi reino y mi dominio: os lo ofrezco por esta tarde y por esta noche. ¡Que mis animales os sirvan; que mi cueva sea vuestro lugar de reposo!

Albergados por mí, ninguno de vosotros debe desesperar: en mis dominios protejo a todo el mundo contra las fieras. Seguridad: ¡esa es la primera cosa que os ofrezco!

La segunda es mi dedo meñique. Y si os doy el dedo meñique, tomaréis la mano entera y el corazón a la par. ¡Sed bienvenidos aquí: salud, huéspedes míos!"

Así hablaba Zaratustra, y reía amorosa y malignamente. Después de esta salutación, sus huéspedes se inclinaron otra vez guardando respetuoso silencio; pero el rey de la derecha contestó en nombre de todos:

"En la manera de ofrecernos tu mano y tu saludo, Zaratustra, conocemos que eres Zaratustra. Te has rebajado delante de nosotros; un poco más, y habrías agraviado nuestro respeto.

Pero ¿quién sabría como tú, rebajarse con tal altivez? *Esto* nos levanta a nosotros mismos, animando nuestros corazones.

Sólo por ser espectadores de semejante cosa subiríamos a montañas más altas que ésta. Porque hemos venido ávidos de espectáculo: queríamos ver lo que aclara los ojos turbios.

Y ahora ya se acabaron todos nuestros gritos de angustia. Ya nuestros sentidos y nuestros corazones están abiertos de alborozo. Falta muy poco para que nuestro ánimo raye en desenfado.

No hay nada más alegre en la tierra, Zaratustra, que una voluntad alta y firme. Una voluntad alta y firme es la planta más hermosa de la tierra. Con tal árbol se anima un paisaje entero.

Al que crece como tú, impetuoso, silencioso, solitario, hecho de la mejor madera, le comparo con un pino, Zaratustra. Queriendo, con sus ramas fuertes y verdes tomar a su *propio* dominio, dirigiendo enérgicas preguntas al viento y a las tempestades y a todo lo que es familiar a las alturas. Y respondiendo más enérgicamente aún, imperativo y victorioso. ¡Quién no subiría a las alturas para contemplar semejantes plantas!

La vista de tu árbol, Zaratustra, da ánimo al triste y abatido, y también serena al inquieto y cura su corazón.

Y, ciertamente, muchas miradas se dirigen hoy hacia tu montaña y tu árbol: se ha puesto en camino un gran deseo, y hay muchos que han aprendido a preguntar: "¿quién es Zaratustra?"

Y todos aquellos en cuyos oídos llegaste a destilar tu miel y tus canciones, todos los escondidos, todos los solitarios han dicho de súbito a su corazón:

"¿Vive aún Zaratustra? ¡No vale ya la pena de vivir; todo es igual; todo es en vano, si no vivimos con Zaratustra!"

"¿Por qué no viene el que se anunció hace tanto tiempo? —preguntan muchas gentes—. ¿Le ha devorado la soledad? ¿O es que somos nosotros los que debemos ir hacia él?"

Ahora la misma soledad se ablanda y se quebranta, como una tumba que se abre por no poder ya retener a sus muertos. Por todas partes se ven resucitados.

Ahora las olas suben alrededor de tu montaña, Zaratustra. Y a pesar de la elevación de tu altura, es preciso que suban muchas cerca de ti; tu barca no debe permanecer ya mucho tiempo al abrigo.

Y que nosotros hayamos venido a tu caverna, nosotros que desesperábamos, y que no desesperamos ya, no es sino un signo de que hay en camino otros mejores que nosotros.

Porque en camino hacia ti está también el último resto de Dios entre los hombres; es decir, todos los hombres del gran anhelo, del gran hastío, de la gran saciedad.

Todos los que no quieren vivir si no pueden aprender nuevamente a *esperar*: ¡Aprender de ti, Zaratustra, la *gran* esperanza!"

Así habló el rey de la derecha y asió la mano de Zaratustra para besarla; pero Zaratustra se libró de su veneración y retrocedió asombrado, silencioso, y hundiéndose súbitamente como en una lontananza. Sin embargo, estaba de vuelta con sus huéspedes a los pocos instantes, y mirándoles con ojos escrutadores, dijo:

"Hombres superiores: A vosotros que sois mis huéspedes, quiero hablaros en alemán y claramente; no es a *vosotros* a quienes yo esperaba en estas montañas".

("¿En alemán y claramente? ¡qué Dios se apiade de nosotros! —dijo entonces el rey de la izquierda—. ¡Ya se ve que este sabio de Oriente no conoce a esos buenos alemanes! ¡Querrá decir en alemán y rudamente! ¡Bueno! ¡No es eso lo peor que hay hoy allí!").

"Puede que todos seáis hombres superiores —continuó Zaratustra—; para mí, sin embargo, no sois ni bastante grandes, ni bastante fuertes.

Para mí, es decir, para la voluntad implacable que se calla en mí, pero que no callará siempre. Y si me pertenecéis, no es, sin embargo, como mi brazo derecho.

Porque el que anda con piernas enfermas y frágiles, como vosotros, quiere ante todo, sépalo o no, que le *contemplen.*

Pero yo no guardo contemplaciones con mis brazos y mis piernas; *yo no guardo contemplaciones con mis guerreros.* ¿Cómo podrían ser buenos para *mi* guerra?

Con vosotros se echarían a perder todas las victorias, y hay entre vosotros quien caería con sólo oír el redoble de mis tambores.

Tampoco sois para mi gusto bastante bellos, ni de bastante buena casta. Yo necesito para mis doctrinas claros y bruñidos espejos; reflejada por vuestra superficie mi propia imagen sería deformada.

Pasan sobre vuestros hombros muchas largas, muchos recuerdos; en vuestros rinconcillos hay muchos enanos malignos sentados. También en vosotros hay populacho oculto. Y aunque seáis elevados y de especie superior, encerráis muchas cosas torcidas y deformes, y no hay herrero en el mundo que os pueda componer y enderezar.

No sois más que puentes. ¡Sobre vosotros pueden pasar al otro lado gentes mejores que vosotros! Representáis peldaños: ¡no os molestéis, pues, contra el que pase por encima de vosotros para llegar a *su* altura!

Quizá de vuestra semilla nazca un día, para mí, un verdadero hijo, un heredero perfecto: pero ese día está aún lejano. Vosotros no sois aquellos a quienes pertenecen mi nombre y mis bienes de este mundo. No es a vosotros a quienes yo espero aquí, en estas montañas, no es con vosotros con quienes descenderé hacia los hombres por última vez. Vosotros no sois sino precursores, heraldos de otros más grandes que están en camino hacia mí. No los hombres del gran anhelo, del gran tedio, de la gran saciedad, ni lo que habéis llamado "lo que resta de Dios en la tierra". ¡No, no! ¡Mil veces no! Yo espero a *otros* en estas montañas, y sin ellos no quiero moverme de aquí.

A otros que serán más grandes, más fuertes, más victoriosos; a hombres más alegres, enteros y verdaderos: es preciso que vengan los *leones risueños.*

Huéspedes míos, hombres singulares. ¿No habéis oído hablar aún de mis hijos? ¿No habéis oído decir que se hallan en camino hacia mí?

Habladme de mis jardines, de mis Islas Bienaventuradas, de mi bella y nueva especie. ¿Por qué no me habláis de eso?

Yo imploro de vuestro amor esta fineza: que me habléis de mis hijos. Por ellos me he hecho rico; por ellos me he empobrecido. ¡Qué no he dado yo! ¡Qué no daría por tener una cosa: *esos* hijos, esas plantaciones vivas, esos árboles de la vida de mi voluntad y de mi más alta esperanza!"

Así hablaba Zaratustra, e interrumpió súbitamente su discurso, porque fué sorprendido por su deseo y cerró los ojos y la boca: tan grande era el movimiento de su corazón. Y todos sus huéspedes, inmóviles y abrumados callaron también. Todos, menos el viejo adivino, que se puso a gesticular con los brazos.

LA CENA

En este punto, el adivino interrumpió la salutación de Zaratustra y de sus húespedes, se adelantó apresuradamente, como quien no tiene tiempo que perder, asió la mano de Zaratustra, y exclamó: "¡Pero Zaratustra!

Son más necesarias unas cosas que las otras, según tú mismo dices. Mas hay una cosa ahora que es para mí más necesaria que todas las demás. ¿No nos has invitado a una comida? Pues, lo prometido es deuda. Hay aquí muchos que han hecho largas caminatas, y supongo que no querrás darles satisfacción con palabras.

Ya habéis hablado todos con exceso de morir de frío, de ahogarse, de asfixiarse y de otras miserias del cuerpo, pero nadie se ha acordado de *mi* miseria; el temor de morir de hambre".

Así habló el adivino, y al oír sus palabras huyeron espantados los animales de Zaratustra; porque comprendieron que con todo lo que habían acarreado durante el día no habría suficiente para que se saciara el adivino.

"Nadie se ha acordado tampoco del temor de morir de sed —continuó el adivino—. Y aunque oigo correr el agua infatigablemente y en abundancia, como los discursos de la sabiduría, yo, ¡yo quiero *vino!*

No todos son, como Zaratustra, inveterados bebedores de agua. Ni el agua es buena para gentes abatidas y cansadas; *nosotros* necesitamos vino; ¡solamente el vino produce una curación súbita y una salud improvisada!"

En este momento, y mientras el adivino pedía vino, el rey de la izquierda, tomó la palabra: "*Nosotros* —dijo—, yo y mi hermano, el rey de la derecha, nos hemos cuidado del vino: toda una carga. No nos falta, pues, más que pan".

"¿Pan?" —dijo Zaratustra sonriendo—. No es precisamente pan lo que tienen los solitarios. Pero no sólo de pan vive el hombre, sino también de buena carne de cordero, y yo tengo aquí dos.

A despedazarlos en seguida, y a prepararlos aromatizados con salvia, que así me gusta la carne de cordero. Tampoco nos faltarán raíces ni frutas que satisfarían aún a los gastrónomos más delicados, ni nueces y otros enigmas que romper.

Preparemos, pues, sin tardanza, una buena comida. Pero el que quiera comer con nosotros, debe poner manos a la obra: los reyes, lo mismo que los demás, porque en los dominios de Zaratustra, hasta un rey puede ser cocinero.

La proposición agradó a todos: sólo al mendigo voluntario le repugnaba la carne, el vino y las especias.

"¡Escuchad al glotón de Zaratustra! –dijo en son de chanza–. ¿Se viene a las cuevas y a las altas montañas para celebrar festín semejante?

Ahora sí que comprendo lo que nos enseñó en otro tiempo: "¡Bendita sea la pequeña pobreza!" Y comprendo por qué quiere suprimir los mendigos".

"Ten buen humor como yo, –respondió Zaratustra–. ¡Guarda tus costumbres, hombre excelente! ¡Mastica tu grano, bebe tu agua, elogia tu cocina, con tal de que estés contento!

Yo no soy una ley más que para los míos; yo no soy una ley para todos. Pero el que es de los míos debe tener huesos fuertes y piernas ligeras; ha de ser animoso para las guerras y para los festines; ni sombrío ni soñador; dispuesto a las cosas más difíciles; robusto y sano.

Lo mejor que existe pertenece a los míos y a mí, y si no nos lo dan, nos apoderamos de ello: ¡el mejor alimento, el cielo más claro, los pensamientos más fuertes, las mujeres más bellas!"

Así hablaba Zaratustra; pero el rey de la derecha contestó: "¡Es singular! ¿Se han oído nunca cosas tan juiciosas en boca de un sabio?

Y ciertamente, lo más singular, tratándose de un sabio, es que sea inteligente en todo, y que no tenga nada de asno".

Así habló, asombrado, el rey de la derecha, y el asno terminó su discurso con un YA. Y este fué el principio de esa larga comida que se llama "la cena" en los libros de la historia. Durante esa comida no se habló de otra cosa que del *hombre superior*.

DEL HOMBRE SUPERIOR

I

"Cuando estuve por primera vez entre los hombres, cometí la locura del solitario, la gran locura; me fuí a la plaza pública.

Y como hablaba a todos, no hablaba a nadie. Pero por la noche eran mis compañeros funámbulos y cadáveres; y yo mismo era casi un cadáver. Pero la nueva mañana me trajo una nueva verdad; entonces aprendí a decir: "¡Qué me importan la plaza pública y el populacho, el ruido del populacho y las largas orejas del populacho!"

Hombres superiores, aprended esto de mí: en la plaza pública nadie cree en el hombre superior. Y si os empeñáis en hablar allí, ¡allá vosotros! Pero el populacho dice: "Todos somos iguales".

"Hombres superiores –dice el populacho–: no hay hombres superiores; todos somos iguales; un hombre vale tanto como otro ante Dios: ¡Todos somos iguales!"

¡Ante Dios! pero ahora ese Dios ha muerto; y no queremos ser iguales ante el populacho. ¡Hombres superiores, alejaos de la plaza pública!"

II

"¡Ante Dios! ¡Pero ahora ese Dios ha muerto! ¡Hombres superiores: ese Dios ha sido vuestro mayor peligro!

No habéis resucitado hasta después de yacer él en la tumba. Solamente ahora vuelve el gran mediodía: ¡ahora el hombre superior se hace amo!

¿Hermanos míos, comprendéis estas palabras? Estáis asustados: ¿Se apodera el vértigo de vuestro corazón? ¿Se abre aquí para vosotros el abismo? ¿Os ladra el perro del infierno?

¡Hombres superiores! Sólo ahora dará a luz la montaña del porvenir humano. Dios ha muerto: ahora *nosotros* queremos que viva el Superhombre".

III

"Los más recelosos preguntan hoy: "¿Cómo se conserva el hombre?" Pero Zaratustra, el primero y el único en preguntar, pregunta: "¿Cómo será *superado* el hombre?"

Me preocupa el Superhombre: *él* es para mí la cosa única, y *no* el hombre: no el prójimo, no el más pobre, no el mejor.

Hermanos míos, lo que puedo amar en el hombre es que es una transición y un acabamiento. Y también en vosotros hay muchas cosas que me hacen amar y esperar.

Vosotros, hombres superiores, habéis menospreciado: eso es lo que me hace esperar. Porque los grandes menospreciadores son los grandes veneradores.

Vosotros habéis desesperado, cosa que os honra porque no habéis aprendido a rendiros, no habéis aprendido a ser prudentes.

Hoy se han hecho amos los pequeños: todos predican la resignación y la modestia, y la prudencia, y la aplicación, y las consideraciones, y todas las pequeñas virtudes.

Lo que se asemeja a la mujer y al lacayo, lo que es de su raza servil, y sobre todo lo plebeyo: *¡Eso* es lo que quiere ahora adueñarse de los destinos humanos! ¡Horror! ¡Horror! ¡Horror!

Eso pregunta y vuelve a preguntar sin cansarse: "¿Cómo se conserva el hombre mejor, más tiempo, más agradablemente?" Así son los amos de hoy.

Sojuzgadme, hermanos míos, a esos dueños de hoy, sojuzgadme a esa gentecilla: es el mayor peligro del Superhombre.

Sojuzgadme, hombres superiores, las pequeñas virtudes, las consideraciones para los granos de arena, el ir y venir de las hormigas, la ruin complacencia, la "felicidad" de los más".

Y desesperad antes que rendiros. "¡Os amo de veras, hombres superiores, porque no sabéis vivir hoy!" ¡Y así es como vivís mejor!

IV

"¿Tenéis valor, hermanos míos? ¿Estáis decididos? No pienso del valor ante testigo, sino del valor de solitario; valor de águilas, del que ningún dios es ya espectador.

Las almas frías, los ciegos, los ebrios, no tienen lo que yo llamo corazón. Corazón tiene el que conoce el miedo pero lo *domina;* el que ve el abismo, pero con *arrogancia.*

El que ve el abismo con ojos de águila; el que se aferra al abismo con garras de águila: ese tiene valor".

V

"El hombre es malo". Así hablaban, para consuelo mío, todos los más sabios. ¡Ay! ¡Si eso fuese verdad aún hoy! Porque el mal es la mejor fuerza del hombre.

"El hombre debe hacerse mejor y más malo". Eso es lo que yo enseño. El mal mayor es necesario para el mayor bien del Superhombre.

Sufrir por los pecados de los hombres, podría ser bueno para aquel predicador de los humildes. Pero yo me regocijo del gran pecado como de mi gran *consuelo.*

Estas cosas no se dicen, no obstante, para las orejas largas; ni toda palabra conviene a toda boca.

Estas son cosas sutiles y lejanas: no deben asirlas las patas de los carneros".

VI

"¿Creéis, hombres superiores, que estoy yo aquí para hacer bien lo que vosotros habéis hecho mal? ¿O que yo quiero acostaros más cómodamente a los que sufrís? ¿O mostraros a los que andáis errantes, extraviados y perdidos por la montaña, veredas más fáciles?

¡No! ¡No! ¡Mil veces no! Es preciso que perezcan cada vez más y mejores de nuestra especie porque es preciso que vuestro destino sea cada vez más duro. Sólo así crece el hombre hacia la altura donde el rayo le hiere y le aniquila: ¡Sólamente así sube a bastante altura para el rayo!

Mi inteligencia y mi deseo tienden hacia la minoría, hacia lo duradero, hacia lo lejano: ¡Qué me importaría nuestra miseria, pequeña, común y breve!

Para mí, aún no sufrís bastante. Pues sufrís por vosotros;

no habéis sufrido todavía por el *hombre*. ¡Mentiríais si dijeseis lo contrario! Vosotros, todos vosotros, no sufrís por lo que yo he sufrido".

VII

"No me basta que el rayo no hiera ya. Yo no quiero desviarle: quiero que aprenda a trabajar para *mí*.

Hace mucho tiempo se va acumulando mi sabiduría formando una nube; cada vez se hace más tranquila y más sombría. Como toda sabiduría que ha de llegar a engendrar el rayo.

Para estos hombres de hoy, no quiero ser luz, ni llamarme luz. A éstos quiero cegarlos. ¡Rayo de sabiduría, ciégalos!"

VIII

"No aspiréis a nada que sea superior a vuestras fuerzas: hay una falsedad deplorable cuando se quiere algo superior a sus fuerzas.

¡Sobre todo cuando quieren grandes cosas! Porque esos monederos falsos, esos comediantes, despiertan la desconfianza hacia las grandes cosas, y acaban por ser falsos ante sí mismos, gente de mirada aviesa; madera apolillada y barnizada; gentes doradas de grandes palabras y falsas obras.

¡Tened mucho cuidado, hombres superiores, con sus atenciones! Nada es hoy más precioso y más raro para mí que la probidad.

¿No pertenece esto hoy al populacho? Sin embargo, el populacho no sabe lo que es grande, lo que es pequeño, lo que es recto y honesto: es inocentemente tortuoso; miente siempre".

IX

"¡Hombres superiores! ¡Hombres valerosos! ¡Hombres francos! ¡Tened una saludable desconfianza! Y tened secretas vuestras razones, porque esto pertenece hoy al populacho.

Lo que el populacho no aprendió a creer sin razón, ¿quién podría derribarlo, a sus ojos, con razones?

En la plaza pública se convence con gestos. Las razones inspiran desconfianza al populacho.

Y si alguna vez ha triunfado allí la verdad, preguntaos con saludable desconfianza: ¿Qué gran error ha combatido en pro de ella?"

"¡Guardaos también de los sabios! ¡Os odian, porque son estériles!

Tienen ojos fríos y secos, ante los cuales todo pájaro aparece desplumado.

Los sabios se alaban de no mentir; pero la incapacidad de mentir está aún muy lejos del amor a la verdad. ¡Guardaos!

La falta de fiebre dista mucho de ser conocimiento. Yo no creo en los espíritus refrigerados. El que no puede mentir, no sabe lo que es la verdad".

X

"Si queréis subir, utilizad vuestras propias piernas. ¡No os hagáis *llevar* en alto, no os sentéis sobre la espalda o la cabeza de otro.

Pero tú, has montado a caballo. ¿Galopas ahora a buen paso hacia tu fin? ¡Bueno, amigo mío! ¡Pero tu pie cojo va también a caballo!

Cuando llegues a tu fin, cuando te bajes del caballo, entonces, hombre superior, tropezarás precisamente en tu *altura*".

XI

"¡Hombres que creáis! ¡Hombres superiores! No se concibe más que el propio hijo.

¡No os dejéis inducir a error! ¿Quién es *vuestro* prójimo? ¡trabajáis "por el prójimo", pero creáis por él!

Todos los que creáis debéis olvidar ese "por": Vuestra virtud quiere, precisamente, que no hagáis nada "por" y "a causa de" y "porque". Es preciso que cerréis los oídos a esas palabras falsas.

El "por el prójimo" no es más que la virtud de las gentes pequeñas, de los que dicen "tàl para cual" y "una mano lava a la otra"; esa gente no tiene el derecho ni la fuerza de vuestro egoísmo.

En vuestro egoísmo, creadores, hay la previsión y la precaución de la mujer embarazada. Lo que todo vuestro amor protege, conserva y nutre, es el fruto, lo que nadie ha visto aún con los ojos.

¡Allí donde está todo vuestro amor, en vuestro hijo, allí está también toda vuestra virtud! Vuestra obra, vuestra voluntad: ese es *vuestro* "prójimo". ¡No os dejéis inducir a falsos valores!"

XII

"¡Hombres superiores, hombres que creáis! Cualquiera que haya de dar a luz está enfermo; pero el que ha dado a luz se halla impuro.

Preguntad a las mujeres: no se da a luz porque sea un placer. El dolor hace cacarear a las gallinas y a los poetas.

En vosotros, los que creáis, hay muchas impurezas. Es que debisteis ser madres.

Un nuevo hijo: ¡Cuántas nuevas impurezas han venido al mundo! ¡Apartaos! ¡El que da a luz debe lavar su alma!"

XIII

"¡No seáis más virtuoso de lo que consientan vuestras fuerzas! Y no exijáis de vosotros mismos nada que sea inverosímil.

Seguid las huellas que trazó ya la virtud de vuestros padres. ¿Cómo querríais subir, si la voluntad de vuestros padres no subiese con vosotros?

¡Pero el que quiera ser el primero, cuídese bien de no ser el último! ¡Y no pongáis la santidad en donde estén los vicios de vuestros padres!

¿Qué sucedería si exigiese de sí la castidad aquel cuyos progenitores eran aficionados a las mujeres, a los vinos fuertes y a la carne de jabalí? Sería una locura. ¡Mucho me parece eso para semejante hombre, si es hombre de una sola mujer o de dos, o de tres!

Y si fundase conventos y escribiese encima de la puerta: "Este camino conduce a la santidad", yo diría de todas maneras: ¡Para qué! ¡Es una nueva locura!

Se ha fundado para sí mismo una casa de corrección y un refugio: ¡Qué le sirva de algo! Pero yo no creo en eso.

En la soledad crece lo que cada cual lleva dentro, incluso la bestia interior. Por eso es necesario apartar a muchos de la soledad.

¿Ha habido, hasta el presente, en la tierra, algo más impuro que un santo del desierto?"

XIV

"Tímidos, avergonzados, encogidos, como el tigre a quien ha fallado un salto, así os he visto frecuentemente zafaros, hombres superiores. Habíais errado *una jugada.*

Pero a vostros, jugadores de dados, ¡qué os importa! ¿No habéis aprendido a jugar y a burlaros como hay que jugar y burlarse? ¿No estamos sentados siempre alrededor de una gran mesa de burla y de juego?

Y porque se os hayan frustrado grandes cosas, ¿sois seres malogrados vosotros? Y si lo sois, ¿lo es por eso el hombre? Pero aunque el hombre sea un ser frustrado, ¿qué importa? ¡Adelante!"

XV

"Cuanto más elevada es en su género una cosa, más difícil es su logro. Vosotros, hombres superiores, que os encontráis aquí, ¿no sois todos seres frustrados?

Sin embargo, ¡ánimo! ¡Qué importa eso! ¡Cuántas cosas son posibles aún! ¡Aprended a reíros de vosotros mismos, como hay que reír!

¡Qué hay de asombroso en que vosotros que estáis medio truncados, falléis y no acertéis más que a medias! ¿No forcejea en vosotros el *porvenir del hombre*?

Lo más lejano y profundo que existe en el hombre, su altura estelar y su inmensa fuerza, todo, ¿no choca entre sí en vuestra hirviente marmita?

¡Qué hay de asombroso en que más de una marmita se rompa! ¡Aprended a reíros de vosotros mismos, como hay que reír! ¡Oh, hombres superiores! ¡Cuántas cosas son posibles aún!

Y, en verdad, ¡cuántas cosas se han logrado ya! ¡Qué rica es esta tierra en cosas buenas, perfectas y afortunadas!

Rodeaos de cosas buenas y perfectas, hombres superiores. Su dorada madurez cura el corazón. Las cosas perfectas nos enseñan a esperar".

XVI

"¿Cuál fué el pecado más grande en la tierra, hasta el momento? ¿No fué la palabra del que dijo: "¡Pobres de los que se ríen de ti"?

¿Es porque no encontraba ningún motivo de risa en la tierra?

Si es así, buscó mal. Hasta un niño encuentra en la tierra motivos para reír.

Ese no amaba bastante, si no, nos habría amado también a nosotros los risueños. Pero nos odiaba e infamaba, prometiéndonos gemidos y rechinamientos de dientes.

¿Es preciso, pues, maldecir cuando no se ame? Eso me parece de muy mal gusto. Y eso es lo que hizo aquel intolerante. Había salido del populacho. No amaba bastante; de otro modo, se hubiera irritado menos porque no se le amara. Todo gran amor no *quiere* amor: quiere más.

¡Apartaos del camino de todos esos intolerantes!

Es una gente pobre y enferma, plebeya; dirige una mirada maligna a esta vida. Hace mal de ojo a la tierra.

¡Apartaos del camino de todos esos intolerantes! Les pesan los pies y el corazón; no saben bailar. ¡Cómo, para tales gentes, ha de ser ligera la tierra!"

XVII

"Todas las cosas buenas se aproximan a su fin en forma tortuosa. Como los gatos, arquean el lomo, se desperezan y roncan interiormente regodeándose ante su próxima felicidad. Todas las cosas buenas ríen.

En el modo de andar de una persona, revela ya si sigue su propio camino. ¡Miradme andar a mí! El que se acerca a su fin baila.

Y, verdaderamente, yo no me he convertido en estatua, ni estoy plantado como una columna, adormecido, entumecido: a mí me gusta la carrera veloz.

Y aunque haya en la tierra cenagales y mucha suciedad, el que tiene los pies ligeros corre y baila por encima del fango como sobre hielo barrido.

¡Elevad vuestros corazones, hermanos míos! ¡Elevadlos cada vez más! ¡Y no olvidéis las piernas! ¡Alzad también las piernas, buenos bailarines, y así os tendréis bien sobre la cabeza!"

XVIII

"Esta corona del risueño, esta corona de rosas, me la he ceñido yo mismo: yo mismo he canonizado mi risa. No he encontrado a nadie capaz de otro tanto.

Yo, Zaratustra, el bailarín, Zaratustra el ligero, el que agita sus alas, pronto para el vuelo, haciendo señas a todas las aves, presto y ágil, divinamente ligero.

Yo, Zaratustra, el adivino, Zaratustra el sonriente, ni impaciente ni tolerante, al que agradan los altos y respingos: ¡Yo mismo me he ceñido esta corona!"

XIX

"¡Elevad, elevad cada vez más vuestros corazones, hermanos míos! ¡Y no os olvidéis de las piernas! ¡Alzad también las piernas, buenos bailarines, y así os tendréis bien sobre la cabeza!

También los animales pesados conocen la dicha. Hay seres que nacen zambos y que se esfuerzan singularmente a la manera de un elefante que se esforzara por mantenerse sobre la cabeza.

Pero más vale estar loco de alegría que de tristeza: más vale bailar pesadamente que andar como un cojo. Aprended, pues, de mí, la sabiduría: aun la peor de las cosas tiene dos caras.

Aun la peor de las cosas tiene buenas piernas para bailar: ¡Aprended, pues, vosotros, hombres superiores, a teneros derechos sobre vuestras piernas!

¡Olvidad la melancolía y todas las tristezas del populacho! ¡Qué tristes me parecen hoy los arlequines plebeyos! Pero este hoy pertenece al populacho".

XX

"Haced como el viento cuando se precipita de las cavernas montañosas: quiere bailar a su modo. ¡Los mares tiemblan y saltan a su paso!

¡Alabado sea el que da alas a los burros y ordeña a las leonas, ese espíritu bueno e indomable que llega como un huracán para todo lo que es de hoy y para todo el populacho!

¡Alabado sea el enemigo de todas las hojas marchitas y de toda cizaña; ese espíritu de tempestad, ese espíritu salvaje, bueno y libre, que baila sobre los pantanos, como si fuesen praderas!

¡Bendito sea el que odia a los perros del populacho y a toda esa raza frustrada y sombría! ¡Bendito sea ese espíritu de todos los espíritus libres, la tempestad risueña que sopla el polvo en los ojos de todos los que ven negro y están ulcerados! ¡Hombres superiores: lo peor que tenéis es que no habéis aprendido a bailar como hay que bailar: a bailar por encima de vuestras cabezas! ¡Qué importa que no hayáis sido afortunados!

¡Cuántas cosas son posibles aún! *¡Aprended,* pues, a reír por encima de vosotros mismos! ¡Elevad vuestros corazones! ¡Elevadlos cada vez más! ¡Y no olvidéis tampoco la buena risa!

¡Esta corona del risueño, esta corona de rosas os la arrojo a vosotros, hermanos míos! Yo he canonizado la risa. *¡Aprended,* pues, a reír, hombres superiores!"

EL CANTO DE LA MELANCOLIA

I

Cuando Zaratustra pronunció estos discursos estaba junto a la entrada de su cueva; pero con las últimas palabras, desapareció de ante sus huéspedes y escapó por un momento al aire libre.

"¡Oh, aromas puros que me rodeáis! —exclamó—. ¡Oh, tranquilidad bienhechora! Pero, ¿dónde están mis animales? ¡Venid, venid, águila y serpiente mías!

Decidme: ¿Acaso no *huelen* bien todos esos hombres superiores? ¡Oh, aromas puros que me rodeáis! Sólo ahora sé y siento cuánto os amo, animales míos".

Y Zaratustra volvió a decir: "¡Cuánto os amo, animales míos!" El águila y la serpiente se pegaron a él, mientras pronunció estas palabras, y se pusieron a mirarle. Así, juntos los tres, aspiraban silenciosamente el aire puro. Porque allí fuera era mejor el aire que donde estaban los hombres superiores.

II

Pero apenas había salido Zaratustra de la cueva, cuando se levantó el viejo encantador, y, mirando maliciosamente a su alrededor, dijo: "¡Se ha ido!

Y ya, hombres superiores —permitidme que os halague con este nombre de alabanza y de lisonja, como hizo él—, ya se apodera de mí el espíritu maligno y burlón, mi espíritu encantador, mi demonio de la melancolía, que es el adversario de Zaratustra: ¡Perdonadle! Ahora *quiere* realizar ante vosotros sus encantamientos: precisamente es su hora. En vano lucho con este mal espíritu.

A todos vosotros, cualesquiera que sean los honores que queráis adjudicaros, ya os llaméis "los espíritus libres" o "los verídicos", "los expiadores del espíritu", "los desencadenados" o "los del gran deseo"; a todos vosotros que sufrís, como yo, del *gran hastío*, para quienes ha muerto el antiguo Dios, sin que haya aún en la cuna envuelto en mantillas ningún Dios nuevo; a todos vosotros os es propicio mi espíritu maligno, mi demonio encantador.

Yo os conozco, hombres superiores, y conozco también a ese duende a quien amo a pesar mío; a ese Zaratustra. Frecuentemente me parece una larva de santo.

Me parece un nuevo y singular disfraz, con el que se complace mi espíritu maligno, el demonio de la melancolía; a menudo creo que amo a Zaratustra a causa de mi espíritu maligno.

Pero ya se apodera de mí y me domina ese espíritu de la melancolía, ese demonio del crepúsculo. Y ahora, hombres superiores, ha sentido un antojo.

¡Abrid los ojos, hombres superiores! Le da la tentación de venir *desnudo*, no sé aún si como hombre o como mujer. Pero viene, me domina, ¡mísero de mí! ¡Abrid vuestros sentidos!

¡El día se acaba para todas las cosas; aun para las mejores cosas llega el crepúsculo! ¡Escuchad y ved, hombres superiores, qué demonio, hombre o mujer, es ese espíritu de la melancolía del crepúsculo!"

Así habló el viejo encantador; luego miró maliciosamente en torno suyo y cogió el arpa.

III.

"En el aire puro, cuando ya el consuelo del rocío
desciende a la tierra, invisible, silencioso,
—porque el rocío consolador calza delicadamente
como todos los dulces consoladores—,
entonces piensas tú, ardiente corazón
lo sediento que en otro tiempo estabas de lágrimas,
de gotas de rocío;
lo sediento que estabas, abrasado y fatigado, porque
en la hierba y en las sendas amarillas
corrían alrededor de ti, a través de los oscuros árboles,
malignos rayos de sol poniente, encendidas miradas de sol
deslumbradoras y malévolas.

"¿Tú el pretendiente de la *verdad?* ¿Tú?
¡No! ¡Un simple poeta! Un animal taimado y rastrero
que tiene que mentir a sabiendas, voluntariamente,
ansioso de botín.
Enmascarado con colorines, máscara para sí mismo.
¿Pretendiente *eso* de la verdad?
¡No! ¡Loco *solamente!* ¡Poeta *solamente!*
¡Parlanchín pintoresco que perora
tras una máscara multicolor de demente,
errante en engañosos puentes de palabras,
en engañosos arcoiris, entre falsos cielos,
cerniéndose de acá para allá!
¡Loco *solamente!* ¡Poeta *solamente!*

¿Pretendiente de la verdad eso?
¡No! Ni silencioso, ni rígido, ni frío,
como una imagen, como una estatua divina,
ni colocado ante los templos
como guardián de los umbrales de un Dios:
enemigo de todos esos monumentos de la virtud,
más familiarizado con los desiertos que son los templos,
lleno de marrullerías felinas,
saltas por todas las ventanas,
te lanzas a todos los azares,

husmeas todas las selvas vírgenes,
y corres por los bosques no hollados
con labios sensuales, saludable, sonrosado
y bello como el pecado,
divinamente burlón, divinamente infernal,
salvaje, atractivo, *embustero*.
Aguila que mira fijamente a las profundidades,
a su abismo.
¡Ah! ¡Cómo se cierne, cómo desciende y se hunde
en el fondo de simas cada vez más profundas!
Y luego, súbitamente, como una flecha,
con las alas plegadas, cae sobre los *corderos*,
en un vuelo rápido, hambrienta, ansiosa,
colérica contra todas las almas mansas,
llena de inquina contra todos los que tienen
trazas virtuosas,
y tienen ojos de oveja, lana rizada y gris
y la dulce benevolencia del cordero.
Así son, como los del águila y la pantera,
los deseos del poeta.
Así son sus deseos, bajo mil disfraces,
loco, ¡poeta!
Tú, que en el hombre viste
un *Dios* como un *cordero*:
Desgarrad en el hombre el Dios
como el cordero en el hombre,
y reíd desgarrándome.

¡Esa es tu felicidad!
¡La felicidad de un águila y de una pantera,
la felicidad de un poeta y de un loco!

En el aire puro,
cuando ya la media luna
desliza envidiosa sus rayos verdes,
entre la púrpura del poniente,
palidecen a su paso las rosas celestes
hasta que caen y se hunden en la noche:
Así caí yo mismo, en otro tiempo,

de mi locura de verdad,
de mis deseos del día,
fatigado del día, enfermo de luz;
así caí, hacia el ocaso, hacia las sombras,
abrasado por la sed de una verdad.
¿Te acuerdas tú, te acuerdas tú corazón ardoroso,
cuánta era tu sed?

¡Qué yo esté desterrado
de todas las verdades!
¡Loco *solamente!* ¡Poeta *solamente!*

DE LA CIENCIA

Así cantó el encantador, y todos los allí reunidos cayeron, como pájaros, en la red de su astuta y melancólica voluptuosidad. Unicamente el concienzudo del espíritu no se dejó coger, y arrebatándole el arpa de las manos gritó: "¡Dejad que entre aire puro! ¡Haced que entre Zaratustra! ¡Tú corrompes y haces sofocante la atmósfera de esta cueva, viejo encantador maligno!

¡Hombre falso y refinado: tu seducción conduce a deseos y a desiertos desconocidos! ¡Y desgraciados de nosotros si seres como tú hablan de la verdad con aires de importancia!

¡Desgraciados todos los espíritus libres que no estén en guardia contra semejantes encantadores! ¡Qué sería de su libertad! ¡Tú enseñas a volver a las prisiones, y conduces a ellas!

En tu queja, demonio melancólico, hay un llamamiento; te pareces a aquellos cuyo elogio de la castidad invita secretamente a voluptuosidades".

Así habló el concienzudo; pero el viejo encantador miraba en torno de sí, gozando de su victoria, y gracias a eso devoraba la cólera que le causaba el concienzudo. "Cállate —dijo con voz humilde—: las buenas canciones requieren buenos ecos; después de buenas canciones, es preciso callar largo rato.

Eso es lo que hacen todos estos hombres superiores. Pero tú, probablemente no has comprendido gran cosa de mi canto. Tienes poco espíritu encantador". "Me honras —repuso el concienzudo— con la distinción que haces. ¡Eso está muy bien! Pero vosotros, ¡qué veo! ¿Aún seguís sentados ahí, con la mirada anhelante?

¿Qué ha sido de vuestra libertad, almas libres? Casi creo que os parecéis a los que han visto bailar durante mucho tiempo a muchachas desnudas: ¡vuestras mismas almas se ponen a bailar!

Debe haber en vosotros, hombres superiores, mucho más de lo que el encantador llama su espíritu maligno de encantamiento y de engaño: es forzoso que seamos diferentes.

Y a la verdad hemos hablado y pensado juntos lo suficiente, antes de volver Zaratustra a su cueva, para que yo sepa que *somos* distintos.

Vosotros y yo, *buscamos* también aquí arriba cosas diferentes. Yo busco más *certidumbre*: por eso he venido al lado de Zaratustra. Porque él es la torre y la voluntad más firme, hoy que todo vacila y tiembla la tierra.

Pero casi estoy por creer que vosotros, al ver los ojos que ponéis, buscáis más *incertidumbre*, más sensaciones de miedo, más peligro, más temblores de tierra. Me parece —y perdonad mi presunción, hombres superiores— que deseáis una vida más inquietante, más peligrosa, una vida que a mí me inspira temor; la vida de los animales salvajes, los bosques, las cavernas, las montañas ocultas y los laberintos.

Y no son los que os conducen *fuera* del peligro los que más os agradan, sino los que os alejan y apartan de todos los caminos: los seductores. Pero si tales deseos son *verdaderos* en vosotros, me parecen de todos modos *imposibles*.

Porque el sentimiento innato y primordial en el hombre es el temor; por el temor se explica todo: el pecado original y la virtud original. Mi misma virtud ha nacido del temor; se llama *ciencia*.

El temor que más tiempo ha durado en el hombre, es el temor a las fieras, incluso a la que el hombre oculta y teme en sí mismo, a la que Zaratustra llama "la bestia interior".

Este viejo temor, afinado y espiritualizado al fin, hoy me parece que se llama *ciencia*."

Así habló el concienzudo; pero Zaratustra, que en aquel momento volvía a su cueva, y que había oído y adivinado la última parte del discurso, arrojó un manojo de rosas al concienzudo, riéndose de sus verdades. "¡Cómo! —exclamó—. ¿Qué es lo que acabo de oír? Verdaderamente, me parece que estás loco o que lo estoy yo, e inmediatamente voy a poner tu verdad cabeza abajo.

Porque el *temor* es nuestra excepción. El valor, en cambio, y el espíritu aventurero y el goce de lo incierto, de lo que aún no ha sido explorado, sencillamente, el *valor*, me parece toda la historia primitiva del hombre. Envidió y arrebató a los animales más salvajes y valerosos todas sus virtudes, únicamente así se hizo hombre.

Ese valor afinado y espiritualizado al fin, ese valor humano, con alas de águila y astucia de serpiente, me parece que se llama hoy. . ."

"*¡Zaratustra!*" —exclamaron a una todos los reunidos soltando una carcajada; pero surgió de ellos algo que parecía una nube negra. También el encantador se echó a reír y dijo maliciosamente: "¡Ya se marchó mi espíritu maligno!

¿Y no os previne yo mismo contra él, cuando os dije que era un impostor, un espíritu de mentira y fraude?

Sobre todo, cuando se muestra desnudo. Pero ¿qué puedo *yo* hacer contra sus malicias? ¿Soy *yo* el que le ha creado y ha creado el mundo?

¡Vaya! ¡Volvamos a ser buenos y joviales! Y aunque Zaratustra —¡miradle!— tenga la mirada sombría y me guarde rencor, antes de que llegue la noche aprenderá otra vez a amarme y alabarme: no puede vivir mucho tiempo sin hacer semejantes locuras.

Este ama a sus enemigos: es quien conoce mejor ese arte, entre todos los que he encontrado. ¡Pero se venga en sus amigos!"

Así habló el viejo encantador, y fué aclamado por los hombres superiores, ante lo cual Zaratustra comenzó a dar vueltas por su cueva y a estrechar con malicia y con amor las manos de sus amigos, como quien tiene algo que reparar y de qué excusarse. Pero cuando llegó a la puerta de la cueva volvió a desear el aire puro del exterior y la compañía de sus animales, y quiso salir.

ENTRE LAS HIJAS DEL DESIERTO

I

"No te marches –dijo entonces el viajero que se llamaba la sombra de Zaratustra. Quédate a nuestro lado, porque si te vas, volverá a invadirnos la antigua y abrumadora aflicción.

Ya el viejo encantador nos ha prodigado lo peor de su cosecha. Y mira: en los ojos del antiguo Papa, tan piadoso, brillan las lágrimas, y ya se ha embarcado nuevamente en el mar de la melancolía.

Estos reyes podrán poner aún buena cara delante de nosotros: son entre todos nosotros los que han aprendido mejor tal arte. Pero estoy seguro de que si no tuviesen testigos también volvería a ellos el mal juego de las nubes que pasan, de la húmeda melancolía, del cielo velado, de los vientos de otoño que aúllan. El mal juego de nuestros alaridos y de nuestros gritos de angustia. ¡Quédate con nosotros, Zaratustra! ¡Hay aquí mucha miseria oculta, mucha noche, muchas nubes, mucho aire espeso!

Tú nos has nutrido de fuertes alimentos humanos y de máximas fortificantes: ¡no permitas que, para postre, nos sorprendan de nuevo los espíritus de la molicie, los espíritus afeminados!

¡Sólo tú fortificas y purificas el aire que te rodea! ¿He encontrado yo nunca en la tierra aire tan puro como junto a ti y en tu cueva?

Sin embargo, he visto muchos países; mi olfato ha aprendido a examinar y a apreciar aires múltiples; pero donde mi olfato experimenta su mayor deleite es a tu lado.

A no ser... a no ser... ¡Oh! ¡Perdóname un antiguo recuerdo! Perdóname un antiguo canto de sobremesa que compuse entre las hijas del desierto.

Porque allí también había aire puro y límpido de Oriente; allí es donde más lejos estuve de la vieja Europa, nebulosa, húmeda y melancólica.

Yo amaba entonces a esas hijas de Oriente y de otros reinos de cielo azul no empañados por nubes ni pensamientos.

Vosotros no sospecháis qué encantadoras estaban cuando no bailaban, sentadas de un modo primoroso, profundas, pero sin pensamiento, como pequeños secretos, como enigmas engalanados, como nueces para el postre. Abigarradas y extrañas, ciertamente. Pero sin nubes: enigmas que se dejan adivinar. En honor de esas doncellas inventé entonces un salmo de sobremesa".

Así habló el viajero que se llamaba la sombra de Zaratustra, y antes de que nadie tuviese tiempo de contestarle cogió el arpa del viejo encantador, miró tranquilamente en torno suyo, cruzó las piernas y aspiró el aire por la nariz con expresión interrogadora, como quien gusta aire nuevo en país nuevo. En seguida, empezó a cantar con voz que parecía un alarido:

II

"*El desierto crece: ¡Ay del que oculta desiertos!*
¡Solemne! ¡Digno principio!
¡Principio de una soledad africana!
Digno de un león o de un aullador moral...
pero nada para vosotras, deliciosas amigas,
a cuyos pies le es dado sentarse, bajo las palmeras,
a un europeo. Selah.

¡Maravilloso!
Heme aquí, cerca del desierto, y, como nunca,
tan lejos del desierto, y, como nunca,
tan lejos del desierto,
absorbido por este oasis diminuto,
porque acaba de abrir, bostezando,
su boca encantadora,
la más perfumada de todas las bocas;
y yo caí a su fondo, entre vosotras,
deliciosas amigas. Selah.

¡Bendita, bendita aquella ballena
que tan buena fué con su huésped.

¿Comprendéis mi sabia alusión?
¡Bendito su vientre, si fué
tan encantador vientre de un oasis como éste!
Pero lo dudo, porque vengo de Europa
que es la más incrédula de todas las esposas.
¡Dios la mejore! ¡Amén!
Heme aquí, en este pequeño oasis,
como un dátil, moreno, dorado, almibarado,
ansioso de la boca redonda de una doncella,
más aún de dientes incisivos, femeninos,
fríos, blancos, como la nieve,
que por ellos pena el corazón de todos los dátiles. Selah.

Como esos frutos del mediodía,
estoy aquí rodeado de pequeños insectos
que juegan alrededor de mí,
al par que de deseos y pensamientos más pequeños,
más locos y más perversos, cercado por vosotras,
bellas muchachas mudas, mudas y llenas de recelo,
Dudu y Suleika,
esfingeizado por vosotras, para condensar en esa
palabra nueva muchos sentimientos.
—¡Dios me perdone tal ofensa al lenguaje!
aquí estoy aspirando el aire más puro,
verdadero aire paradisíaco,
aire claro, suave, matizado de oro,
aire como jamás cayó otro de la luna.
¿Cómo llegó? ¿Por azar?
¿Casualidad, como cuentan los antiguos poetas?
Lo pone en duda mi escepticismo.
Vengo de Europa
que es la más incrédula de todas las esposas.
¡Dios la mejore! ¡Amén!
Aspirando este aire tan agradable,
con las narices dilatadas y anhelantes,

sin porvenir, sin recuerdo,
así estoy aquí, deliciosas amigas,
y miro a la palmera arquearse como una bailarina
—¡cuándo uno la mira detenidamente hace lo mismo!—
que se ha sostenido demasiado tiempo,
peligrosamente, sobre una sola pierna.
¿Olvidó según parece la otra?
Yo he buscado en vano el tesoro gemelo
—es decir la otra pierna—
en la santa vecindad de sus encantadoras y graciosas faldas,
flotantes como abanicos.
¡Creedme, bellas amigas, la ha *perdido!*
¡Se fué, se fué para siempre la otra pierna!
¡Oh! ¡Qué lástima de piernecita!
¿Dónde estará, abandonada, dolorida, esa pierna solitaria?
¿Amenazada acaso por un monstruo de rubias guedejas,
por fiero león?
¡O ya roída!, ¡horror! ¡horror! Selah.

¡Oh! ¡No lloréis, tiernos corazones!
¡No lloréis, corazones de dátiles, senos de leche!
¡Sé un hombre, Suleika! ¡Valor!
¡No llores más, pálida Dudu!
¿Será necesario aquí, acaso, algo que fortifique el corazón?
¿Una máxima llena de unción?
¿Una máxima solemne?
¡Arriba, dignidad!
¡Sopla, sopla de nuevo, fuelle de la virtud!
¡Aullar aún otra vez, aullar moralmente!
¡Aullar como un león moral ante las hijas del desierto!
¡Porque los alaridos de la virtud,
deliciosas muchachas son, sobre todo,
la pasión ardiente, el hambre voraz del europeo!
Y ved ya en mí al europeo. ,
¡No puedo ser de otro modo! ¡Qué Dios me ayude!
Amén.
El desierto crece: ¡desdichado del que oculta el desierto!

EL DESPERTAR

I

Después del canto del viajero y de la sombra, se llenó repentinamente la cueva de risas y de ruido; y como todos los huéspedes hablaban al mismo tiempo, e incluso el asno, que con tal animación no podía ya estarse quieto, experimentó Zaratustra cierto enfado contra sus visitas, aunque se alegrase de su júbilo, que a él le parecía un signo de curación. Se deslizó, pues, afuera, al aire libre, y habló a sus animales.

"¿Dónde ha ido a parar ahora su angustia? –dijo, y ya se disipaba su enfado–. ¡Me parece que han olvidado en mi albergue sus gritos de angustia! Aunque, desgraciadamente, no han perdido aún su costumbre de gritar".

Y Zaratustra se tapó los oídos, porque en aquel momento se mezclaban extrañamente los YA del asno al ruido regocijante de aquellos hombres superiores.

"Están alegres, –prosiguió– y, ¿quién sabe?, acaso a expensas mías; pero si han aprendido a reír de mí, no es *mi* risa, sin embargo, la que han aprendido.

Más ¡qué importa! Son viejos: Se curan a su manera y ríen a su manera. Cosas peores han soportado mis oídos.

Esta jornada es una victoria. ¡Ya retrocede, ya huye el *espíritu de la pesadez,* mi antiguo enemigo mortal! ¡Qué bien va a terminar este día que tan mal y tan malignamente comenzó!

Y *quiere* terminar. Ya viene el crepúsculo que como buen jinete atraviesa a caballo el mar. ¡Cómo se balancea, el bienaventurado que torna en su silla de púrpura.

El cielo mira serenamente; el mundo se extiende en su profundidad. ¡Hombres singulares que habéis venido a mi lado, vale la pena de vivir cerca de mí!"

Así hablaba Zaratustra. Y en aquel momento volvieron a oírse en la caverna los gritos y las risas de los hombres superiores. Entonces Zaratustra agregó:

"Pican; mi cebo hace su efecto; también huye de ellos el enemigo, el espíritu de la pesadez. Ya aprenden a reírse de sí mismos: ¿He oído bien?

Mis sabrosas y rigurosas máximas hacen su efecto; y en verdad, no les he alimentado con legumbres que hinchan, sino con un alimento de guerreros, con un alimento de conquistadores: he despertado en ellos nuevos deseos.

En sus brazos y en sus piernas se revelan nuevas esperanzas; su corazón se ensancha. Encuentran nuevas palabras: pronto su espíritu resultará desenfadado.

Bien comprendo que este alimento no es para niños, ni para mujercitas lánguidas. Se necesitan otros medios para convencer a sus entrañas: Yo no soy su médico ni su maestro.

El *hastío* se aleja de esos hombres superiores: Esa es mi victoria. Se sienten seguros en mi reino, abandonan toda necia vergüenza, se explayan.

Explayan sus corazones, vuelven para ellos buenas horas; se huelgan y rumian de nuevo: se hacen *agradecidos*.

Eso es lo que considero como una buena señal: se hacen agradecidos. No pasará mucho tiempo sin que inventen fiestas y levanten monumentos conmemorativos a sus antiguas alegrías.

¡Son *convalecientes!*" Así hablaba Zaratustra, con íntima fruición y mirando en torno suyo. Sus animales se pegaron a él, haciendo honor a su felicidad y a su silencio.

II

Mas, repentinamente, se sobresaltó el oído de Zaratustra, porque la cueva, hasta entonces llena de ruido y de risa, quedó en un silencio sepulcral. Al mismo tiempo llegó a su olfato un olor agradable de humo y de incienso, como si estuviesen quemando piñas.

"¿Qué sucede? ¿Qué hacen?" —se preguntaba Zaratustra aproximándose a la entrada de la cueva para poder ver a sus invitados sin ser visto. Pero, ¡maravilla de las maravillas! ¿Qué fué lo que vió entonces con sus propios ojos?

"¡Se han vuelto todos *piadosos! ¡Rezan!* ¡Están locos!" —dijo con verdadero asombro. Y en efecto, todos aquellos hombres superiores—, los dos reyes, el Papa, el siniestro encantador, el mendigo voluntario, el viajero y la sombra, el viejo adivino, el concienzudo del espíritu y el más feo de los hombres, estaban arrodillados como viejas devotas: estaban arrodillados adorando al asno. Y el más feo de los hombres empezaba a soplar, como si quisiera salir de él algo inexpresable; pero cuando, al fin, llegó a hablar, resultó que salmodiaba una singular y piadosa letanía en honor del adorado e incensado asno. Y he aquí cual fué esa letanía:

"¡Amén! Honra, gloria, sabiduría, gratitud, alabanzas, y fuerzas sean con nuestro Dios de eternidad en eternidad".

Y el asno rebuznaba YA.

"El lleva nuestras cargas; es paciente y jamás dice no: y el que ama a su Dios le castiga".

El asno rebuznaba YA.

"No habla sino para decir siempre *sí* al mundo que ha creado: así canta la alabanza de su mundo. Su astucia es la que le impulsa a no hablar: Así rara vez se equivoca".

El asno rebuznaba YA.

"Insignificante pasa por el mundo. El color de su cuerpo, con el que envuelve su virtud, es gris. Si tiene talento, lo oculta; pero todos ven, mayores de lo que son, sus largas orejas".

El asno rebuznaba YA.

"¿Qué oculta sabiduría es esa de tener orejas largas y decir siempre sí y jamás no? ¿No ha creado el mundo a su imagen, es decir, todo lo bestia posible?"

El asno rebuznaba YA.

"Tú sigues caminos derechos y caminos torcidos: poco te importa lo que los hombres llaman derecho o torcido. Tu reino está más allá del bien y del mal. Tu inocencia es no saber lo que es inocencia".

El asno rebuznaba YA.

"Mira cómo tú no rechazas a nadie, ni a los mendigos ni a los reyes. Dejas acercarte a ti a los niños, y si los pícaros quieren seducirte les dices simplemente YA".

El asno rebuznaba YA.

"Tú amas a las burras; te gustan los higos frescos y no eres remilgado para la comida. Un cardo te cosquillea las entrañas cuando tienes hambre. En eso estriba la sabiduría de un Dios".

Y el asno rebuznaba YA.

LA FIESTA DEL ASNO

I

Zaratustra no pudo contenerse al llegar a este punto de la letanía, y a su vez gritó YA con voz aún más fuerte que la del asno, plantándose de un brinco en medio de sus enloquecidos huéspedes. Pero ¿qué hacéis ahí, hijos de los hombres? —exclamó alzando del suelo a los que rezaban. ¡Pobres de vosotros, si cualquiera que no fuese Zaratustra os mirase!

Todos juzgarían que os habíais vuelto, con vuestra nueva fe, los peores blasfemos o las viejas más insensatas.

"¿Cómo tú, antiguo Papa, puedes estar de acuerdo contigo mismo, adorando a un burro como si fuese Dios?"

"Perdona, Zaratustra, —respondió el Papa—, pero de las cosas de Dios entiendo yo más que tú.

¡Antes adorar a Dios bajo esa forma, que no adorarle bajo ninguna! reflexiona en estas palabras eminente amigo: adivinarás en seguida que encierran sabiduría.

El que dijo: "Dios es espíritu", fué el que dió, hasta el momento, en la tierra, el paso y el salto más grande hacia la incredulidad. ¡No son esas palabras fáciles de reparar en la tierra.

Mi viejo corazón salta y retoza al ver que todavía hay algo que adorar sobre la tierra. ¡Perdona, Zaratustra, al viejo corazón de un Papa piadoso!"

"¿Y tú —dijo Zaratustra al viajero y a la sombra— te llamas y te figuras ser un espíritu libre? ¿Y te entregas a semejantes idolatrías y a semejantes mojigangas?

Verdaderamente, haces aquí cosas peores que las que hacías al lado de las muchachas morenas y malignas, ¡creyente nuevo y maligno!"

"En efecto, —respondió el viajero y la sombra—, tienes razón; pero ¿qué voy a hacer? Digas lo que quieras, Zaratustra, el Dios antiguo revive.

El más feo de los hombres tiene la culpa de todo: él es quien le ha resucitado. Y si dice que hace tiempo le mató, la *muerte* entre los Dioses no es siempre más que un prejuicio".

"Y tú, viejo encantador –prosiguió Zaratustra– ¿qué has hecho? ¿Quién creerá ya en ti, en estos tiempos de libertad, si tú crees en tales burradas divinas?

Has hecho una majadería: ¿Cómo tú tan astuto has podido hacer tal majadería?" "Tienes razón, Zaratustra –respondió el encantador–: era una majadería, y me ha costado bastante cara".

"¡Y tú también –dijo Zaratustra al concienzudo del espítu–, reflexiona y ponte el dedo en la nariz. ¿No hay en esto nada que turbe tu conciencia? ¿No es tu espíritu demasiado limpio para tales adoraciones y para el tufo de tales beatos?"

"Hay algo en este espectáculo –respondió el concienzudo, llevándose el dedo a la nariz–, hay algo en este espectáculo que hace bien a mi conciencia.

Acaso no tengo el derecho de creer en Dios; pero lo cierto es que, bajo esta forma, Dios me parece aún altamente digno de fe.

Dios debe ser eterno, según el testimonio de los más piadosos: quien tiene tanto tiempo se otorga tiempo. De esa forma, con toda la lentitud y toda la necedad que se quiera, puede ir verdaderamente lejos.

Y quizá agradaría, al que tiene demasiada inteligencia, suspirar por la necedad y la locura misma. ¡Piensa, si no, en ti mismo, Zaratustra!

¡Tú mismo, en realidad, podrías volverte asno a fuerza de sabiduría!

¿No gusta el sabio perfecto de seguir los caminos más tortuosos? La apariencia lo prueba, Zaratustra: lo prueba tu apariencia".

"Y tú, en fin, –dijo Zaratustra, dirigiéndose al más feo de los hombres que seguía aún echado en el suelo alargando los brazos hacia el asno para darle de beber vino–, habla, indescriptible: ¿Qué es lo que has hecho?

¿Qué has hecho? ¿Es verdad, como dicen esos, que le has resucitado? ¿Y por qué? ¿No estaba muerto con razón?"

"¿Cómo te has convertido? ¡Habla, indescriptible!"

"¡Oh, Zaratustra! –contestó el más feo de los hombres–. ¡Eres un tunante!

Si *aquél* vive aún, o si revive, o si murió completamente, ¿quién de nosotros dos lo sabe mejor? Eso te pregunto.

Pero sé una cosa que aprendí de ti mismo en otro tiempo, Zaratustra: El que quiere matar más completamente se echa a *reír*.

"No se mata con la cólera, sino con la risa". Así hablabas tú en otro tiempo. ¡Oh Zaratustra! ¡Tú, que permaneces oculto destructor sin cólera, santo peligroso, eres un tunante!"

II

"Mas entonces Zaratustra, asombrado de aquellas respuestas, se precipitó a la puerta de su cueva, y dirigiéndose a todos sus invitados empezó a gritar con fuerte voz: "¡Oh, locos taimados, truhanes! ¿A qué disimular y ocultaros delante de mí? ¡Vuestro corazón se estremecía de alegría y de malicia, porque al fin habéis vuelto a ser como niños, es decir, piadosos; porque al fin habéis vuelto a rezar, a juntar las manos y a decir "amado Dios"!

Pero ahora, abandonad este cuarto de niños, mi propia cueva, donde hoy están como en su casa todas las niñerías. ¡Refrescad ahí fuera vuestro ardor impetuoso de niños y serenad el tumulto de vuestro corazón!

Verdad es que si no volvéis a ser como niños, no podréis entrar en el reino de los cielos –y Zaratustra señaló hacia arriba con un dedo.

Pero nosotros no queremos entrar en el reino de los cielos; nos hemos hecho hombres. Por eso queremos el *reino de la tierra*".

III

Y tomando nuevamente la palabra, agregó Zaratustra: "¡Oh, mis nuevos amigos! ¡Hombres singulares! ¡Hombres superiores! ¡Cómo me agradáis desde que os habéis vuelto alegres!

Estáis, verdaderamente, en pleno florecimiento, y me parece que, para flores como vosotros, hacen falta *fiestas nuevas*, una buena locura, un culto y una fiesta del asno, un viejo loco, un Zaratustra alegre, un torbellino que con su soplo os despeje el alma.

No olvidéis esta noche y esta fiesta del asno, hombres superiores. *Eso* es lo que habéis inventado en mi albergue, y es para mí un buen signo: ¡solo los convalecientes pueden inventar tales cosas!

Y si volvéis a celebrar esta fiesta del asno, hacedlo por amor a vosotros y por amor a mí. Y hacedlo en memoria *de mí*".

Así hablaba Zaratustra.

I

EL ENCANTO DE EMBRIAGUEZ

Mientras habló así todos habían salido, uno tras otro, y se hallaban al aire libre en la noche fresca y silenciosa. Y Zaratustra llevó de la mano al más feo de los hombres, para mostrarle su mundo nocturno, la gran luna redonda y las cascadas plateadas próximas a su cueva. Por fin, se detuvieron cerca unos de otros, todos aquellos viejos, pero con el corazón consolado y valeroso, asombrados en lo más íntimo de sí mismo de sentirse tan bien en la tierra: la placidez de la noche penetraba cada vez más en sus corazones. Y de nuevo Zaratustra pensaba para sí: "¡Oh! ¡Cómo me agradan ahora estos hombres!" Pero no lo dijo porque quería respetar su felicidad y su silencio.

Pero entonces sucedió lo más asombroso de aquel sorprendente y largo día. El más feo de los hombres comenzó de nuevo, por última vez, a gorgotear y a soplar y cuando rompió a hablar al fin, salió de su boca una pregunta precisa y neta, una buena pregunta, profunda y clara, que conmovió el corazón de todos los que la oyeron.

"Amigos míos, todos los que aquí estáis presentes —dijo el más feo de los hombres—, ¿qué os parece? Gracias a este día, estoy satisfecho por primera vez de haber vivido la vida entera.

Y no me basta hacer tal declaración. Vale la pena de vivir en la tierra: *un* día, *una* fiesta en compañía de Zaratustra, han sido suficientes para enseñarme a amar la tierra.

"¿Esto era la vida? –diré a la muerte–. Pues bien: ¡que se repita!"

Amigos míos, ¿qué os parece? ¿No queréis, como yo, decir a la muerte "¿Eso era la vida? Pues bien: ¡por amor a Zaratustra, que se repita!"

Así habló el más feo de los hombres, cerca ya de la media noche. ¿Y qué diréis que pasó en aquel instante? En cuanto los hombres superiores oyeron la pregunta se percataron, súbitamente, de su transformación y de su curación, y comprendieron quién era el que se la había procurado. Se precipitaron, pues, hacia Zaratustra, besándole la mano y atestiguándole su gratitud cada cual a su manera, riendo unos y llorando otros. El viejo encantador bailaba de placer; y si, como creen algunos narradores, estaba entonces ebrio de vino dulce, estaba aún más lleno de vida dulce, y había renunciado a toda laxitud. Hay aún quienes cuentan que en aquel instante se puso a bailar el asno: porque no en vano le había dado a beber vino el más feo de los hombres. Sucediese eso así, o de otro modo, poco importa: si el asno no bailó aquella noche, ocurrieron, no obstante, cosas más grandes y más extrañas que lo sería el que un asno bailase. En resumen, como dice el proverbio de Zaratustra: "¡Qué importa!"

II

Cuando ocurrió esto con el más feo de los hombres, Zaratustra estaba como borracho: su mirada se apagaba, balbucía su lengua y vacilaban sus pies. ¿Quién podría adivinar los pensamientos que agitaban en aquellos momentos el alma de Zaratustra? Pero era visible que su espíritu vagaba hacia atrás y hacia adelante, por las más profundas lontananzas, como "sobre alta cordillera –según está escrito–, que, interpuesta entre dos mares, camina entre el pasado y el porvenir cual pesada nube. Pero poco a poco, mientras los hombres superiores le sostenían en sus brazos, volvió en sí, defendiéndose de la locura de sus preocupados veneradores: mas no hablaba. Sin embargo, repentinamente, volvió la cabeza porque le pareció oír algo: entonces se puso un dedo sobre la boca y dijo: "*¡Venid!*"

Y, en seguida, todo quedó tranquilo y en silencio alrededor de él; mas de las profundidades subía lentamente el sonido de una campana. Zaratustra aguzó el oído y lo mismo hicieron los hombres superiores; después volvió a ponerse un dedo sobre la boca, y dijo nuevamente: "*¡Venid! ¡Venid! ¡Vamos ya! ¡Ya es la hora! ¡Marchemos a la noche!*"

III

Se acerca la media noche, hombres superiores; quiero deciros una cosa al oído, como a mí me la dijo esa vieja campana: con el mismo sigilo y cordialidad con que me habló esa campana de media noche, que contó ya las palpitaciones dolorosas de vuestros padres.

¡Cómo suspira! ¡Cómo ríe en sueños la venerable y profunda, profundísima media noche!

¡Silencio! ¡Silencio! Se oyen muchas cosas que no osan alzar su voz durante el día; pero ahora que el aire es puro y que también ha callado el ruido de vuestros corazones, ahora las cosas hablan y se oyen.

Ahora se deslizan en las almas nocturnas y desveladas. ¡Cómo suspira! ¡Cómo ríe en sueños!

¿No oyes cómo te habla a *ti* secretamente, con espanto y cordialidad, la venerable y profunda, profundísima media noche?

¡HOMBRE! ¡CUIDADO!

IV

"¡Desdichado de mí! ¿Qué ha sido del tiempo? ¿No ha caído en pozos profundos? El mundo duerme.

El perro aúlla; la luna brilla. Prefiero morir que deciros lo que piensa ahora mi corazón de media noche.

Ya estoy muerto. Todo acabó. Araña: ¿por qué tejes tu tela alrededor de mí? ¿Quieres sangre? ¡Ay! Cae el rocío. Se acerca la hora. Esa hora que pregunta y vuelve a preguntar: "¿Quién tiene valor para tanto? ¿Quién debe ser el dueño de la tierra? ¿Quién quiere decir: *así* es como debéis correr, ríos grandes y pequeños?"

¡Se acerca la hora! ¡Cuidado, hombre superior! Este discurso es para oídos sutiles, para tus oídos. ¿QUE DICE LA MEDIA NOCHE PROFUNDA?"

V

"Me veo arrebatado; mi alma baila. ¡Cotidiana tarea! ¡Cotidiana tarea! ¿Quién debe ser el dueño del mundo?

Fresca es la luna; el viento calla. ¡Ay! ¿Habéis volado ya a bastante altura? ¿Habéis bailado? Pero una pierna no es un ala.

Buenos bailarines, ahora pasó todo el júbilo. El vino se ha convertido en heces: las tumbas balbucean.

No habéis volado a bastante altura. Ahora las tumbas balbucean: "¡Salvad a los muertos! ¿Por qué es la noche tan larga? ¿No se embriaga la luna?"

¡Salvad las tumbas, hombres superiores! ¡Despertad los cadáveres! ¡Ay! ¿Por qué roe aún el gusano? Se acerca, se acerca la hora.

Suena la campana; aun resuella el corazón; el gusano del corazón roe todavía. EL MUNDO ES PROFUNDO".

VI

¡Dulce lira! ¡Dulce lira! ¡Me encanta tu son, tu embriagado son de sapo! ¡Desde qué lejos y desde cuánto tiempo llega a mí ese sonido de los estanques del amor!

¡Vieja campana! ¡Dulce lira! Te han desgarrado el corazón todos los dolores; el dolor de tu padre, el dolor de los antepasados, el dolor de los primeros padres; tu discurso tiene ya la madurez de la tarde y del dorado sueño. Ahora dices: el mundo mismo ha madurado. La uva negra quiere ya morir de felicidad. ¿No lo presentís, hombres superiores?

Sube secretamente un perfume y un aroma de eternidad; un olor de vino añejo dorado, de añeja aventura.

Ventura embriagadora de morir, ventura de la media noche, que canta: ¡el mundo es profundo Y MAS PROFUNDO DE LO QUE PENSABA EL DIA!

VII

"¡Déjame! ¡Déjame! Soy demasiado puro para ti. ¡No me toques! ¿No acaba de consumarse mi mundo?

Mi piel es demasiado pura para tus manos. ¡Déjame, sombrío y pesado día! ¿No es más clara la media noche?

Los dueños de la tierra deben ser los más puros, los menos conocidos, los más fuertes, las almas de medianoche, que son más claras y más profundas que todos los días.

¡Oh, día! ¿Andas a tientas tras de mí? ¿Exploras mi felicidad? ¿Soy yo rico para ti –un manantial de riqueza, un tesoro–, solitario?

¡Oh, mundo! ¿Me quieres? ¿Soy mundano para ti? ¿Soy religioso para ti? ¿Soy divino para ti? Día y mundo, sois demasiados pesados.

Tened manos más aptas, coged una felicidad más profunda, una desdicha más profunda; coged un dios cualquiera; no me cojais a mí.

Mi desdicha y mi felicidad son profundas, día singular; pero no soy un dios ni el infierno de un dios: PROFUNDO ES SU DOLOR".

VIII

"¡El valor de Dios es más profundo, mundo singular! ¡Busca el dolor de Dios; no me busques a mí! ¿Qué soy yo? Una dulce vida llena de embriaguez. Una lira de media noche, una campana plañidera que debe hablar delante de los sordos, ¡hombres superiores! ¡Porque vosotros no me comprendéis!

¡Terminó todo! ¡Terminó todo! ¡Oh, juventud! ¡Oh, mediodía! ¡Oh tarde! Ahora ha llegado el crepúsculo y la noche y la media noche. El perro aulla, el viento —¿no es un perro el viento?— gime, ladra, aúlla. ¡Cómo suspira! ¡Cómo ríe y resuella y gimotea la media noche!

¡Qué sobriamente habla ahora esa poetisa ebria! ¿Se le pasó la embriguez? ¿Ha trasnochado? ¿Se ha puesto a rumiar?

La vieja y profunda media noche rumia en sueños su dolor, y más su alegría. Porque la alegría es más profunda que el dolor: LA ALEGRIA ES MAS PROFUNDA QUE LA PENA".

IX

"¿Por qué me alabas, dí? ¿No te podé yo? Soy cruel; sangras: ¿qué quiere tu alabanza de mi ebria crueldad?

"¡Todo lo que se ha consumado, todo lo que está maduro quiere morir!" Así hablas tú. ¡Bendita, bendita sea la podadera del viñador! Pero todo lo que no está maduro ¡ay! quiere vivir.

El dolor dice: "¡Pasa! ¡Vete, dolor!" Pero todo lo que sufre quiere vivir, para madurar, regocijarse y desear lo más lejano, lo más luminoso. "Quiero herederos —así habla todo lo que sufre—, quiero hijos, no me quiero a *mí*".

Pero el goce no quiere ni herederos ni hijos; el goce se quiere a sí mismo. Quiere la eternidad, quiere el retorno de las cosas, quiere todo lo que es igual a sí mismo eternamente.

El dolor dice: "¡Desgárrate, sangra, corazón! ¡Andad, piernas! ¡volad, alas! ¡adelante viejo corazón mío!" EL DOLOR DICE: ¡PASA Y ACABA!"

X

"¿Qué os parece, hombres superiores? ¿Soy un adivino? ¿Soy un soñador? ¿Soy hombre ebrio? ¿Un intérprete de sueños? ¿Una campana de media noche? ¿Una gota de rocío? ¿Un vapor y un perfume de la eternidad? ¿No lo oís vosotros? ¿No lo percibís? Mi mundo acaba de consumarse; la media noche es también mediodía.

El dolor es también una alegría; la maldición es también una bendición; la noche es también un sol. Alejaos o también alguna vez a una alegría. Entonces, amigos míos, dijisteis "sí" también a *todos* los dolores. Todas las cosas están encadenadas, trabadas; si quisisteis en alguna ocasión que una vez fuese dos veces, si dijisteis algún día: "¡Me places, felicidad!", entonces quisisteis que *todo* volviera.

Todo nuevamente, todo eternamente, todo encadenado, todo trabado: así *amasteis* el mundo.

"Vosotros, que sois eternos, le amáis eternamente y siempre, y decís también al dolor:" "¡pasa, pero vuelve!" ¡PORQUE TODA ALEGRIA QUIERE LA ETERNIDAD".

XI

"Toda alegría quiere eternidad de todas las cosas; quiere miel, quiere heces, quiere una embriagada media noche; quiere tumbas, quiere el consuelo de las lágrimas derramadas sobre las tumbas, quiere el dorado crepúsculo.

¿Qué es lo que no quiere la alegría? Es más sedienta, más cordial, más terrible, más secreta que todo dolor; se quiere *a sí misma*, se muere *a sí misma;* reside en ella la voluntad del anillo.

Quiere amor, quiere odio, nada en la abundancia, da, arroja lejos de sí, implora que alguien quiera tomarla, da las gracias al que la toma. Le agradaría ser odiada.

Es tan rica la alegría, que tiene sed de dolor, de infierno, de odio, de vergüenza, del *mundo*, porque este mundo, ¡oh!, ya lo conocéis.

Por vosotros, hombres superiores, se consume la alegría, la desenfrenada, la bienaventurada alegría. Se consume por vuestro dolor malogrado. Toda alegría eterna se consume por las cosas frustradas.

Porque toda alegría se quiere a sí misma: ¡por eso quiere la pena! ¡Oh, ventura! ¡Oh, dolor! ¡Desgárrate, corazón! Aprendedlo, hombres superiores: la alegría quiere eternidad.

La alegría quiere la eternidad de *todas* las cosas: ¡QUIERE LA PROFUNDA ETERNIDAD!"

XII

"¿Habéis aprendido ahora mi canto? ¿Habéis adivinado su significación? ¡Ea, pues, hombres superiores! ¡Entonad a coro el canto de Zaratustra!

¡Cuidado, hombre!
¿Qué dice la media noche profunda?
"He dormido, he dormido.
He despertado de un profundo sueño.
El mundo es profundo.
Y más profundo de lo que pensaba el día.
Profundo su dolor.
La alegría es más profunda que la pena.
El dolor dice: ¡pasa!
Pero toda alegría quiere la eternidad.
¡Quiere la profunda eternidad!"

XIII

EL SIGNO

A la mañana siguiente Zaratustra saltó de su lecho, se ciñó los riñones y salió de la cueva, ardiente y animoso, como el sol matutino que aparece entre las sombrías montañas.

"Gran astro —dijo como en otra ocasión—, ojo profundo de felicidad, ¿qué sería de toda tu felicidad si te faltasen *aquellos* a quienes iluminas?

Y si ellos permaneciesen en sus aposentos cuando tu estás despierto ya y vienes a dar y a repartir, ¡Cómo se molestaría tu altivo pudor!

Pues bien: aún duermen esos hombres superiores mientras *yo* estoy despierto. ¡No son mis verdaderos compañeros. No son los que yo espero aquí en mis montañas!

Quiero comenzar mi labor, iniciar mi jornada; pero ellos no comprenden cuales son los signos de mi amanecer: mis pasos no son para ellos la señal de levantarse.

Todavía duermen en mi cueva, todavía su sueño saborea mis cantos de embriaguez. Falta a sus miembros oído que me escuche, oído que *obedezca*".

Zaratustra había dicho esto a su corazón mientras el sol salía. Después dirigió una mirada interrogadora hacia las alturas, porque oía por encima de él la llamada penetrante de su águila. "¡Muy bien! –gritó a las alturas–. Así me gusta y me conviene. Mis animales están despiertos, por que estoy despierto yo.

Está despierta mi alma, y, como yo, honra al sol. Coge la nueva luz con garras de águila. Vosotros sois mis verdaderos animales: yo os amo.

"¡Pero me faltan aún mis verdaderos hombres!"

Así hablaba Zaratustra, pero entonces, repentinamente, vió una infinidad de aves que revoloteaban alrededor de él; tan grande era el tumulto que hacían tantas alas que cerró los ojos. Y, verdaderamente, sentía caer sobre él algo semejante a una nube de flechas arrojadas contra un nuevo enemigo, pero no: era una nube de amor, y sobre un amigo nuevo.

"¿Qué me sucede?, pensó Zaratustra, y muy lentamente se dejó caer sobre la gruesa piedra que había a la entrada de su cueva. Mas, agitando los brazos, para detenerse de las caricias de las aves, le ocurrió una cosa más singular aún, y fué que puso las manos, sin darse cuenta, sobre cabellos tupidos y calientes, y, al mismo tiempo resonó ante él un dulce y prolongado rugido de león.

"*El signo viene*", dijo zaratustra, y se transformó su corazón Y vió delante de él, echado a sus pies, un corpulento animal rubio, que inclinaba la cabeza sobre sus piernas y no quería apartarse de él, como un perro cariñoso que encuentra a su antiguo amo. Las palomas no eran menos solícitas que el león, y cada vez que pasaba alguna por encima del hocico del animal, este sacudía la cabeza y se echaba a reír.

Al ver todo esto, Zaratustra no dijo más que estas palabras: "*mis hijos están cerca*", y después enmudeció completamente. Pero sentía su corazón aliviado, y de sus ojos corrían lágrimas que iban a caer en sus manos. Y allí permanecía inmóvil, sin cuidarse de nada, sin defenderse siquiera de los animales. Las palomas, volaban de acá para allá, se posaban sobre sus hombros, acariciaban sus cabellos blancos y no se cansaban de prodigarle su ternura y su afecto. El vigoroso león lamía sin cesar las lágrimas que rodaban por las manos de Zaratustra, rugiendo y murmurando tímidamente. Esto fué lo que hicieron aquellos animales.

Todo ello pudo durar mucho o poco tiempo: porque, en realidad, no hay tiempo en la tierra para semejantes cosas. Entre tanto, los hombres superiores se habían despertado en la cueva, y se disponían a ir en cortejo al encuentro de Zaratustra para saludarle, ya que al despertar habían observado que no estaba ya entre ellos. Pero cuando llegaban a la puerta, precedidos por el rumor de sus pasos, el león, apartándose precipitadamente de Zaratustra, saltó hacia la cueva rugiendo furiosamente. Los hombres superiores al oírle rugir, empezaron a gritar como con una sola boca, y retrocedieron huyendo para desaparecer en un abrir y cerrar de ojos.

Zaratustra se levantó de su asiento, aturdido y distraído, miró alrededor de sí, interrogó a su corazón, reflexionó y permaneció solo. "¿Qué es lo que he oído? –dijo al fin lentamente– ¿qué acaba de sucederme?"

Y recobrada la memoria comprendió en un instante todo lo que había ocurrido entre el día anterior y aquel nuevo día. "Ahí está la piedra donde ayer mañana me senté –dijo acariciándose la barba–, y aquí se acercó a mí el adivino y oí por vez primera el grito que acabo de oír: el gran grito de angustia. *Vuestra* angustia es lo que me predecía ayer mañana ese viejo adivino, hombres superiores.

Quiso conducirme hacia vuestra angustia para tentarme. "¡Oh, Zaratustra! –me dijo–. Vengo para inducirte a tu último pecado".

¿"A mi último pecado? –exclamó Zaratustra riéndose de sus propias palabras? ¿Qué es lo que me está reservado como mi último pecado?"

Y otra vez se replegó sobre sí mismo, volviendo a sentarse sobre la gruesa piedra para reflexionar. Súbitamente se irguió: "*¡Piedad! ¡La piedad para el hombre superior!* –exclamó, y su rostro volvióse de bronce–. ¡Vaya!

¡Ya pasó el tiempo de *eso!*

Mi pasión y mi compasión, ¿qué importan? ¿Aspiro yo a la *felicidad*. ¡Yo aspiro a mi *obra!*

El león ha venido, mis hijos están cerca; Zaratustra ha madurado; llegó mi hora.

He aquí *mi* alborada matutina; empieza *mi* jornada: *¡sube, pues, sube, gran mediodía!*"

Así hablaba Zaratustra y se alejó de su cueva, ardiente y animoso, como el sol matinal que aparece entre las montañas sombrías.

FIN.

INDICE

PRIMERA PARTE

SEGUNDA PARTE

TERCERA PARTE

CUARTA Y ULTIMA PARTE